Bestuursrecht

Bestuursrecht

W.M.B. Elferink
G.W. de Ruiter

Zesde druk

Boom juridisch
Den Haag
2021

Omslagontwerp: Studio Jan de Boer, Utrecht
Opmaak binnenwerk: Textcetera, Den Haag

ISBN 978-94-6290-906-9
NUR 823

www.boomjuridisch.nl

Woord vooraf

In *Recht in je opleiding, Bestuursrecht* wordt op een heldere en volledige wijze uitleg gegeven van juridische begrippen en termen uit het bestuursrecht. Deze uitgave is een inleiding in het bestuurs(proces)recht en is geschreven voor het hoger onderwijs.

Dit studieboek is ontwikkeld om studenten op een toegankelijke wijze het bestuursrecht aan te bieden. Door het gebruik van veel praktijkvoorbeelden en actualiteiten wordt de stof zo levendig en concreet mogelijk gepresenteerd.

Bij het schrijven van deze uitgave is steeds het uitgangspunt geweest om in begrijpelijke taal inzicht te geven in de relevante aspecten van het bestuursrecht. Een overzichtelijke hoofdstukindeling, korte paragrafen en samenvattingen zorgen voor een uitnodigende lay-out en gidsen de student daardoor makkelijk door de lesstof heen.

W.M.B. Elferink
G.W. de Ruiter
Hengevelde/Neede, maart 2021

Inhoudsopgave

1 Inleiding bestuursrecht

1.1 Inleiding

Dit hoofdstuk geeft een algemene inleiding in het bestuursrecht. Daarbij wordt ingegaan op wat bestuursrecht is en wat het belang, de plaats en de kenmerken van het bestuursrecht zijn.

1.2 Bestuursrecht

Het bestuursrecht bevat de regels die de overheid nodig heeft om te kunnen en mogen besturen, de normen voor het overheidsbestuur die bij het besturen in acht moet worden genomen en de regels die de burger nodig heeft om tegen dit besturen te kunnen optreden.

Er wordt onderscheid gemaakt tussen het algemeen en bijzonder bestuursrecht. Het algemeen bestuursrecht wordt in de Algemene wet bestuursrecht (hierna: Awb) behandeld. In deze wet worden algemene regels gegeven over de rechtsbescherming, handhaving en bijvoorbeeld de begrippen bestuursorgaan, delegatie, attributie, mandaat, besluit en beschikking. De Awb kent een aantal doelen: meer eenheid brengen in de bestuursrechtelijke wetgeving, de bestuursrechtelijke wetgeving systematiseren en vereenvoudigen en ten slotte normen die in de rechtspraak zijn ontwikkeld codificeren (= opnemen in een wet).

Het bijzonder bestuursrecht richt zich op een bepaald onderdeel van het bestuursrecht. Het betreft dan de diverse terreinen van overheidszorg (belastingen, financiën, onderwijs, milieu, sociale zekerheid, ruimtelijke ordening, enzovoort). Deze onderwerpen worden in speciale (bijzondere) bestuursrechtelijke geregeld.

In het krantenartikel hierna zie je een praktijkvoorbeeld van het bijzonder bestuursrecht. Het betreft het rechtsgebied socialezekerheidsrecht.

Jonge gehandicapten krijgen geregeld geen uitkering terwijl ze er wel recht op hebben

Het UWV maakt fouten bij het afwijzen van een Wajong-uitkering. Uit onderzoek blijkt dat in 21 procent van de onderzochte dossiers sprake was van een onjuiste conclusie ten aanzien van het recht op een uitkering.

Bron: www.trouw.nl, 5 januari 2019, ingezien op 5 januari 2021

1.3 De plaats van het bestuursrecht

Je kunt recht onderscheiden in privaatrecht en publiekrecht.

Privaatrecht regelt de relatie tussen burgers onderling. Met 'burger' wordt zowel een natuurlijk persoon als een rechtspersoon bedoeld. Een natuurlijk persoon is een mens. Een rechtspersoon wordt met een natuurlijk persoon gelijkgesteld (art. 2:5 BW). Voorbeelden van privaatrechtelijke rechtspersonen zijn een stichting, een vereniging of een bv.

Voorbeeld van privaatrecht
Je koopt een boek in een boekhandel. Als je ontevreden bent over het boek omdat een aantal pagina's ontbreekt, vind je in het privaatrecht regels over wat je in een dergelijk geval kunt doen.

In het krantenartikel hierna zie je een praktijkvoorbeeld van de overheid als 'burger'.

Gemeente koopt deel warmtenet AEB

Vuilverbrander AEB gaat in afgeslankte vorm in de etalage. De gemeente koopt het stadsverwarmingsnetwerk van het bedrijf op.
Eerder kocht de gemeente al de zes afvalbrengpunten van AEB.

Bron: www.ad.nl, 9 oktober november 2020, ingezien op 11 januari 2021

Publiekrecht regelt de relatie tussen overheden onderling en die tussen de overheid en de burger. De overheid is dan 'machtspersoon' (heeft dan een exclusieve bevoegdheid).

In het krantenartikel hierna vind je een praktijkvoorbeeld van de overheid als 'machtspersoon'. De burgemeester maakt gebruik van zijn exclusieve bevoegdheid om een aantal vrijheden van de burger te beperken.

Burgemeester Coevorden gaat in gesprek met bewoners na onrust

De burgemeester van Coevorden gaat met verenigingen en organisaties uit de wijk Poppenhare in gesprek na de ongeregeldheden van afgelopen dagen.
Sinds gisteravond gold er een gebiedsontzegging. Naast een gebiedsontzegging stelde de burgemeester ook een noodverordening in. Samenscholing was daarom verboden.

Bron: www.ad.nl, 4 januari 2021, ingezien op 11 januari 2021

Voorbeeld van publiekrecht

Als je een evenementenvergunning wilt hebben, moet je deze aanvragen bij de overheid. De overheid bepaalt dan (als machtig orgaan) of je wel of niet voor de vergunning in aanmerking komt.

Het publiekrecht kun je onderverdelen in:
1. het strafrecht;
2. het staatsrecht;
3. het bestuursrecht.

Figuur 1 geeft het onderscheid tussen de verschillende rechtsgebieden aan.

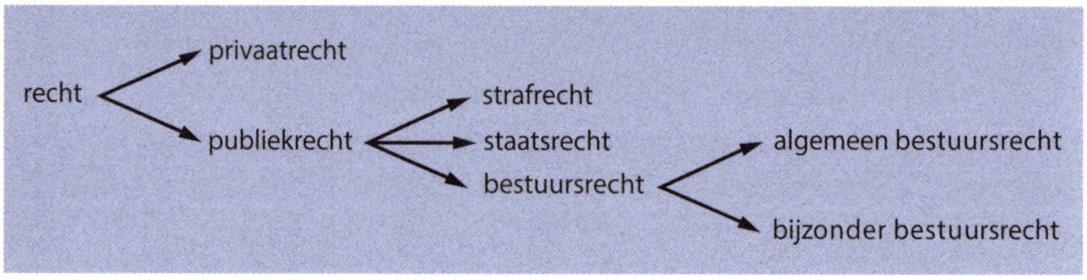

Figuur 1 Verschillende rechtsgebieden

1.4 Materieel en formeel bestuursrecht

Het materieel bestuursrecht bevat rechtsnormen waarin voor burgers en bestuursorganen aanspraken of verplichtingen zijn opgenomen. Een voorbeeld van materieel bestuursrecht is een bepaling in de Wet algemene bepalingen omgevingsrecht, waarin de voorwaarden staan waaraan een aanvraag voor een omgevingsvergunning moet worden getoetst.

Voorbeeld materieel bestuursrecht
Artikel 2.1 lid 1 van de Wet algemene bepalingen omgevingsrecht

Het is verboden zonder omgevingsvergunning een project uit te voeren, voor zover dat geheel of gedeeltelijk bestaat uit:
a. het bouwen van een bouwwerk,
b. het uitvoeren van een werk, geen bouwwerk zijnde, of van werkzaamheden, in gevallen waarin dat bij een bestemmingsplan, beheersverordening, exploitatieplan of voorbereidingsbesluit is bepaald,
c. etc.

Onder formeel bestuursrecht verstaat men de procesrechtelijke regels die de burger nodig heeft om tegen het optreden van de overheid iets te ondernemen. Een voorbeeld van formeel bestuursrecht is de mogelijkheid voor een derde-belanghebbende om beroep in te stellen tegen de verlening van een omgevingsvergunning.

Voorbeeld formeel bestuursrecht
In het krantenartikel hierna zie je een praktijkvoorbeeld van een beroep bij de Afdeling bestuursrechtspraak van de Raad van State. Het instellen van beroep is formeel bestuursrecht.

Raad van State tikt provincie op de vingers om windmolens A16

De provincie krijgt van de Raad van State een half jaar de tijd om negen fouten in het inpassingsplan 'Windenergie A16' te herstellen.
Daarna zal het rechtsorgaan een definitieve uitspraak doen over het plan voor de bouw van 28 windmolens.

Bron: www.ad.nl, 22 juli 2020, ingezien op 11 januari 2021

1.5 Bronnen van bestuursrecht

Het bestuursrecht kun je vinden in het internationale recht, de nationale wetgeving, jurisprudentie en het ongeschreven bestuursrecht.

Op grond van artikel 88 Mededingingswet is de Autoriteit Consument en Markt gehouden de bepalingen van het Verdrag betreffende de werking van de Europese Unie over eerlijke concurrentie toe te passen. Hier zie je dat internationaal recht van toepassing is in het bestuursrecht. Een Nederlandse toezichthouder wordt namelijk door het verdrag verplicht deze toe te passen.

De nationale wetgeving bestaat uit een groot aantal bestuursrechtelijke wetten in formele zin (dit zijn wetten die door de regering en de Staten-Generaal worden vastgesteld (art. 81 Grondwet)). Bijvoorbeeld: de Gemeentewet, de Grondwet en de Wet op de Raad van State.

Bij wetten die zijn vastgesteld door de lagere (decentrale) wetgevers kan worden gedacht aan: de gemeentelijke verordeningen, zoals de APV en de bouwverordening, provinciale verordeningen en verordeningen van waterschappen.

Door rechterlijke uitspraken worden nieuwe regels gevormd. Met die nieuwe regels moeten burger en overheid voortaan rekening houden.

Het ongeschreven (bestuurs)recht wordt ook wel gewoonterecht genoemd. Het vertrouwensbeginsel en het rechtszekerheidsbeginsel zijn ongeschreven beginselen waar de overheid rekening mee moet houden en waarop de burger een beroep kan doen.

1.6 Kenmerken van het bestuursrecht

Een van de kenmerken van het bestuursrecht is dat voor overheidsoptreden het legaliteitsbeginsel van toepassing is. Dit beginsel houdt onder andere in dat bevoegdheden en rechten van de overheid om op te treden in de wet zijn terug te vinden. De bevoegdheid om als overheid te handelen mag slechts voor zover de wettelijke regels en rechtsbeginselen dit toestaan.
De overheid heeft veel macht. De overheid kan bijvoorbeeld een boete opleggen voor te hard rijden, de burger dwingen om belasting af te dragen en als de overheid het wil een zonder vergunning gebouwde schuur slopen.
Instrumenten die de overheid heeft om gebruik te maken van die macht staan in een op democratische wijze tot stand gekomen wet. De overheid die de burger verplichtingen kan opleggen, is daartoe alleen in staat als de bevoegdheid in een wet in formele zin is opgenomen. Het verbod of gebod mag vervolgens alleen door de lagere wetgever worden opgenomen indien de grondslag is terug te vinden in een wet in formele zin.

Voorbeeld legaliteitsbeginsel

De bevoegdheid van het gemeentebestuur om bestuursdwang toe te passen, is opgenomen in artikel 125 van de Gemeentewet. Met bestuursdwang wordt een onrechtmatige toestand hersteld. De Gemeentewet is een wet in formele zin. In lokale noodsituaties kan de burgemeester alle bevelen geven die hij noodzakelijk acht ter handhaving van de openbare orde of ter beperking van gevaar. Zo kan de burgemeester in een noodverordening (= een gemeentelijke wet) een bepaling opnemen dat er met bestuursdwang wordt opgetreden.

Een ander kenmerk van het bestuursrecht is het specialiteitsbeginsel. De overheid behartigt vele algemene belangen. Het algemeen belang is een ruim begrip. Om te voorkomen dat de overheid zich te gemakkelijk beroept op het dienen van het algemeen belang, wordt in de wet telkens het specifieke belang aangegeven. De bevoegdheden om het specifieke belang te behartigen, worden in de wet nauwkeurig omschreven. De overheid mag bij het gebruik van een bevoegdheid, alleen het belang behartigen waarvoor die regeling speciaal is bedoeld.

Het specialiteitsbeginsel houdt in dat de bevoegdheid van de overheid alleen kan worden aangewend voor het specifieke doel waarvoor die wet is bedoeld. Dat doel is meteen ook de grens voor de bevoegdheidsuitoefening. Indien de overheid zijn bevoegdheid voor een ander doel aanwendt, is sprake van *détournement de pouvoir* (zie par. 9.5). In het voorbeeld hierna zie je een voorbeeld van het specialiteitsbeginsel.

Voorbeeld specialiteitsbeginsel

Artikel 2.2.2, eerste lid, van de APV bepaalt dat het verboden is zonder vergunning van de burgemeester een evenement te organiseren. In het tweede lid van dit artikel is bepaald dat een vergunning kan worden geweigerd in het belang van:

a. de openbare orde;
b. het voorkomen of beperken van overlast;
c. de verkeersveiligheid of veiligheid van personen of goederen;
d. de zedelijkheid of de gezondheid.

Op grond van dit artikel verleent de burgemeester een vergunning voor een dancefestival aan een organisatie. De burgemeester verbindt aan de vergunning de voorwaarde dat de organisator € 1.000 betaalt aan de gemeente. Dat doet hij puur en alleen om de gemeentelijke kas te spekken. Gelet op het specialiteitsbeginsel is dat niet mogelijk. Voorwaarden mogen wel gesteld worden. Die voorwaarden moeten wel te maken hebben met de belangen die door het vergunningensysteem worden behartigd. Dit kunnen bijvoorbeeld voorwaarden zijn in het kader van de openbare orde, het voorkomen of beperken van overlast, enzovoort.

1.7 Gelede normstelling

Regelgeving komt op verschillende bestuurlijke niveaus tot stand, waarbij een lagere regeling niet in strijd mag komen met een hogere.

In figuur 2 vind je een overzicht van de regelgeving op de verschillende niveaus.

- Verdragen
- Statuut
- Grondwet
- Wetten in formele zin
- KB's die regels bevatten (zoals AmvB's)
- Ministeriële regelingen (verordeningen)
- Provinciale verordeningen
- Gemeentelijke verordeningen en waterschapsverordeningen
- Beleidsregels
- Vergunningsvoorschriften

Figuur 2 Overzicht regelgeving

Met gelede normstelling wordt bedoeld dat de toepasselijkheid van een rechtsregel niet zomaar in één wet is te vinden, maar in een combinatie van met elkaar samenhangende regelingen.

Voorbeeld gelede normstelling

Een burger die een omgevingsvergunning aanvraagt voor de bouw van een woning krijgt te maken met bepalingen (regels) op verschillende niveaus.

De norm voor het bouwen is opgenomen in artikel 2.1 lid 1 van de Wet algemene bepalingen omgevingsrecht. In dat artikel staat dat het verboden is een bouwwerk te bouwen zonder vergunning. Tevens geldt dat het bouwwerk onder andere dient te voldoen aan de normen van het bestemmingsplan, de beheersverordening en het Bouwbesluit.

1.8 Openbare lichamen

Nederland is een gedecentraliseerde eenheidsstaat. Overheidsmacht is verspreid over verschillende niveaus. Op elk van deze niveaus treffen we openbare lichamen aan: de Staat, de provincies, de waterschappen, de gemeenten en de lichamen waaraan krachtens de Grondwet verordenende bevoegdheid is verleend. Deze openbare lichamen bezitten rechtspersoonlijkheid (art. 2:1 BW).

Deze openbare lichamen bestaan uit bestuursorganen. Bij de Staat is dat bijvoorbeeld een minister. De provincie wordt bestuurd door provinciale staten, gedeputeerde staten en de commissaris van de Koning (art. 6 Provinciewet). Gemeenten worden bestuurd door de gemeenteraad, burgemeester en het college van burgemeester en wethouders (art. 6 Gemeentewet).

Een voorbeeld van een lichaam waaraan krachtens de Grondwet verordenende bevoegdheid is verleend is de Sociaal-Economische Raad (SER). Dit is een adviesorgaan waarin ondernemers, werknemers en kroonleden samenwerken, om tot overeenstemming te komen over belangrijke sociaaleconomische onderwerpen. De SER adviseert de regering en het parlement over het sociaaleconomisch beleid. De SER is een openbaar lichaam op basis van artikel 134 van de Grondwet.

Hierna zie je een aantal logo's van openbare lichamen.

provincie
Gelderland

Waterschap
Rivierenland

Gemeente
Amsterdam

Hierna zie je een praktijkvoorbeeld van een vraag om advies van het kabinet aan de SER.

SER-advies ontslagrecht opgeschort

Werkgevers en de vakbeweging slagen er nog niet in om het kabinet te adviseren over de toekomst van de sociale zekerheid. Vooral versoepeling van het ontslagrecht en investering in scholing splijten de partijen.

Tijdens een overleg in de Sociaal-Economische Raad hebben sociale partners besloten een rustperiode in te lassen.

Bron: www.trouw.nl, 28 april 2006, ingezien op 12 januari 2021

1.9 Overheid en privaatrecht

De openbare lichamen bezitten rechtspersoonlijkheid. De overheid staat gelijk met een natuurlijk persoon (art. 2:5 BW). De overheid kan allerlei overeenkomsten aangaan en bijvoorbeeld eigenaar zijn van roerende en onroerende zaken.

Wanneer de overheid privaatrechtelijk handelt, moet zij rekening houden met het feit dat zij handelt in het algemeen belang. Geldverspilling is in strijd met de eisen van het behartigen van het algemeen belang.

In het krantenartikel hierna vind je een voorbeeld van de gemeente Oosterhout die privaatrechtelijk handelt. De gemeente vindt dat een kleiner winkelgebied het algemeen belang dient. Daardoor wordt namelijk de binnenstad aantrekkelijk en leefbaar gehouden.

Een gemeente die een winkelcentrum koopt? 'Oosterhout is een koploper'

Om binnensteden leefbaar en aantrekkelijk te houden, willen gemeenten het winkelgebied kleiner maken. Gemeenten kopen vaker winkelruimtes voor een nieuwe bestemming. Dit gaat vaker gebeuren in andere steden. Meer gemeenten gaan denken in minder winkels en meer wonen en groen.

Bron: www.ad.nl, 1 januari 2021, ingezien op 12 januari 2021

De overheid die als 'burger' optreedt, moet rekening houden met de algemene beginselen van behoorlijk bestuur (art. 3:1 lid 2 Awb en art. 3:14 BW). Hierna zie je een voorbeeld van een overheid die privaatrechtelijk handelt en bij dit handelen rekening moet houden met het gelijkheidsbeginsel.

Voorbeeld privaatrechtelijk handelen

Als de overheid als verhuurder van kantoorpanden wel optreedt tegen huurder A omdat deze de huur niet betaalt, maar niet optreedt tegen huurder B die de huur ook niet betaalt, dan handelt de overheid in strijd met het gelijkheidsbeginsel (het gelijkheidsbeginsel is een algemeen beginsel van behoorlijk bestuur).

Het komt voor dat de overheid zowel van de publiekrechtelijke bevoegdheid als van de privaatrechtelijke bevoegdheid gebruik kan maken.

Voorbeeld publiekrechtelijk handelen
Het gemeentebestuur kan tegen een huurder optreden door een last onder dwangsom op te leggen (publiekrechtelijk instrument) als de huurder gebruikmaakt van een woning op een wijze die in strijd is met het bestemmingsplan. Als de gemeente tevens verhuurder is van de woning, kan de gemeente de illegale situatie ook beëindigen op grond van het feit dat de huurder zijn verplichtingen uit de huurovereenkomst niet nakomt. De gemeente maakt dan gebruik van privaatrechtelijke bevoegdheden en rechten.

1.10 Communicatie met de overheid

Communicatie tussen burgers en overheid kan op allerlei manieren plaatsvinden: schriftelijk, mondeling en ook digitaal. Burgers kunnen zich direct in verbinding stellen met de overheid. Maar burgers kunnen ook gebruikmaken van gemachtigden, zoals een advocaat.

De Algemene wet bestuursrecht kent daarvoor enkele regels. Volgens artikel 2:1, eerste lid, Awb kan een ieder zich in het verkeer met bestuursorganen laten bijstaan of door een gemachtigde laten vertegenwoordigen. Met 'laten bijstaan' bedoelt de wetgever dat iemand jou begeleidt in de contacten met de overheid. Met vertegenwoordiging bedoelt de wetgever dat iemand namens jou contact heeft met de overheid. De overheid mag bijstand of vertegenwoordiging weigeren als tegen de persoon ernstige bezwaren bestaan. Dat mag niet als een advocaat bijstand verleent of de vertegenwoordiger is. Dit is geregeld in artikel 2:2 Awb.

Documenten, die aan een bestuursorgaan zijn gericht terwijl een ander bestuursorgaan bevoegd is, moeten worden doorgezonden naar het bevoegde orgaan. Dat staat in artikel 2:3 Awb. Kan het document niet worden doorgezonden, dan moet het document worden teruggezonden naar de afzender.

Een belangrijk deel van de communicatie vindt nu digitaal plaats. De Algemene wet bestuursrecht kent ook daarvoor regels. De wet maakt een onderscheid tussen de elektronische verzending van stukken door het bestuursorgaan en de elektronische verzending van stukken aan het bestuursorgaan. De hoofdregel is dat elektronische communicatie mogelijk is als deze gericht is tot één of meer geadresseerden en de geadresseerde heeft aangegeven langs deze weg voldoende bereikbaar te zijn. Berichten die niet tot één of meer geadresseerden zijn gericht kunnen niet uitsluitend elektronisch worden verzonden, tenzij bij wettelijk voorschrift anders is bepaald (art. 2:14 Awb). Er bestaan al veel wettelijke verplichtingen om elektronisch te communiceren. Een voorbeeld hiervan is de Algemene wet inzake rijksbelastingen (AWR). Deze wet bepaalt dat je alleen op elektronische wijze aangifte kunt doen (art. 52 AWR).

Communicatie via de elektronische weg (zoals berichten verzenden via e-mail, sms, fax en websites) tussen bestuursorganen en burger is mogelijk. Aan deze wijze van communiceren worden voorwaarden gesteld. De regels hierover vind je in Afdeling 2.3 van de Awb.

Artikel 2:14 Awb zegt dat een bestuursorgaan een bericht aan iemand elektronisch kan verzenden als die ander kenbaar heeft gemaakt dat hij langs die weg voldoende bereikbaar is. Vraagt een burger om toezending via de mail, dan is dat voldoende. Maar als zo'n verklaring ontbreekt, mag het bestuursorgaan niet zonder daarnaar bij de burger te hebben geïnformeerd gebruikmaken van de elektronische weg.

In het krantenartikel hierna zie je een voorbeeld van een gemeente die grotendeels via elektronische weg communiceert.

Molenwaard eerste loketloze gemeente

Fusiegemeente schaft gemeentehuis af. Het digitale raadhuis is altijd open.
'Het gemeentehuis is 24 uur per dag geopend, en je kunt met een speciale pincode zelf de behandeling van aanvragen volgen. Voor wie een digitale aanvraag een stap te ver is, zijn we altijd telefonisch bereikbaar. En desnoods komen we aan huis.'

Bron: www.trouw.nl, 20 februari 2016, ingezien op 12 januari 2021

Jurisprudentie elektronische communicatie

Een student kreeg een negatieve beslissing op zijn studiebeurs en tekende daartegen bezwaar aan. Dat bezwaar bleek echter te laat omdat de beslissing al veel eerder genomen en digitaal verzonden was. Volgens de student was die beslissing hem niet op de juiste wijze bekendgemaakt. Weliswaar had hij een elektronisch bericht ontvangen maar hij had nooit ingestemd met elektronische berichtgeving aan hem. De Centrale Raad van Beroep (hierna: CRvB), de hoogste rechter voor dit rechtsgebied, vond echter dat die stelling niet klopte. De student had immers op de site van DUO via het aanvinken van het betreffende vakje kenbaar gemaakt in te stemmen met elektronische bekendmaking van beslissingen over zijn studiebeurs. De student voerde verder nog aan dat hij inmiddels een ander mailadres had. Maar ook dat mocht niet baten. De CRvB overwoog dat hij dan aan DUO het gewijzigde mailadres had moeten doorgeven. Nu hij dat niet gedaan heeft, kan DUO niet worden verweten dat het bericht naar een verkeerd mailadres is gestuurd.

Andersom kan het ook. Een bericht kan elektronisch naar een bestuursorgaan worden verzonden voor zover het bestuursorgaan kenbaar heeft gemaakt dat het langs die weg voldoende bereikbaar is. Het bestuursorgaan kan nadere eisen stellen aan het gebruik van de elektronische weg. Onder elektronisch verzenden wordt ook de fax verstaan. Theoretisch zou ook WhatsApp of sms onder elektronisch berichtenverkeer kunnen vallen maar de overheid heeft dat vaak uitgesloten.

Bestuursorganen kunnen zelf bepalen hoe elektronisch verkeer met hen mogelijk is. Hieronder volgt een voorbeeld uit de praktijk over de wijze waarop de gemeente Heerlen elektronisch verkeer geregeld heeft.

Regeling elektronisch bestuurlijk verkeer Heerlen 2018

Artikel 1 Begripsbepalingen

In dit besluit en de daarop rustende bepalingen wordt verstaan onder:

a. elektronische berichten: berichten die in de vorm van e-mail of door middel van een webformulier op de gemeentelijke website zijn verzonden. Alle overige vormen van elektronisch verkeer, bijvoorbeeld fax-, sms-, twitter-, facebook- en whatsapp-berichten (of vergelijkbare diensten) dan wel andere berichten via de sociale media, zijn van deze regeling uitgesloten;

Artikel 2:16 Awb bepaalt dat een handtekening digitaal mogelijk is als de methode die voor authentificatie gebruikt wordt voldoende betrouwbaar is. Vaak wordt gebruik gemaakt van het middel van de inlogcode van DigiD, maar dat voldoet niet aan de eisen van een zogenoemde gekwalificeerde elektronische handtekening. Een gekwalificeerde elektronische handtekening is een handtekening waarbij een gekwalificeerd certificaat is gebruikt. Zo'n certificaat is een digitaal bestand dat aan het oorspronkelijke document is toegevoegd. Er zijn speciale instanties die certificaten uitgeven, de zogeheten certificatiedienstverleners. De Nederlandse overheid maakt gebruik van een certificaat dat wordt uitgegeven door Public Key Infrastructure (PKI)-overheid. Deze handtekeningen zijn altijd rechtsgeldig.

Soms is het belangrijk te weten wanneer een bericht verzonden is. Bij brieven is dat eenvoudig: je kijkt naar het poststempel op de envelop. Bij fax is dat meestal ook eenvoudig, als een goede registratie wordt bijgehouden. Bij elektronische berichten is dat allemaal minder makkelijk. De Algemene wet bestuursrecht bepaalt in artikel 2:17 dat het tijdstip waarop een bericht het systeem van gegevensverwerking bereikt waarover het bestuursorgaan geen controle heeft, het tijdstip is waarop het bericht door het bestuursorgaan elektronisch is verzonden. Voor berichten die zijn verzonden aan het bestuursorgaan geldt dat een bericht is ontvangen op het moment waarop het bericht het systeem van gegevensverwerking van het bestuursorgaan heeft bereikt. Het komt er dus op neer wanneer de mail de server van het bestuursorgaan verlaat en wanneer die daar binnen komt.

1.11 Samenvatting

Het bestuursrecht geeft regels die de overheid nodig heeft om te kunnen en mogen besturen en de regels die de burger nodig heeft om tegen dit besturen te kunnen optreden.

Er wordt onderscheid gemaakt tussen het algemeen, bijzonder, materieel en formeel bestuursrecht. Bestuursrecht vind je in het internationale recht, de nationale wetgeving, jurisprudentie en het ongeschreven bestuursrecht. Kenmerken van het bestuursrecht zijn het legaliteitsbeginsel en het specialiteitsbeginsel.

Met gelede normstelling wordt bedoeld dat er in verschillende regelingen normen staan die van toepassing zijn voor een bepaald geval.

De Staat, de provincies, de waterschappen, de gemeenten en de lichamen waaraan krachtens de Grondwet verordenende bevoegdheid is verleend, zijn openbare lichamen. Deze openbare lichamen bestaan uit bestuursorganen.

De overheid heeft als rechtspersoon privaatrechtelijke bevoegdheden en rechten. De overheid moet altijd rekening houden met het behartigen van het algemeen belang. De algemene beginselen van behoorlijk bestuur spelen bij elk overheidsoptreden een rol.

Communicatie met de overheid kan plaatsvinden via de burger zelf, maar hij mag zich ook laten bijstaan door een derde of zich laten vertegenwoordigen. De overheid mag weigeren dat een bepaalde persoon iemand bijstaat of vertegenwoordigt. Daar moeten dan wel goede redenen voor zijn. Een advocaat mag nooit geweigerd worden.

De communicatie met de overheid is meestal schriftelijk per brief. Maar ook communicatie langs elektronische weg is mogelijk. Voorbeelden van communicatie via de elektronische weg zijn de fax, e-mail en sms-berichten.

1.12 Kennisvragen

1. Wat is bestuursrecht?
2. Leg uit wat onder formeel bestuursrecht wordt verstaan.
3. Leg uit wat onder materieel bestuursrecht wordt verstaan.
4. Leg uit wat onder algemeen bestuursrecht wordt verstaan.
5. Leg uit wat onder bijzonder bestuursrecht wordt verstaan.
6. In welke bronnen vind je bestuursrecht?
7. Wat houdt het legaliteitsbeginsel in?
8. Wat houdt het specialiteitsbeginsel in?
9. Welke openbare lichamen zijn er?
10. Wanneer mag de overheid bijstand of vertegenwoordiging weigeren?
11. Wanneer is communicatie langs elektronische weg mogelijk?

1.13 Open vragen

Lees het volgende krantenartikel en beantwoord dan de vragen.

Pastoor mag luide kerkklok niet vroeg luiden

De Tilburgse pastoor Schilder mag de klok van zijn Mariakerk niet te vroeg luiden.
In de verordening van de gemeenteraad staat dat het geluid van de klok voor 07.30 uur niet harder mag zijn dan 80 decibel. De gemeenteraad was volgens de rechtbank bevoegd om regels te maken. De pastoor heeft de regels overtreden en het college heeft terecht opgetreden, aldus de bestuursrechter.

Bron: www.trouw.nl, 20 oktober 2010, ingezien op 4 januari 2021

1. Welke rol speelt het legaliteitsbeginsel?
2. De gemeente heeft om de overlast te bestrijden zowel publiekrechtelijke als privaatrechtelijke instrumenten ter beschikking. Van welk instrument heeft de gemeente in het gegeven geval gebruikgemaakt? Motiveer je antwoord.
3. Is de gemeenteraad een openbaar lichaam?

1.14 Meerkeuzevragen

1. Het bestuursrecht maakt deel uit van het publiekrecht.
   Deze stelling is:
   a. juist.
   b. onjuist.

2. Een van de doelstellingen van de Awb is het bevorderen van verscheidenheid in de bestuursrechtelijke wetgeving.
   Deze stelling is:
   a. juist.
   b. onjuist.

3. Het openbaar bestuur heeft tot taak het algemeen belang te behartigen. Dit houdt in dat het openbaar bestuur geen belangen van individuele burgers mag treffen.
   Deze stelling is:
   a. juist.
   b. onjuist.

4. Het openbaar bestuur heeft tot taak het algemeen belang te behartigen. Dit houdt in dat het openbaar bestuur gericht moet zijn op datgene wat in ieders belang is.
Deze stelling is:
a. juist.
b. onjuist.

5. Het publiekrecht regelt onder andere de verhouding tussen de overheid en de burger.
Deze stelling is:
a. juist.
b. onjuist.

6. De Algemene wet bestuursrecht behoort tot het bijzonder bestuursrecht.
Deze stelling is:
a. juist.
b. onjuist.

7. Het legaliteitsbeginsel houdt onder andere in dat de overheid alleen dan de burger iets kan gebieden of verbieden als de wet dat uitdrukkelijk toelaat.
Deze stelling is:
a. juist.
b. onjuist.

8. De algemene beginselen van behoorlijk bestuur spelen bij elk overheidsoptreden een rol.
Deze stelling is:
a. juist.
b. onjuist.

9. De Sociaal-Economische Raad is een openbaar lichaam.
Deze stelling is:
a. juist.
b. onjuist.

10. Het bestuursrecht geeft regels die de overheid nodig heeft om te kunnen en mogen besturen en de regels die de burger nodig heeft om tegen dit besturen te kunnen optreden.

Deze stelling is:
a. juist.
b. onjuist.

2 Bevoegdheidsverkrijging

2.1 Inleiding

Als je de eigenaar bent van bijvoorbeeld een spelcomputer, dan ben jij degene die bevoegd is om te bepalen wat ermee gebeurt. Om als bestuursorgaan beslissingen te mogen nemen, moet je bevoegd zijn. De bevoegdheid moet ergens vandaan komen. Een bestuursorgaan kan op drie manieren een bevoegdheid verkrijgen. Dit kan op basis van attributie, delegatie en mandaat. Wat een bestuursorgaan is, staat in hoofdstuk 4, paragraaf 4.

In het krantenartikel hierna zie je een voorbeeld uit de praktijk van een onbevoegd genomen besluit. Het gemeentebestuur van Zutphen dacht op grond van de Wrakkenwet het bevoegde gezag te zijn om twee schepen uit de Marshaven te verwijderen. Uit de Waterwet volgt echter dat Rijkswaterstaat waterstaatkundig beheerder is van de Marshaven te Zutphen. Daarom is het besluit van het gemeentebestuur van Zutphen onbevoegd genomen.

Zutphen verliest rechtszaak om berging schepen Marshaven

De gemeente had vorig jaar nooit het besluit mogen nemen om twee schepen te laten opruimen. Het gemeentebestuur deed een beroep op de Wrakkenwet om de schepen te verwijderen. Volgens de bestuursrechter is volgens de Waterwet Rijkswaterstaat het bevoegde gezag en niet de gemeente.

Bron: www.destentor.nl, 21 december 2018, ingezien op 13 januari 2021

In dit hoofdstuk worden de verschillende manieren van bevoegdheidsverkrijging beschreven.

2.2 Attributie

Attributie is het toekennen (= het scheppen) van een nieuwe bevoegdheid. Bij attributie wordt een bevoegdheid in het leven geroepen.

> **Voorbeeld attributie**
> Artikel 147 lid 1 van de Gemeentewet bepaalt dat de gemeenteraad verordeningen mag vaststellen. De gemeenteraad heeft daarmee een geattribueerde bevoegdheid gekregen. Dat wil in dit geval zeggen dat de wetgever een wetgevende bevoegdheid aan de gemeenteraad heeft toegekend.

Artikel 10:22 Awb bepaalt dat voor de bevoegdheid een basis in een wettelijk voorschrift moet zijn (legaliteitsbeginsel). De wet regelt wie bevoegd is om beslissingen te nemen.

Bevoegdheden kunnen aan (zelfstandige) bestuursorganen en aan personen worden geattribueerd. Zo is de belastinginspecteur (= een ambtenaar) door attributie bevoegd om belastingaanslagen op te leggen. In zoverre is hij daarmee bestuursorgaan geworden (zie art. 11 Algemene wet inzake rijksbelastingen).

Hierna zie je een voorbeeld van een (geanonimiseerde) handeling van de belastinginspecteur als bestuursorgaan.

Belastingdienst

Aanslag
Erfbelasting

Postbus 10014, 8000 GA ZWOLLE

Aanslagnummer

Dagtekening
24 februari 2021

Te betalen € 0

Betreft de nalatenschap van:

Gevolgen keuze toezendadres
Als toezendadres voor de aanslag is het domicilieadres van de aangifte gekozen.
Afhandeling kan gezamenlijk plaats vinden.

Deze defintieve aanslag is vastgesteld overeenkomstig de aangifte.

Berekening van het te betalen bedrag
De aanslag €
Te betalen € –

Uw belastingkantoor
Belastingdienst/Kantoor Zwolle
Burgemeeser drijbersingel 27, Zwolle
Telefoon 0800-0543
(ma t/m vr 8:00 - 16:30 uur)
Postadres: zie pagina 1, linksboven

De aanslag
Belaste verkrijging € 0
Belasting over belaste verkrijging € –
De aanslag €

Belaste verkrijging
Totale verkrijging €
Uw vrijstelling af €
Belaste verkrijging € –

Bezwaar maken
Deze aanslag is gebaseerd op artikel 11 van de Algemene wet inzake rijksbelastingen.
U kunt bezwaar maken tegen deze aanslag. Uw bezwaarschrift moet dan op 7 april 2021 binnen zijn bij uw belastingkantoor. Als u uw bezwaarschrift per post verstuurt, dan moet u dit uiterlijk op 7 april 2021 ter post bezorgen en mag het niet later dan een week na deze datum binnen zijn bij uw belastingkantoor.
Vermeld altijd de reden van uw beswaar en om welke aanslag het gaat.

Totale verkrijging
Te verdelen saldo €
Erfdeel 1/3 deel van €
Verkregen waarde wettelijke boedelverdeling €
Totale verkrijging bij € –
€

Te verdelen saldo
De nalatenschap €
Te verdelen saldo € –

De nalatenschap
Aangegeven saldo €
De nalatenschap € –

Uw vrijstelling
Wettelijk bedrag €
Uw vrijstelling € –

Ondertekening
Deze aanslag is vastgesteld door de inspecteur van uw belastingkantoor.

2.3 Delegatie

Bij delegatie is sprake van het overdragen van een bevoegdheid aan een ander. Delegatie is slechts toegestaan indien dit bij wettelijk voorschrift mogelijk is gemaakt. Er moet een wettelijk voorschrift (= bijvoorbeeld een provinciale of gemeentelijke verordening) zijn dat delegatie mogelijk maakt (art. 10:15 Awb).

Degene die de bevoegdheid overdraagt, noem je de delegans. Degene die de bevoegdheid verkrijgt, noem je de delegataris.

De delegataris gaat de bevoegdheid op eigen naam en onder eigen verantwoordelijkheid uitoefenen.

Door delegatie raakt het bestuursorgaan dat delegeert zijn bevoegdheid kwijt (art. 10:17 Awb). Het is nog wel mogelijk om de bevoegdheid terug te krijgen. Dit kan door het delegatiebesluit in te trekken (art. 10:18 Awb).

Delegatie aan ondergeschikten is niet toegestaan (art. 10:14 Awb).

> **Voorbeeld van onjuiste delegatie**
> De burgemeester besluit om de bevoegdheid tot de afgifte van een rijbewijs te delegeren aan het hoofd van de afdeling Publiekszaken. Dit is niet toegestaan. Ten eerste is het hoofd Publiekszaken ondergeschikt aan het college van burgemeester en wethouders. Ten tweede ontbreekt er een wettelijke grondslag.

Soms kan de delegataris op zijn beurt het nemen van besluiten aan een ander delegeren. Dit noemen we onderdelegatie (of subdelegatie). Voor onderdelegatie gelden dezelfde regels als voor delegatie.

2.4 Mandaat

Onder mandaat wordt verstaan: de bevoegdheid om in naam van een bestuursorgaan besluiten te nemen (art. 10:1 Awb).

Het verschil met delegatie is dat er bij mandaat geen bevoegdheden worden overgedragen. De verantwoordelijkheid en de bevoegdheid blijven dus bij het bestuursorgaan dat de ander gemachtigd heeft om in naam van hem besluiten te nemen (art. 10:2 Awb).

De hoofdregel is dat mandaat schriftelijk wordt verleend. In sommige situaties kan ook een mondeling mandaat worden verleend. Het gaat dan om een mandaat voor een bepaald geval. Dit zou aan de orde kunnen zijn als zich plotseling een noodzaak voordoet om namens een bestuursorgaan een besluit te nemen (bijvoorbeeld bij spoedbestuursdwang zie art. 5:31 Awb).
De mandaatgever blijft overigens bevoegd de gemandateerde bevoegdheid uit te oefenen (art. 10:7 Awb).

Degene die namens de ander de bevoegdheid uitoefent, noem je de mandataris. De mandans is degene die mandaat geeft.

Mandaat kan worden verleend aan organen en personen.

Voorbeeld van mandaat aan een persoon
Een ambtenaar neemt een beslissing namens de minister. Feitelijk beslist de ambtenaar. De minister blijft verantwoordelijk en kan op de beslissing van de ambtenaar worden aangesproken.

Soms is mandaatverlening niet mogelijk, omdat de aard van de bevoegdheid zich verzet tegen de mandaatverlening of de wet mandaatverlening niet toestaat (art. 10:3 Awb).

Voorbeeld (on)mogelijkheden mandaatverlening
Het college van burgemeester en wethouders kan de bevoegdheid tot het namens het college besluiten op aanvragen voor omgevingsvergunningen wel verlenen aan het hoofd van de gemeentelijke afdeling Bouwzaken. Niet mogelijk is dat de koffiejuffrouw (de bode van de gemeente) mandaat krijgt om besluiten te nemen over de omgevingsvergunning. De aard van de bevoegdheid verzet zich daartegen.

Het is mogelijk dat de mandans aan de mandataris de bevoegdheid geeft op zijn beurt het nemen van een besluit aan een ander te mandateren. Dat noemen we ondermandaat (of submandaat). Voor ondermandaat gelden dezelfde regels als voor mandaat.

Hierna zie je een voorbeeld van mandaat. Een ambtenaar tekent namens het college van burgemeester en wethouders.

Gemeente Delft

Datum
17-02-2005
one kenmerk
545120

Wij zullen uw project waarderen met een waarderingsbijdrage voor de komende drie jaar. In maart 2005 kunt u ons een factuur sturen van € 13.000,= ex BTW.

Voor de jaarschijven 2006 en 2007 verwachten wij van u eveneens een factuur. U kunt deze sturen in maart 2006 en maart 2007. Voor die jaren zal onze waarderingsbijdrage € 6.500, = ex BTW per jaar zijn.

Nu al wensen wij u duidelijk te maken dat u dit project in de jaren daarna geheel binnen de kaders van uw eigen ondernemersrisico zult moeten dragen.

Hoogachtend,
burgemeester en wethouders van Delft
namens dezen,

mw. F.F. van Duijvendijk,
hoofd vakteam Cultuur, kennis en economie.

2.5 Samenvatting

Attributie is het toekennen van een nieuwe bevoegdheid aan een bestuursorgaan, ambtenaar of een ander persoon.

Bij delegatie draagt een bestuursorgaan zijn bevoegdheid aan een ander orgaan over.
Onder mandaat wordt de bevoegdheid om in naam van een bestuursorgaan besluiten te nemen verstaan.

2.6 Kennisvragen

1. Op welke drie manieren kan een bestuurder aan een bevoegdheid komen?
2. Wat is attributie?
3. Wat is delegatie?
4. Wat is mandaat?
5. Kan een bestuursorgaan zijn bevoegdheid delegeren aan een ondergeschikte?
6. Wat wil zeggen dat er voor bevoegdheidsverkrijging een wettelijke grondslag is vereist?

7. Kan een ambtenaar een bevoegdheid middels attributie verkrijgen?
8. Leg de volgende begrippen uit:
   a. delegans.
   b. delegataris.
   c. mandans.
   d. mandataris.

2.7 Open vragen

1. Lees de volgende uitspraak van de rechtbank Rotterdam en beantwoord daarna de volgende vragen:
   a. Wat is het juridisch geschil?
   b. Wat is de reden waarom het beroep gegrond wordt verklaard?

Uitspraak
Rechtbank Rotterdam
Team Bestuursrecht 1
Zaaknummer: ROT 15/728

uitspraak van de meervoudige kamer van 18 maart 2016 in de zaak tussen

[eiser], te [plaats], eiser,

en

het college van burgemeester en wethouders van de gemeente Albrandswaard, verweerder,
gemachtigde: R. Wiekeraad.

Procesverloop
Op 3 april 2013 heeft verweerder bepaald dat de bevoegdheid tot het verrichten van proceshandelingen en het afdoen van verzoeken om informatie, ingebrekestellingen en aanvragen tot het nemen van besluiten van eiser, wordt gemandateerd aan medewerkers van het team Juridische Zaken.
Bij brief van 28 juli 2014 heeft eiser hiertegen bezwaar gemaakt.
Bij besluit van 16 december 2014 (het bestreden besluit) heeft verweerder eisers bezwaar niet-ontvankelijk verklaard.

Eiser heeft tegen het bestreden besluit beroep ingesteld.
Het onderzoek ter zitting door de enkelvoudige kamer heeft plaatsgevonden op 3 juli 2015. Eiser is met kennisgeving niet verschenen. Verweerder heeft zich laten vertegenwoordigen door zijn gemachtigde.
De rechtbank heeft op 29 juli 2015 het onderzoek heropend en het beroep voor verdere behandeling verwezen naar de meervoudige kamer.

Eiser heeft zijn beroepsgronden aangevuld.
Het onderzoek ter zitting door de meervoudige kamer heeft plaatsgevonden op 13 november 2015. Eiser is opgeroepen, maar is niet verschenen. Verweerder heeft zich laten vertegenwoordigen door zijn gemachtigde en A. Ostojic-Hanssen.

Overwegingen
1. Het bestreden besluit rust op de grond dat het bezwaar kennelijk niet-ontvankelijk is, omdat de termijn van zes weken voor het maken van bezwaar is overschreden. Verweerder heeft tevens bij zijn beslissing betrokken dat de mandaatverlening van 3 april 2013 met ingang van 1 januari 2014 feitelijk buiten werking is gesteld.

2.1.
Eiser heeft in beroep een groot aantal gronden naar voren gebracht.

2.2.
Eiser betoogt dat de Commissie voor de bezwaarschriften Albrandswaard (bezwaarschriftencommissie), gelet op de samenstelling daarvan – te weten: een voorzitter en een secretaris – geen adviescommissie is zoals bedoeld in artikel 7:13 van de Algemene wet bestuursrecht (Awb), nu een dergelijke commissie uit een voorzitter en twee leden moet bestaan. Het door de bezwaarschriftencommissie uitgebrachte advies is daarom in strijd met de wet tot stand gekomen.

2.3.
Dit betoog slaagt. Op grond van de Verordening behandeling bezwaarschriften Albrandswaard (Verordening) brengt een bezwaarschriftencommissie, behoudens hier niet ter zake doende uitzonderingen, advies uit. Een kamer van de adviescommissie bestaat volgens artikel drie, derde lid, van de Verordening uit, kort gezegd, een onafhankelijke voorzitter en twee leden. Volgens artikel 16, eerste lid, van de

Verordening beraadslaagt en beslist de commissie achter gesloten deuren over het door haar uit te brengen advies. Verweerder heeft desgevraagd verklaard dat hij niet meer de gegevens kan achterhalen over de wijze waarop in deze zaak het advies van de bezwaarschriftencommissie tot stand is gekomen en dat hij het er daarom op moet houden dat alleen de voorzitter betrokken is geweest bij de totstandkoming van het advies. Het advies is dus in strijd met de Verordening tot stand gekomen. Het bestreden besluit komt daarom, onder gegrondverklaring van het beroep, voor vernietiging in aanmerking.

3. De rechtbank ziet aanleiding de rechtsgevolgen van het te vernietigen bestreden besluit met toepassing van artikel 8:72, derde lid, aanhef en onder a, van de Awb in stand te laten en overweegt daartoe ambtshalve als volgt.

3.1.
Bij uitspraak van 10 februari 2016 (ECLI:NL:RVS:2016:329) heeft de Afdeling bestuursrechtspraak van de Raad van State (de Afdeling) in een geding tussen partijen overwogen dat het mandaatbesluit van 3 april 2013 niet bekend is gemaakt in de zin van artikel 3:41 dan wel artikel 3:42, tweede lid, van de Awb, zodat het mandaatbesluit niet in werking is getreden.

3.2.
Bij besluit van 6 januari 2014, besluit nr.: 138500, heeft verweerder met ingang van 1 januari 2014 de bevoegdheid tot het verrichten van proceshandelingen en het afdoen van verzoeken van eiser om informatie, ingebrekestellingen en aanvragen tot het nemen van besluiten, gemandateerd aan medewerkers van de Afdeling Juridische Zaken, Domein Bedrijfsvoering van het samenwerkingsverband van verweerder met de gemeenten Barendrecht en Ridderkerk. Ter zitting heeft verweerder bevestigd dat dit mandaat zich uitstrekt tot alle medewerkers van de Afdeling Juridische Zaken, Domein Bedrijfsvoering. Uit het besluit van 6 januari 2014 leidt de rechtbank af dat enig mandaat sedert 1 januari 2014 niet berust op het mandaatbesluit van 3 april 2013, maar op dat van 6 januari 2014.

3.3.
Nu het ervoor moet worden gehouden dat het mandaatbesluit niet in werking is getreden, ontbeert dit besluit een extern rechtsgevolg. Er is daarom geen sprake van een besluit in de zin van artikel 1:3, eerste lid, van de Awb waartegen eiser bezwaar kon maken. Verweerder had het bezwaar op die grond niet-ontvankelijk moeten verklaren. In dit verband wijst de rechtbank bij wijze van voorbeeld op de uitspraak van de Centrale Raad van Beroep van 15 september 2005 (ECLI:NL:CRVB:2005:AU2930).

4. Gelet op hetgeen boven is overwogen kunnen de overige beroepsgronden van eiser niet tot een ander gezichtspunt leiden en behoeven daarom geen bespreking meer.

5. Van proceskosten die voor vergoeding in aanmerking komen, is niet gebleken.

Beslissing
De rechtbank
- verklaart het beroep gegrond;
- vernietigt het bestreden besluit;
- bepaalt dat de rechtsgevolgen van het vernietigde besluit in stand blijven;
- bepaalt dat verweerder aan eiser het door hem betaalde griffierecht van € 167,00 vergoedt.

Deze uitspraak is gedaan door mr. H. Bedee, voorzitter, en mr. D. Brugman en mr. drs. A. Douwes, leden, in aanwezigheid van mr. S.M. Joseph, griffier.
De beslissing is in het openbaar uitgesproken op 18 maart 2016.

griffier voorzitter

Afschrift verzonden aan partijen op:

2.8 Meerkeuzevragen

1. Voor attributie geldt dat er:
   a. mandaat aan vooraf moet gaan.
   b. een wettelijke grondslag vereist is.

2. Welke bewering is onjuist? Voor delegatie geldt dat er:
   a. attributie aan vooraf moet gaan.
   b. altijd een wettelijke grondslag vereist is.
   c. geen wettelijke beletselen zijn om delegatie te verlenen.

3. Artikel 175 Gemeentewet bepaalt dat de burgemeester de bevoegdheid heeft om bevelen te geven ter handhaving van de openbare orde. Welke bewering is *juist*? Deze bevoegdheid kan:
   a. middels delegatie door een ander worden uitgevoerd.
   b. middels mandaat door een ander worden uitgevoerd.
   c. op grond van art. 177 lid 2 Gemeentewet niet door een ander worden uitgevoerd.

4. In welk geval is sprake van attributie?
   a. Een minister draagt een deel van zijn taken over aan zijn staatssecretaris.
   b. De Wegenverkeerswet kent aan het Centraal Bureau voor de Rijvaardigheidsbewijzen de bevoegdheid toe om rijexamens af te nemen.
   c. Bijstandsuitkeringen worden vastgesteld door de directeur van de gemeentelijke sociale dienst namens de wethouder van sociale zaken.

5. Van delegatie is sprake indien:
   a. een bestuursorgaan een bevoegdheid schept en deze bevoegdheid zelfstandig gaat uitoefenen.
   b. een bestuursorgaan een bevoegdheid bezit en deze bevoegdheid over laat door een andere persoon of college in naam van dat bestuursorgaan besluiten te laten nemen.
   c. een bestuursorgaan een bevoegdheid bezit en deze overdraagt aan een ander bestuursorgaan. Dit bestuursorgaan gaat vervolgens deze bevoegdheid zelfstandig uitoefenen.

6. Een overeenkomst tussen attributie en delegatie is dat in beide gevallen de verkrijger de uitoefening van de bevoegdheid in eigen naam doet. Dit in tegenstelling tot mandaat, waar de verkrijger uit naam van de overdrager handelt.
   Deze stelling is:
   a. juist.
   b. onjuist.

7. De Algemene wet inzake rijksbelastingen kent aan de belastinginspecteurs de bevoegdheid toe om belastingaanslagen op te leggen. Deze wijze van bevoegdheidstoedeling is een vorm van:
   a. attributie.
   b. mandaat.
   c. delegatie.
   d. zowel mandaat als delegatie.

8. Als een wetgever een nieuwe bevoegdheid creëert en deze opdraagt aan een bestuursorgaan dat deze onder eigen gezag en verantwoordelijkheid uitoefent, is sprake van:
   a. attributie.
   b. delegatie.
   c. mandaat.

9. Bij mandaat vindt geen overdracht van bevoegdheid plaats. De mandataris krijgt de beschikking over een volmacht om in naam van een bestuursorgaan besluiten te nemen.
   Deze stelling is:
   a. juist.
   b. onjuist.

10. Bij zowel delegatie als mandaat kan op elk moment het delegatie- of mandaatbesluit worden beëindigd.
    Deze stelling is:
    a. juist.
    b. onjuist

3 Belanghebbende

3.1 Inleiding

Als je een boom die in je tuin staat wilt kappen, heb je een omgevingsvergunning nodig. Als de vergunning om de boom te mogen kappen wordt verleend, kan het zijn dat de buren het besluit willen aanvechten. Of het bezwaar ontvankelijk is (= inhoudelijk wordt behandeld), hangt onder meer af van het antwoord op de vraag of de buren belanghebbende zijn. In dit hoofdstuk wordt het belanghebbende-begrip behandeld.

In het krantenartikel hierna zie je een praktijkvoorbeeld van een gemeentebestuur dat ten onrechte een persoon niet als belanghebbende heeft erkend. Door een uitspraak van de bestuursrechter is het gemeentebestuur verplicht de persoon als belanghebbende te erkennen en dient het gemeentebestuur zijn verzoek inhoudelijk te beoordelen. Tot nu toe behandelde de gemeente Deventer die verzoeken niet, omdat de gemeente de persoon geen belanghebbende vond.

Deventer moet alsnog beslissen over illegale bewoning Kamperstraat

De gemeente Deventer moet alsnog beslissen op een verzoek van ondernemer Meibergen om op te treden tegen illegale bewoning aan de Kamperstraat op industrieterrein Bergweide in Deventer. De Raad van State heeft bepaald dat de ondernemer belanghebbende is in die kwestie.

Bron: www.destentor.nl, 17 oktober 2018, ingezien op 13 januari 2021

In het krantenartikel hierna zie je nog een praktijkvoorbeeld van een gemeentebestuur dat ten onrechte een aantal omwonenden niet als belanghebbende heeft erkend.

Rechtbank tikt Berkelland op de vingers: besluit over KPN-mast in Haarlo vernietigd

De rechtbank vindt dat Berkelland ten onrechte een deel van de eisers heeft afgeserveerd omdat ze geen belanghebbende zouden zijn. Deze omwonenden zijn wel degelijk belanghebbende, omdat ze mogelijk wel gezondheidsschade ondervinden van de straling van de mast.

Bron: www.tctubantia.nl, 28 maart 2019, ingezien op 13 januari 2021

3.2 Belanghebbende

Onder belanghebbende wordt verstaan: degene wiens belang rechtstreeks bij een besluit is betrokken (art. 1:2 Awb).

Als een bestuursorgaan een besluit neemt dat juridische consequenties heeft voor degene tot wie het besluit is gericht, is die persoon belanghebbende.

Voorbeeld belanghebbende

Als je een bekeuring of een vergunning krijgt, heeft het besluit rechtsgevolg voor jou. Je moet immers de bekeuring betalen en door de verlening van de vergunning krijg je bepaalde rechten. Je bent dan belanghebbende.

3.3 Eisen belanghebbende

Als je niet degene bent tot wie de beslissing direct is gericht, maar wel tegen een bepaald besluit bezwaar wilt maken, bijvoorbeeld tegen de vergunning die het kappen van een boom in de tuin van je buurman mogelijk maakt, ben je pas belanghebbende als je aan de volgende vijf, door de rechter ontwikkelde, voorwaarden voldoet:

1. Je hebt een eigen belang.
2. Je hebt een objectief bepaalbaar belang.
3. Je hebt een actueel, voldoende zeker belang.

4. Je hebt een persoonlijk belang.
5. Je hebt een rechtstreeks betrokken belang.

3.3.1 *Een eigen belang*

Het belang waarvoor je opkomt moet een belang van jezelf zijn, waar jij door getroffen bent; niet bijvoorbeeld een algemeen belang of een belang van je buurman.

Voorbeeld eigen belang
Een dochter kan niet zelf beroep instellen tegen de weigering om aan haar moeder huursubsidie te verlenen. De dochter kan uiteraard wel namens (dus met toestemming van) haar moeder voor haar moeder beroep instellen tegen het weigeringsbesluit.

3.3.2 *Objectief bepaalbaar belang*

Je belang mag niet te persoonlijk zijn. Enkel een subjectief gevoel (emotionele belangen) van sterke betrokkenheid is onvoldoende.

Voorbeeld 1 objectief bepaalbaar belang
Een zoon wordt niet als belanghebbende aangemerkt als hij jegens zijn overleden vader uit eerbied wil voorkomen dat het huis waar zijn vader is geboren, wordt gesloopt. Zijn belang is dan namelijk niet objectief maar subjectief. Wanneer de zoon in de woning ernaast woont, is hij wel belanghebbende. Dat is dan niet vanwege de band met zijn vader, maar vanwege de onmiddellijke nabijheid van beide woningen. Zoals we hierna zullen zien is onmiddellijke nabijheid een criterium in het kader van een persoonlijk belang.

Voorbeeld 2 objectief bepaalbaar belang
Het invoeren van een parkeerzone kan gevolgen hebben voor de wijken eromheen. De kwaliteit van het wonen wordt als minder goed ervaren als er als gevolg van het besluit overdag meer auto's worden gestald in de omliggende wijken waar nog niet betaald parkeren is ingevoerd. Je zou kunnen stellen dat de kwaliteit van wonen ook subjectief is, maar de rechter vindt dit een objectief begrip omdat het betrekking heeft op het woon- en leefklimaat dat voor iedereen geldt.

3.3.3 *Actueel, voldoende zeker belang*

Je belang moet op het moment dat het besluit is genomen aanwezig zijn en mag niet een in de toekomst gelegen onzeker belang zijn.

Voorbeeld actueel belang
Bertus en Els lijden schade, doordat de gemeenteraad het bestemmingsplan heeft gewijzigd. Het perceel naast de woning van Bertus en Els had een agrarische bestemming en krijgt een industriebestemming. De woning is daardoor sterk in waarde gedaald. Bertus en Els zien af van het indienen van een claim. Zoon Peter ziet een deel van zijn erfenis in rook opgaan en dient alvast als toekomstig erfgenaam een claim in. Peter is echter geen belanghebbende, omdat het onzeker is of hij ooit erfgenaam wordt. Tevens voldoet Peter niet aan de vijfde voorwaarde (rechtstreeks betrokken belang).

3.3.4 *Persoonlijk belang*

Je belang moet zich voldoende onderscheiden van dat van anderen.

Natuurlijke personen die uitsluitend opkomen voor algemene of collectieve belangen (belang van cultuur, kunst, milieu, welzijn, etc.) hebben geen persoonlijk belang. Dat je je bijvoorbeeld niet kunt vinden in een subsidiebesluit van het gemeentebestuur aan een muziekvereniging, omdat je dit cultureel niet verantwoord vindt, maakt je nog geen belanghebbende. Dat kunnen wel meer mensen vinden: jouw belang onderscheidt zich dan niet van de belangen van anderen. Het ondervinden van overlast en hinder (bijvoorbeeld: lawaai en stank) kan een reden zijn waarmee je je onderscheidt van ieder willekeurige andere Nederlander. Dan is wel sprake van een persoonlijk belang.

In het omgevingsrecht is de mate van afstand of nabijheid bepalend of iemand derde-belanghebbende is. Dit criterium noem je ook wel het zicht- of nabijheidscriterium. Een aanwonende eigenaar is altijd belanghebbend. Een omwonende, niet-eigenaar is alleen belanghebbend als sprake is van een gevolg van enige betekenis.
Een concurrentiebelang kan ook een belang zijn dat is aan te merken als een persoonlijk belang. Zo kan een Praxis bouwmarkt belanghebbende zijn bij vergunningverlening aan Karwei. Concurrentie is dus ook een criterium.

Met name bij besluiten voor activiteiten die effecten hebben op de fysieke leefomgeving (omgevingsvergunning voor kappen, milieu en bouwen, etc.) is het de vraag wanneer iemand belanghebbende is. Uitgangspunt is dat iemand die rechtstreeks feitelijke gevolgen ondervindt van een activiteit of handeling die het besluit toelaat, in beginsel belanghebbende is. Als er geen gevolgen van enige betekenis zijn, dan is geen sprake van een persoonlijk belang.

Voorbeeld persoonlijk belang
Een vergunning voor een mestbassin kan gevolgen hebben voor het woon- en leefklimaat als sprake is van niet verwaarloosbare hinder. Te denken valt dan aan overlast als gevolg van geur, geluid, licht, trilling, etc. in combinatie met de aard, intensiteit en frequentie van de feitelijke gevolgen. Als de gevolgen niet gering zijn, is sprake van een persoonlijk belang .

In het krantenartikel hierna zie je een voorbeeld van een vermeend persoonlijk belang.

Verzet tegen Zilverzandtracé blijft ook na uitspraak RvS

Volgens de Raad van State zijn de bezwaarmakers geen belanghebbenden. Daarmee zijn alle motiveringen en bezwaren van de groep niet meer aan de orde.
In de uitspraak van de Raad van State staat onder andere dat dit komt, omdat de bezwaarmakende bewoners geen geluidshinder zullen ondervinden van het tracé.

Bron: www.nu.nl, 3 januari 2011, ingezien op 13 januari 2021

3.3.5 *Rechtstreeks betrokken belang*

Iemands belang moet voldoende direct door het besluit zijn geraakt. Er moet voldoende causaal (= oorzakelijk) verband zijn tussen het besluit en iemands belang. Het besluit raakt je direct en niet indirect. Er mag geen sprake zijn van een afgeleid belang. Een dochter die bij haar moeder inwoont heeft geen rechtstreeks belang bij het besluit om geen huurtoeslag aan haar moeder te verstrekken. Haar belang is immers afgeleid van het belang van haar moeder.

Voorbeeld van een niet rechtstreeks betrokken belang
Als je een bouwstop van je nieuwbouwhuis krijgt opgelegd, omdat niet volgens de constructieberekeningen wordt gebouwd, dan houdt dit in dat je niet door mag gaan met de bouw van je huis. Het besluit raakt jou dan direct. De aannemer, die de constructieregels aan zijn laars heeft gelapt, heeft er belang bij dat de bouw doorgaat. De aannemer is echter geen belanghebbende, want het besluit treft hem niet direct. Ook al zal de bouwstop worden ingetrokken, dan bepaal jij nog steeds zelf of de bouw doorgaat.

3.4 Belang van rechtspersonen

Rechtspersonen kunnen belanghebbende zijn met betrekking tot hun eigen belangen (art. 1:2 lid 1 Awb).

Voorbeeld belang rechtspersoon
Als Somsen BV (een bv is een rechtspersoon) tegen een vergunning voor het oprichten van een bedrijfshal naast haar kantoor wil opkomen, dan gelden gewoon dezelfde criteria als die voor een natuurlijk persoon als derde-belanghebbende. Die criteria zijn vastgelegd in artikel 1:2 lid 1 Awb en uitgewerkt in de jurisprudentie.

Als Somsen BV zelf een vergunning krijgt, is zij als geadresseerde belanghebbende.

Artikel 1:2 lid 3 Awb maakt het mogelijk voor rechtspersonen om ook als belanghebbende te worden aangemerkt als het gaat om het behartigen van algemene en collectieve belangen.

Voorbeelden van algemene belangen zijn belangen die te maken hebben met het milieubelang, cultuur- en kunstbelangen en het belang van de volksgezondheid. Voorbeelden van collectieve belangen zijn de belangen van vakbonden, ondernemersorganisaties en buurtverenigingen.

Om als rechtspersoon voor je collectieve en algemene belangen op te komen, moet je:
1. rechtspersoon zijn (art. 2:3 BW);
2. het betreffende belang in het bijzonder behartigen. Een rechtspersoon moet de doelstelling in de statuten voldoende specifiek (niet te algemeen)

omschrijven. Het belang mag niet te algemeen zijn, zoals bij bijvoorbeeld een politieke partij het geval is. Een politieke partij komt op voor algemene of collectieve belangen. Deze belangen zijn echter te veelomvattend en daarmee te weinig onderscheidend;
3. de belangenbehartiging laten blijken uit de statutaire doelomschrijving en de feitelijke werkzaamheden;
4. actief zijn.

Voor de vereniging met beperkte rechtsbevoegdheid geldt nog dat:
1. er contributie betalende leden moeten zijn;
2. er met regelmaat een ledenvergadering is;
3. de organisatie als geheel deelneemt aan het rechtsverkeer;
4. het doel van de vereniging uit de statuten moet blijken.

Hierna vind je een krantenartikel over een rechtspersoon die opkomt voor een collectief belang.

Milieuvereniging boos over Bergsebaan

OOSTERHOUT – De Milieuvereniging Oosterhout stapt naar de rechter om de aanleg van het fietspad naast de Bergsebaan tegen te houden. Coalitiepartijen Gemeentebelangen en VVD houden vast aan het fietspad.

Bron: www.ad.nl, 11 februari 2020, ingezien op 22 januari 2021

3.5 Belang van bestuursorganen

Een bestuursorganen kan belanghebbende zijn, bijvoorbeeld wanneer het bestuursorgaan tegen een besluit van een ander bestuursorgaan wil opkomen.
Artikel 1:2 lid 2 Awb bepaalt dat de aan het bestuursorgaan toevertrouwde belangen als zijn belangen worden beschouwd. Naast de toevertrouwde belangen geldt ook dat er sprake moet zijn van een actueel belang en dat het bestuursorgaan door het besluit rechtstreeks wordt geraakt.

Bij het toetsen welke toevertrouwde belangen het bestuursorgaan heeft, let de bestuursrechter met name op de specifieke taken en bevoegdheden die ten aanzien van bijzondere wetten aan het bestuursorgaan zijn toebedeeld.

In het krantenartikel hierna zie je een praktijkvoorbeeld van een aantal bestuursorganen als belanghebbende. Het provinciebestuur, het bestuur van twee waterschappen en de veiligheidsregio stellen beroep in bij de Raad van State.

Overheid in Groningen vecht gaswinning aan bij hoogste rechter

Provincie Groningen, twee waterschappen en de veiligheidsregio gaan naar de rechter om de gaswinningsplannen van het kabinet aan te vechten. Er zou te weinig zijn gekeken naar de rechten en belangen van de bewoners.

Bron: www.ad.nl, 18 december 2018, ingezien op 5 januari 2021

3.6 Samenvatting

Onder belanghebbende wordt verstaan: degene wiens belang rechtstreeks bij een besluit is betrokken (art. 1:2 Awb).
Als een bestuursorgaan een besluit neemt dat juridische consequenties heeft voor degene tot wie het besluit is gericht, dan is die persoon belanghebbende.

Je bent belanghebbende als je aan alle vijf voorwaarden voldoet.
Deze vijf voorwaarden zijn het hebben van een:
1. eigen belang;
2. objectief bepaalbaar belang;
3. actueel, voldoende zeker belang;
4. persoonlijk belang;
5. rechtstreeks betrokken belang.

Rechtspersonen kunnen belanghebbende zijn voor hun eigen belangen. Bij de vereniging met beperkte rechtsbevoegdheid gelden extra eisen om als belanghebbende te kunnen worden aangemerkt. Rechtspersonen kunnen, onder voorwaarden, ook voor algemene of collectieve belangen opkomen.

3.7 Open vragen

Geef aan of de volgende betrokkenen 'belanghebbende' in de zin van de Awb zijn.

1. De heer Peppelenbos, woonachtig in Berkelland, die een vergunning heeft aangevraagd voor de kap van een populier in zijn tuin.
2. Mevrouw Vreemann, buurvrouw van de heer Peppelenbos, die tegen de inmiddels verleende vergunning aan de heer Peppelenbos bezwaar wil maken.
3. De Stichting 'Red de Populier' die als doelstelling heef het behoud van populieren in Berkelland verzet zich tegen de verleende vergunning aan de heer Peppelenbos.
4. Een plaatselijke politieke partij die bezwaar wil maken tegen de verleende vergunning.
5. De in Utrecht woonachtige neef van de heer Peppelenbos die de vergunning wil aanvechten, omdat zijn vader die boom ooit heeft geplant.

3.8 Meerkeuzevragen

1. In welk van de volgende gevallen is *niet* voldaan aan het belanghebbende-criterium?
   a. Bouwmarkt Maxis stelt beroep in tegen de door B en W verleende vergunning voor de nieuwbouw van bouwmarkt Praxis.
   b. Mevrouw Riemersma stelt beroep in tegen het verlenen van een vergunning voor het kappen van een oude beuk in het gemeentelijke plantsoen waar zij dagelijks haar hond uitlaat.
   c. De Vereniging tot behoud van monumenten stelt beroep in tegen de verlening van een vergunning voor de sloop van een monumentaal pand.

2. In welk van de volgende gevallen is voldaan aan het belanghebbende-criterium van artikel 1.2 Awb?
   a. Een dochter stelt beroep in tegen de weigering van B en W haar moeder een parkeerplaats voor invaliden toe te wijzen.
   b. De verhuurder stelt beroep in tegen de weigering van B en W de potentiële huurder een woonruimtevergunning te verlenen.
   c. De Vereniging tot behoud van monumenten in Berkelland stelt beroep in tegen de verlening van een vergunning voor de sloop van een monumentaal pand in Berkelland.

3. Welke uitspraak over het belanghebbende-begrip is *onjuist*?
   a. Een rechtspersoon kan derde-belanghebbende zijn.
   b. Een bestuursorgaan kan geen belanghebbende zijn.
   c. Een individueel belang speelt een rol om te bepalen of iemand derde-belanghebbende is.

4. Om in het bestuursrecht als belanghebbende te worden aangemerkt, is *niet* vereist dat het gaat om een:
   a. eigen belang.
   b. persoonlijk belang.
   c. op geld te waarderen belang.
   d. objectief bepaalbaar belang.

5. Studente Femke heeft beroep ingesteld bij de bestuursrechter tegen de vergunning voor de sloop van het restaurant. Door de sloop van het restaurant kunnen de eigenaren van het gebouw op die plek een woonhuis bouwen. Het beroep van Femke wordt niet-ontvankelijk verklaard. Femke kon namelijk niet als belanghebbende bij het besluit tot verlening van de vergunning worden aangemerkt vanwege het feit dat het besluit geen effect heeft op de fysieke leefomgeving. Aan welk van de onderstaande criteria met betrekking tot het zijn van belanghebbende voldeed Femke niet?
   Zij had geen:
   a. eigen belang.
   b. objectief belang.
   c. actueel belang.
   d. persoonlijk belang.

4 Het besluit

4.1 Inleiding

Dagelijks worden door bestuursorganen veel besluiten genomen. Bijvoorbeeld: het college van burgemeester en wethouders van de gemeente Arnhem besluit tot het verlenen van een omgevingsvergunning aan autobedrijf Wensink. Dit is een besluit. Om te beoordelen of een omgevingsvergunning een Awb-besluit is, moet je het besluit toetsen aan het bepaalde in artikel 1:3 lid 1 Awb.

Hierna vind je een praktijkvoorbeeld van een besluit in de zin van artikel 1:3 lid 1 Awb van de gemeenteraad van Berkelland (Bron: www.gemeenteberkelland.nl).

> Raadsvergadering: 21 maart 2017
>
> De raad van de gemeente Berkelland;
>
> gelezen het voorstel van burgemeester en wethouders van 14 februari 2017;
>
> besluit:
>
> 1. te verklaren geen bedenkingen te hebben ('verklaring van geen bedenkingen') tegen het afwijken van het geldende bestemmingsplan met toepassing van artikel 2.12, eerste lid, onder a, onder 3o van de Wet algemene bepalingen omgevingsrecht (Wabo) voor het vervangen van de bedrijfswoning op het perceel Diepenheimseweg 80 in Gelselaar (OU2016018);
> 2. de onder 1 bedoelde ontwerp verklaring van geen bedenkingen ter inzage leggen;
> 3. bij geen zienswijzen, de onder 1 bedoelde ontwerp verklaring aan te merken als definitieve verklaring van geen bedenkingen.

> Aldus vastgesteld in de raadsvergadering van
> 21 maart 2017
>
> de griffier,
>
> de voorzitter,

4.2 Het Awb-besluit

Artikel 1:3 lid 1 Awb zegt het volgende over het begrip besluit:
Onder besluit wordt verstaan een:
1. schriftelijke beslissing (par. 4.3);
2. van een bestuursorgaan (par. 4.4);
3. inhoudende een publiekrechtelijke (par. 4.5);
4. rechtshandeling (par. 4.6).

4.3 Schriftelijke beslissing

Een mondeling besluit is geen besluit in de zin van de Awb. Het begrip 'schriftelijk' moet je ruimer zien dan alleen schriftelijke vastlegging van het besluit op papier. Een besluit dat op een elektronische (digitale) informatiedrager staat wordt ook als schriftelijk beschouwd. Schriftelijk kan dus ook een e-mailbericht zijn of een elektronisch document (afd. 2.3 Awb).

Het besluit is een beslissing. Een beslissing is een wilsverklaring met een definitief karakter. Het antwoord van een bestuursorgaan op een vraag van een burger hoe het bestuursorgaan zal handelen als een aanvraag om een omgevingsvergunning wordt ingediend, is geen definitieve beslissing, maar slechts een voornemen. Er wordt namelijk nog geen definitieve beslissing genomen. Het verstrekken van inlichtingen over hoe je in aanmerking kan komen voor bijvoorbeeld het verkrijgen van subsidie is geen beslissing met een definitief karakter.

4.4 Bestuursorgaan

Alleen bestuursorganen kunnen Awb-besluiten nemen.

Artikel 1:1 lid 1 Awb regelt wanneer sprake is van een bestuursorgaan.

Onder bestuursorgaan wordt verstaan:

1. een orgaan van een krachtens publiekrecht ingestelde rechtspersoon (art. 1:1 lid 1 sub a Awb);
   of
2. een ander persoon of college met enig openbaar gezag bekleed (art. 1:1 lid 1 sub b Awb).

De eerste groep bestuursorganen worden de a-organen genoemd.

Publiekrechtelijke rechtspersonen zijn onder andere de Staat, de provincies, de gemeenten en de waterschappen (art. 2:1 BW). De bestuurders van die rechtspersoon zijn de bestuursorganen.

De rechtspersoon gemeente heeft de volgende bestuursorganen: de gemeenteraad, het college van burgemeester en wethouders en de burgemeester (art. 6 Gemeentewet). De bestuursorganen gezamenlijk noem je een openbaar lichaam.

De rechtspersoon provincie heeft de volgende bestuursorganen: provinciale staten, het college van gedeputeerde staten en de commissaris van de Koning (art. 6 Provinciewet).

Een minister en een staatssecretaris zijn ook bestuursorganen. Zij maken namelijk deel uit van de rechtspersoon de Staat.

Voorbeeld bestuursorgaan

Margreet vertelt aan haar zus dat ze van de gemeente een nieuw rijbewijs heeft gekregen. Margreet bedoelt daarmee dat ze naar het gemeentehuis is gegaan om haar rijbewijs op te halen.
De bevoegdheid om een rijbewijs af te geven berust echter bij de burgemeester en niet bij de gemeente. Margreet heeft dus niet van de gemeente, maar van de burgemeester (dit is het in dit geval bevoegde bestuursorgaan) het rijbewijs gekregen.

De tweede groep bestuursorganen worden de b-organen genoemd.

Een voorbeeld van een b-orgaan is de APK-keurmeester. Hij heeft een exclusieve bevoegdheid om auto's te keuren.

Andere voorbeelden van b-organen zijn De Nederlandsche Bank N.V., Stichting CBR op het moment dat de examinator de rijvaardigheid beoordeelt, de examencommissie van een hogeschool of universiteit.

Hieronder zie je een logo van een b-orgaan.

DeNederlandscheBank

Artikel 1:1 lid 2 Awb bepaalt in welke gevallen geen sprake is van een bestuursorgaan. In dat artikel staat bijvoorbeeld dat de regering en de Staten-Generaal geen bestuursorgaan zijn, omdat ze tot de wetgevende macht behoren. De Algemene Rekenkamer, de Raad van State, de Rechtspraak, de Nationale Ombudsman, enzovoort, zijn geen bestuursorgaan.

Voorbeeld geen bestuursorgaan

De rechtbank doet uitspraak in een bestuursrechtelijk geschil tussen burgemeester en wethouders van de gemeente Utrecht en transportbedrijf Dennis. De beslissing van de rechtbank houdt in dat het beroep van transportbedrijf Dennis ongegrond is. Deze uitspraak is geen besluit in de zin van de Awb, omdat de rechtbank volgens artikel 1:1 lid 2 sub c Awb geen bestuursorgaan is.

Zelfstandige bestuursorganen (ZBO's) zijn bestuursorganen. Dit kunnen a-organen of b-organen zijn. Ze staan niet in een hiërarchische relatie tot een openbaar lichaam, zoals de Staat of de gemeente en om die reden zijn ze ook geen verantwoording verschuldigd aan andere bestuursorganen. Voorbeelden van ZBO's zijn het Commissariaat voor de Media, het Centraal Orgaan opvang Asielzoekers en De Nederlandsche Bank N.V. Ook de Autoriteit Financiële Markten is een zelfstandig bestuursorgaan.

In het krantenartikel hierna zie je een praktijkvoorbeeld van een bestuursorgaan (het Commissariaat voor de Media) die een boete aan talkshow Jinek heeft opgelegd.

Boete voor talkshow Jinek na overtreding Mediawet

De KRO-NCRV moet een boete van 20.000 euro betalen vanwege overtreding van de Mediawet in de talkshow van Eva Jinek. Dat heeft het Commissariaat voor de Media besloten. Het gaat om een aflevering waarin toenmalig RTL4-programmadirecteur Galjaard uitvoerig over een commercieel product sprak.

Bron: www.ad.nl, 23 maart 2019, ingezien op 14 januari 2021

De overheid maakt in toenemende mate gebruik van privaatrechtelijke rechtspersonen die met publieke taken worden belast. Als dat gebeurt dan is die privaatrechtelijke rechtspersoon bij de uitoefening van die publieke taken een bestuursorgaan, een b-orgaan dus. Een voorbeeld van een privaatrechtelijke rechtspersoon die publieke taken uitoefent zie je hierna.

Voorbeeld privaatrechtelijke rechtspersoon die publieke taken uitoefent
Voor mensen met beperkingen, die vanwege die beperkingen onmogelijk met het openbaar vervoer kunnen reizen, bestaat de mogelijkheid een zogenoemd 'hoog persoonlijk kilometerbudget' te krijgen. Dat is een jaarlijks budget van 2.250 kilometer waarmee men voor € 0,20 per kilometer met de taxi buiten de regio kan reizen. Een aanvraag voor zo'n budget kan men indienen bij FMMU advies BV. Dat is een besloten vennootschap die een overeenkomst met de minister heeft gesloten. Op grond van die overeenkomst is het bedrijf belast met het nemen van besluiten op aanvragen om een hoog persoonlijk kilometerbudget. FMMU advies BV is, als zij besluiten neemt op een aanvraag, een bestuursorgaan en wel een b-orgaan.

4.5 Publiekrechtelijk

Publiekrechtelijk houdt in dat het bestuursorgaan een exclusieve bevoegdheid heeft om te beslissen. Die exclusieve bevoegdheid is aan het bestuursorgaan toegekend door een publiekrechtelijke wettelijke regeling.
Een exclusieve bevoegdheid houdt in dat het bestuursorgaan van de wetgever een speciale bevoegdheid heeft gekregen om te beslissen. Deze bevoegdheid maakt het bestuursorgaan 'machtig'.

Voorbeeld exclusieve bevoegdheid
Het college van burgemeester en wethouders heeft de bevoegdheid om een omgevingsvergunning af te geven voor bijvoorbeeld de bouw van een garage. Die bevoegdheid is aan burgemeester en wethouders toegekend op grond van de Wet algemene bepalingen omgevingsrecht, een publiekrechtelijke wet. Een particulier of een bedrijf heeft die bevoegdheid niet. Dit maakt de bevoegdheid exclusief.

Het tegenovergestelde van publiekrecht is privaatrecht. Als burgemeester en wethouders van Nijmegen beslissen om verkiezingsborden voor de gemeente te kopen, is deze bevoegdheid niet exclusief aan hen voorbehouden. Ook bedrijven en particulieren kunnen verkiezingsborden kopen. De beslissing van burgemeester en wethouders is dan ook geen besluit in de zin van de Awb wegens het ontbreken van het publiekrechtelijke karakter.

4.6 Rechtshandeling

Een rechtshandeling is een handeling die gericht is op enig rechtsgevolg. Door het nemen van een besluit verandert er iets in de wereld van het recht. Met andere woorden: er ontstaat een plicht en/of een recht, er gaat een plicht en/of recht teniet of er wijzigt een recht en/of plicht.

Als je een bekeuring krijgt voor 'door rood licht rijden', dan is dit een beslissing die gericht is op rechtsgevolg. Namelijk, je moet de bekeuring betalen (= ontstaan plicht).

Als je een drank- en horecavergunning en een exploitatievergunning krijgt, heb je toestemming gekregen om een café te exploiteren. Het verlenen van een vergunning is een rechtshandeling.

Als het college van burgemeester en wethouders van Amsterdam beslist om dranghekken te plaatsen langs de weg, dan is deze beslissing gericht op het plaatsen van hekken. Er ontstaan door deze beslissing geen rechten of plichten. Het plaatsen van dranghekken is een feitelijke handeling, geen rechtshandeling.

Hieronder zie je een voorbeeld van een beslissing van het gemeentebestuur die geen rechtsgevolgen heeft.

Jurisprudentie beslissing zonder rechtsgevolgen

Burgemeester en wethouders van Den Haag hebben besloten toestemming te geven tot het realiseren van een opvangvoorziening voor harddruggebruikers in een pand in Den Haag. Het pand is eigendom van de gemeente Den Haag. In de gemeenteraad wordt daarover gediscussieerd. Uiteindelijk neemt de raad een motie aan waarin hij instemt met de beslissing van burgemeester en wethouders. Is deze instemming een besluit in de zin van de Algemene wet bestuursrecht?
De Afdeling bestuursrechtspraak van de Raad van State vindt van niet. Zij overweegt dat de instemming van de raad geen handeling inhoudt die is gericht op een publiekrechtelijk rechtsgevolg. Door die instemming worden namelijk geen rechten, plichten, bevoegdheid of juridische status gecreëerd of tenietgedaan. Dat komt doordat de beslissing van burgemeester en wethouders die rechtsgevolgen al met zich bracht.

4.7 Soorten besluiten

Het Awb-besluit kun je onderverdelen in twee soorten. Dit zijn de besluiten van algemene strekking en de beschikking.
Het is van belang om de verschillende soorten besluiten te kunnen onderscheiden. Bepalingen uit de Awb zijn namelijk soms alleen van toepassing op een bepaald soort besluit. In hoofdstuk 4 van de Awb zijn hoofdzakelijk bepalingen opgenomen die betrekking hebben op de beschikking. Het onderscheid is ook van belang om de vraag te kunnen beantwoorden of tegen het besluit bezwaar en/of beroep kan worden ingesteld.
Figuur 3 laat zien welke besluiten de Awb kent.

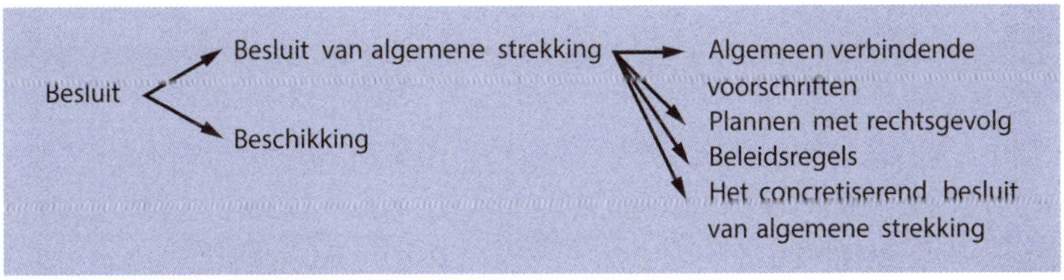

Figuur 3 Besluiten

In hoofdstuk 5 wordt de beschikking behandeld en in hoofdstuk 6 komen de besluiten van algemene strekking aan de orde.

4.8 Met een besluit gelijkgestelde beslissingen

De volgende beslissingen worden met een besluit gelijkgesteld:
1. De afwijzing van een aanvraag van een beschikking (art. 1:3 lid 2 Awb) als de aanvrager een belanghebbende is.
2. Het besluit een aanvraag van een beschikking niet te behandelen (art. 4:5 Awb). De beslissing om een aanvraag niet te behandelen is op rechtsgevolg gericht en daarmee een besluit.
3. De (van rechtswege (= automatische)) fictieve positieve beschikking (art. 4:20b lid 2 Awb; zie par. 5.5).
4. De schriftelijke weigering een besluit van algemene strekking te nemen (art. 6:2 (a) Awb).
5. Het niet of niet tijdig nemen van een besluit (art. 6:2 (b) Awb).

Soms kennen bijzondere wetten handelingen die met een besluit gelijk worden gesteld. Zo bepaalt artikel 72 lid 3 Vreemdelingenwet dat de feitelijke uitzetting van een vreemdeling wordt aangemerkt als een besluit.

De beschikking wordt uitgebreid behandeld in hoofdstuk 5.

4.9 Samenvatting

Onder besluit wordt verstaan een schriftelijke beslissing, van een bestuursorgaan inhoudende een publiekrechtelijke rechtshandeling.

Onder bestuursorgaan wordt verstaan een orgaan van een krachtens publiekrecht ingestelde rechtspersoon of een ander persoon of college met enig openbaar gezag bekleed.

De eerste groep bestuursorganen worden de a-organen genoemd, de tweede groep de b-organen.

Publiekrechtelijk houdt in dat het bestuursorgaan een exclusieve bevoegdheid heeft om te beslissen.
Een rechtshandeling is een handeling die gericht is op enig rechtsgevolg.

Een besluit kan een besluit van algemene strekking zijn of een beschikking.

De besluiten van algemene strekking zijn: de algemeen verbindende voorschriften, plannen met rechtsgevolg, beleidsregels en het concretiserende besluit van algemene strekking.

4.10 Kennisvragen

1. Wanneer is sprake van een Awb-besluit?
2. Wat is een bestuursorgaan?
3. Welke soorten bestuursorganen zijn er?
4. Geef een voorbeeld van een publiekrechtelijke rechtspersoon.
5. Leg het begrip publiekrechtelijk uit.
6. Wat is een rechtshandeling?
7. Welke soorten besluiten zijn er te onderscheiden?
8. Welke besluiten van algemene strekking zijn er?

4.11 Open vragen

1. Geef van de volgende gevallen aan of sprake is van een Awb-besluit:
   a. De gemeente Arnhem stelt een verordening vast.
   b. De burgemeester van Nijmegen koopt iPhones voor de medewerkers van de gemeentelijke plantsoenendienst.
   c. Het college van burgemeester en wethouders van Leeuwarden besluit tot het plaatsen van verkiezingsborden op de hoek Groningerstraatweg/Bleeklaan.
   d. De gemeente Utrecht betaalt de huur van de dienstwoning voor de burgemeester.
   e. Het college van burgemeester en wethouders verleent een vergunning aan de heer Somsen voor de bouw van een dakkapel.

4.12 Meerkeuzevragen

1. Een voorbeeld van een bestuursorgaan is:
   a. de staatssecretaris van Onderwijs.
   b. de stichting DOEN.
   c. de wetgevende macht.

2. Welke van de hierna genoemde reeks is geen bestuursorgaan?
   a. De burgemeester.
   b. Het waterschap Veluwe.
   c. Het college van gedeputeerde staten.

3. Welk van de volgende alternatieven behoort *niet* tot het begrip bestuursorgaan?
   a. De minister van Justitie.
   b. De Raad van State.
   c. Het bestuur van een waterschap.

4. Geen Awb-besluit is:
   a. de gemeentelijke belastingaanslag.
   b. de ontheffing aan de heer Langenberg voor een parkeerplaats voor een minder valide.
   c. het advies van de welstandscommissie van de gemeente Oost-Gelre over een bouwplan.

5. Een besluit dat per e-mail wordt verstuurd, is nooit een Awb-besluit, aangezien een e-mailbericht niet voldoet aan het bepaalde in artikel 1:3 lid 1 Awb.
   Deze stelling is:
   a. juist.
   b. onjuist.

5 De beschikking

5.1 Inleiding

In het vorige hoofdstuk is het Awb-besluit behandeld. In dit hoofdstuk gaan we nader in op de beschikking. Aan bod komt: hoe je een beschikking aanvraagt, wat een beschikking is, de verschillende soorten beschikkingen en hoe een beschikking tot stand komt.

5.2 De beschikking

Artikel 1:3 lid 2 Awb bepaalt het volgende over het beschikkingsbegrip.

Onder beschikking wordt verstaan: een besluit dat niet van algemene strekking is, met inbegrip van de afwijzing van de aanvraag daarvan. Met andere woorden: een beschikking is een besluit gericht op een concreet geval.

De beschikking is niet een algemeen besluit, maar een besluit gericht op een persoon, groep personen of een bepaalde zaak.

Voorbeelden van beschikkingen zijn: het verstrekken van een bijstandsuitkering aan de heer Langenberg, het besluit om een pand op de gemeentelijke monumentenlijst te plaatsen, het besluit om subsidie te geven aan een voetbalvereniging.

Hierna zie je een praktijkvoorbeeld van een beschikking.

Gemeente *Stein*

GEMEENTEBLAD

Officiële uitgave van de gemeente Stein

Nr. 253295
2 oktober
2020

Besluit aanvraag omgevingsvergunning Hoolstraat 4 te Stein (O2019-017\0971-AZK-103443)

Bekendmaking besluit

Burgemeester en wethouders van de gemeente Stein maken bij dezen bekend dat zij hebben besloten dat de omgevingsvergunning geregistreerd onder nummer O2019-017\0971-AZK-103443 voor het plaatsen van een tijdelijke woning gelegen aan Hoolstraat 4 te Stein bij besluit van 29 september 2020 (verlengen termijn tijdelijke woningtot en met 31 augustus 2021) wordt toegekend.

De omgevingsvergunning heeft betrekking op de activiteit(en):

- Bouwen
- Handelen in strijd met regels ruimtelijke ordening

Rechtsbescherming

Het voorgenoemde besluit is genomen volgens de reguliere procedure. Tegen dit besluit kan met ingang van30 september 2020gedurende 6 weken bezwaar worden ingediend bij het College van Burgemeester en Wethouders van de gemeente Stein. (Stadhouderslaan 200 Postbus 15, 6170 AA te Stein). In dit bezwaarschrift dient tenminste uw naam en adres te staan, een omschrijving van het besluit, de reden(en) waarom u bezwaar heeft en uw handtekening.

Het ingediende bezwaarschrift schorst de werking van het besluit echter niet. Indien onverwijlde spoed dit vereist, kan een verzoek om voorlopige voorziening worden ingediend bij de Voorzieningenrechter van de Rechtbank Limburg (sector Bestuursrecht, Postbus 950, 6040 AZ te Roermond).

Terinzagelegging

Gedurende de bovengenoemde bezwaartermijn zal het besluit met de aanvraag en de bijbehorende stukken tijdens reguliere openingstijden in het gemeentehuis, Stadhouderlaan 200 te Stein ter inzage liggen. Voor nadere informatie of het inzien van het dossier kunt u een afspraak maken via het algemene telefoonnummer 046-4359393 met de Afdeling Dienstverlening, team Vergunning, Toezicht en Handhaving.

5.3 Soorten beschikkingen

De beschikking kun je onderverdelen in de:

1. aflopende en duurzame beschikking;
2. belastende en begunstigende beschikking;
3. vrije en gebonden beschikking;
4. persoonsgerichte beschikking of zaaksgerichte beschikking;
5. beschikking op aanvraag of ambtshalve beschikking.

5.3.1 *Aflopende en duurzame beschikkingen*

Aflopende beschikkingen gelden voor bepaalde tijd. Een omgevingsvergunning werkt slechts voor een beperkte periode. Je hebt als aanvrager slechts beperkte tijd om van de vergunning gebruik te maken.

Voorbeeld aflopende beschikking
In de vergunning voor de kap van een boom is opgenomen dat de vergunning vervalt, indien daarvan niet binnen maximaal één jaar na de dag van bekendmaking volledig gebruik is gemaakt.

Een duurzame beschikking geldt voor onbepaalde tijd. Een voorbeeld van een duurzame beschikking is een omgevingsvergunning voor de activiteit milieu.

5.3.2 *Belastende en begunstigende beschikkingen*

De belastende beschikking verplicht de verkrijger (degene tot wie de beslissing is gericht) tot iets, bijvoorbeeld het betalen van een boete, het betalen van een dwangsom of het betalen van vermogensbelasting.
De begunstigende beschikking geeft de verkrijger juist een recht (lees: een gunst). Bijvoorbeeld het recht om te mogen bouwen (omgevingsvergunning) of een auto te mogen besturen op de openbare weg (rijbewijs).

5.3.3 *Vrije en gebonden beschikkingen*

De vrije beschikking is een besluit waarbij een bestuursorgaan van de wetgever een bepaalde mate van vrijheid heeft gekregen om te mogen beslissen. De wetgever schrijft in dat geval niet voor aan welke voorwaarden het besluit moet voldoen om een positieve beslissing te mogen nemen (bij een gebonden beschikking schrijft de wetgever dat wel voor). De wetgever heeft bij een vrije beschikking niet aangegeven wanneer het besluit moet worden genomen en geeft daarmee het bestuursorgaan de vrije ruimte om te beslissen.

De vrije ruimte die het bestuursorgaan heeft om te mogen beslissen noem je de discretionaire bevoegdheid. Bij een gebonden beschikking heeft het bestuursorgaan zich te houden aan de wettelijke bepalingen en is de bevoegdheid om buiten het wettelijke kader te mogen beslissen zeer beperkt.

In het krantenartikel hierna zie je een voorbeeld uit de praktijk van een bestuursorgaan (in dit geval de staatssecretaris van Justitie en Veiligheid) dat gebruikmaakt van zijn discretionaire bevoegdheid.

Lili en Howick: politieke empathie op het laatste nippertje

Tot het laatste moment houdt staatssecretaris Mark Harbers van Justitie en Veiligheid de poot stijf. Maar onder druk van de gebeurtenissen maakt hij uiteindelijk van zijn discretionaire bevoegdheid gebruik om de Armeense kinderen op humanitaire gronden een verblijfsvergunning te verlenen.

Bron: www.volkskrant.nl, 8 september 2018, ingezien op 15 januari 2021

De burgemeester moet een rijbewijs afgeven indien voldaan is aan de eisen van rijbevoegdheid. Deze beschikking laat geen enkele beslissingsruimte over aan de burgemeester om de aanvraag voor een rijbewijs te toetsen aan andere eisen.

Als de gemeenteraad de mogelijkheid van een burgerinitiatief wil ondersteunen, dan heeft de raad vrij veel mogelijkheden om daarin een eigen beleid te voeren. Als de raad besluit tot het toekennen van gelden voor een dergelijk initiatief en hij heeft zichzelf niet in de verordening burgerinitiatief verplicht tot een groot aantal voorwaarden om een dergelijk verzoek te moeten honoreren, dan is sprake van een vrije beschikking.

Een gebonden beschikking wordt door de rechter vol getoetst, een vrije beschikking daarentegen slechts marginaal. Marginale toetsing wil zeggen dat de rechter het besluit terughoudend moet toetsen. In hoofdstuk 14 wordt de rechterlijke toetsing uitvoerig beschreven.

In het krantenartikel hierna zie je een praktijkvoorbeeld van een begunstigende en tevens vrije beschikking.

Lintjesregen

Darter Michael van Gerwen, tv-presentatrice Caroline Tensen, radio-dj Edwin Evers en rapper en programmamaker Angelo Diop, kregen in 2018 een koninklijke onderscheiding.

Om in aanmerking te komen voor een lintje moet iemand gekandideerd worden vanwege bijzondere verdiensten voor de samenleving.

Bron: www.nrc.nl, 26 april 2018, ingezien op 15 januari 2021

5.3.4 Persoonsgerichte en zaaksgerichte beschikkingen

Als de rechtsgevolgen van een besluit gericht zijn op een bepaald persoon of een bepaalde groep personen (zoals een vereniging), dan spreek je over een persoonsgerichte beschikking. Het besluit richt zich dan namelijk alleen op die persoon of die bepaalde groep.

De beschikking van de minister van Onderwijs, Cultuur en Wetenschappen op jouw aanvraag om studiefinanciering te krijgen is een persoonsgerichte beschikking. Deze beschikking (en daarmee ook de rechtsgevolgen van die beschikking) geldt namelijk alleen voor jou en niet voor bijvoorbeeld je ouders. Een persoonsgerichte beschikking is in beginsel niet overdraagbaar. De afgifte van je rijbewijs is een persoonsgerichte beschikking die je niet kunt overdragen aan bijvoorbeeld je broertje van veertien jaar, in die zin dat hij daarmee de bevoegdheid krijgt om op de openbare weg in een auto te mogen rijden.

Een zaaksgerichte beschikking richt zich niet op een persoon of een groep personen, maar op een concreet object (= bepaalde zaak).

Voorbeeld zaaksgerichte beschikking
Als het daartoe bevoegde orgaan een besluit neemt om een pand op de monumentenlijst te plaatsen, dan krijgt het pand een andere juridische status. Op grond van de Monumentenwet 1988 mag het pand dan niet zonder vergunning worden veranderd of gebruikt op een wijze waardoor het wordt ontsierd of in gevaar gebracht. Het besluit richt zich op het pand dat voortaan moet worden beschermd.

Een zaaksgerichte beschikking is voor overdracht vatbaar. Als je een omgevingsvergunning hebt om te mogen bouwen kun je de vergunning overdragen aan bijvoorbeeld je neef die op die plek een huis wil bouwen.

Figuur 4 Voorbeeld zaaksgerichte beschikking (een historisch pand heeft de status gemeentelijk monument gekregen)

5.3.5 *Beschikkingen op aanvraag en ambtshalve beschikkingen*

Een beschikking is een besluit van een bestuursorgaan. De beschikking kan op twee manieren tot stand komen. Er kan een (rechts)persoon zijn die een aanvraag indient. Vervolgens neemt het bestuursorgaan een beschikking op de aanvraag. Dit noem je een beschikking op aanvraag. De beschikking kan positief zijn of negatief (art. 1:3 lid 2 Awb).

Voorbeeld van een beschikking op aanvraag
Herman Boom dient een aanvraag in voor een vergunning voor het maken van een uitweg vanaf zijn perceel naar de openbare weg. Het college van burgemeester en wethouders neemt een beschikking op de aanvraag van Herman.

Hierna vind je een voorbeeld uit de praktijk van een publicatie van een aanvraag om een beschikking.

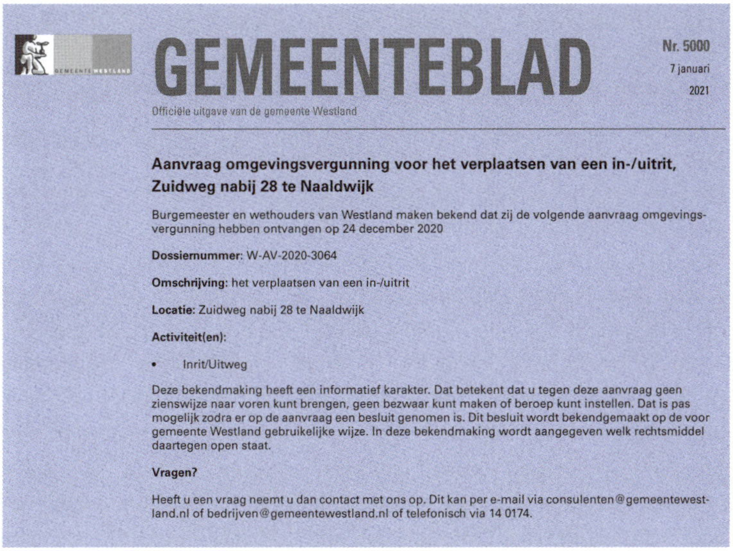

GEMEENTEBLAD

Officiële uitgave van de gemeente Westland

Nr. 5000
7 januari
2021

Aanvraag omgevingsvergunning voor het verplaatsen van een in-/uitrit, Zuidweg nabij 28 te Naaldwijk

Burgemeester en wethouders van Westland maken bekend dat zij de volgende aanvraag omgevingsvergunning hebben ontvangen op 24 december 2020

Dossiernummer: W-AV-2020-3064

Omschrijving: het verplaatsen van een in-/uitrit

Locatie: Zuidweg nabij 28 te Naaldwijk

Activiteit(en):

- Inrit/Uitweg

Deze bekendmaking heeft een informatief karakter. Dat betekent dat u tegen deze aanvraag geen zienswijze naar voren kunt brengen, geen bezwaar kunt maken of beroep kunt instellen. Dat is pas mogelijk zodra er op de aanvraag een besluit genomen is. Dit besluit wordt bekendgemaakt op de voor gemeente Westland gebruikelijke wijze. In deze bekendmaking wordt aangegeven welk rechtsmiddel daartegen open staat.

Vragen?

Heeft u een vraag neemt u dan contact met ons op. Dit kan per e-mail via consulenten@gemeentewestland.nl of bedrijven@gemeentewestland.nl of telefonisch via 14 0174.

Maar een bestuursorgaan kan ook uit zichzelf een beschikking nemen, dat wil zeggen zonder dat daaraan een aanvraag is voorafgegaan. Dat noem je een ambtshalve beschikking.

Voorbeeld van een ambtshalve beschikking
De heffingsambtenaar van de gemeente Rotterdam besluit een aanslag onroerende zaaksbelasting van € 37.500 op te leggen aan Jim Stam, die eigenaar is van een appartementencomplex in de Stationslaan in Rotterdam.

Bedenk wel dat de verschillende soorten beschikkingen tegelijkertijd kunnen voorkomen. De aanslag onroerendezaaksbelasting uit het vorige voorbeeld is tegelijkertijd een ambtshalve beschikking, een belastende beschikking én een gebonden beschikking.

5.4 De totstandkoming van een beschikking

Hoofdstuk 4 van de Awb geeft een regeling op welke wijze beschikkingen tot stand (kunnen) komen. Het begint met een aanvraag van een persoon (dit kan een natuurlijke persoon of een rechtspersoon zijn).
Een aanvraag is een verzoek van een belanghebbende om een besluit te nemen: zie artikel 1:3 lid 3 Awb. Het is dus voor het bestuursorgaan belangrijk

om eerst te onderzoeken of degene die een verzoek doet wel een belanghebbende is. Want als je geen belanghebbende bent, kun je ook geen besluit aanvragen. Dat zie je in het volgende voorbeeld uit de jurisprudentie.

Jurisprudentie geen besluit indien geen belanghebbende

De heer De Vries vraagt het college van burgemeester en wethouders om handhavend op te treden. Hij is het namelijk niet eens met de bewoning van een voormalig kantoorpand aan het Papeterspad in Dordrecht. Het college wijst het verzoek om handhaving af. Tegen dat besluit dient De Vries eerst bezwaar in en daarna beroep. In geen van beide gevallen helpt het hem. In hoger beroep vindt de Afdeling bestuursrechtspraak van de Raad van State dat De Vries niet een belanghebbende is. Hij heeft geen persoonlijk belang, woont niet in de buurt en kan het kantoorpand niet zien vanaf zijn huis. De Vries is een inwoner van Dordrecht en hij vindt het ergerlijk dat kantoorpanden voor woondoeleinden worden gebruikt. De Afdeling bestuursrechtspraak van de Raad van State vindt dat niet voldoende om van een persoonlijk belang te spreken. Het belang van De Vries onderscheidt zich niet van het belang van andere Dordtenaren. Omdat De Vries geen belanghebbende is, kan hij niet aan het college verzoeken om een besluit te nemen. Tegen de beslissing van het college kan hij niet een ontvankelijk bezwaar instellen.

De aanvraag moet worden ondertekend en bevat volgens artikel 4:2 Awb ten minste:

a. de naam en het adres van de aanvrager;
b. de dagtekening;
c. een aanduiding van de beschikking die wordt gevraagd.

Verder moet de aanvrager nog de informatie verstrekken die nodig is voor een beslissing op de aanvraag tenzij het niet redelijk is die informatie van hem te verwachten.

Het bestuursorgaan kan op grond van artikel 4:4 Awb een formulier vaststellen voor het indienen van een aanvraag.

De aanvraag wordt onderzocht op volledigheid (art. 4:2 Awb). Als de aanvraag niet volledig is, kan het bestuursorgaan vragen om aanvulling van de aanvraag. Artikel 4:5 Awb geeft daarvoor een regeling. Dat artikel bepaalt dat het bestuursorgaan kan besluiten de aanvraag niet te behandelen. Dat betekent dat het bestuursorgaan geen inhoudelijke beslissing neemt. Maar dat mag niet onmiddellijk. Eerst moet het bestuursorgaan de aanvrager verzoeken om de ontbrekende gegevens aan te vullen. Dat moet dan binnen de termijn die het bestuursorgaan stelt. Als aanvulling binnen die termijn gebeurt, moet het bestuursorgaan een inhoudelijke beslissing op de aanvraag nemen. Als de gegevens niet alsnog worden overgelegd, kent artikel 4:5 Awb twee mogelijkheden:

1. binnen vier weken na het verstrijken van de termijn kan het college besluiten de aanvraag niet in behandeling te nemen; of
2. als die vier weken voorbij zijn, mag het college niet meer besluiten de aanvraag niet in behandeling te nemen. Het college moet dan een inhoudelijke beslissing op de aanvraag nemen.

Hierna vind je een voorbeeld van toepassing van artikel 4:5 Awb.

Voorbeeld artikel 4:5 Awb

Bert de Haan wil op 25 mei een evenement organiseren. Daar is een evenementenvergunning van de burgemeester voor nodig op grond van de Algemene Plaatselijke Verordening (APV). Op 16 maart dient hij de aanvraag in. De burgemeester vindt dat de aanvraag niet volledig is omdat een duidelijke omschrijving van het evenement ontbreekt. Hij verzoekt Bert op 20 maart om binnen twee weken duidelijk te maken wat er precies gaat gebeuren. Bert laat de termijn voorbijgaan. Vanaf 4 april heeft de burgemeester nu een keuze. Hij kan besluiten, ondanks dat hij niet volledig is geïnformeerd, om toch inhoudelijk te beslissen. Hij kan ook besluiten om de aanvraag van Bert niet in behandeling te nemen. Als hij dat laatste doet, moet hij Bert binnen vier weken een brief sturen waarin staat dat de aanvraag niet in behandeling wordt genomen omdat Bert geen antwoord gegeven heeft op het verzoek van de burgemeester om informatie over het evenement. Laat de burgemeester de termijn van vier weken voorbij gaan, dan moet hij alsnog een inhoudelijke beslissing op de aanvraag nemen binnen de geldende beslistermijn (meer daarover in paragaaf 5.5).

De aanvraag wordt onderzocht op volledigheid (art. 4:2 Awb). Mocht de aanvraag onvolledig zijn, dan krijgt de persoon de mogelijkheid om binnen een bepaalde termijn de gegevens aan te vullen. Maakt de persoon van die mogelijkheid geen gebruik, dan loopt hij het risico dat de aanvraag niet wordt behandeld.

Vervolgens worden er eisen gesteld aan de voorbereiding van de beschikking. In sommige gevallen moet het bestuursorgaan dat de beschikking voorbereidt de aanvrager dan wel de belanghebbende de mogelijkheid geven om een zienswijze in te dienen (art. 4:7 en 4:8 Awb). Verzuimt het bestuursorgaan dit te doen, dan handelt het bestuursorgaan in strijd met het zorgvuldigheidsbeginsel van artikel 3:2 Awb.

Voorbeeld ten onrechte niet horen

De burgemeester besluit tot het intrekken van de ontheffing sluitingstijden van café De Stier, omdat het café veel overlast veroorzaakt. De uitbater van het café heeft voordat de burgemeester tot deze maatregel overging geen gelegenheid gehad om te reageren op het voornemen van de burgemeester. De burgemeester overtreedt daarmee het bepaalde in artikel 4:8 Awb.

De hiervoor genoemde procedure is de standaardprocedure. Er wordt dan een aanvraag ingediend, het bestuursorgaan inventariseert de feiten die van belang zijn en de belangen die een rol spelen. Vervolgens hoort het bestuursorgaan eventuele belanghebbenden en neemt het een besluit. Als sprake is van een ambtshalve genomen besluit, is de procedure hetzelfde. Er is dan natuurlijk geen aanvraag.

Voor sommige gevallen schrijft de wet een meer uitgebreide procedure voor. Deze procedure noem je de uniforme openbare voorbereidingsprocedure. Die is in de Algemene wet bestuursrecht geregeld in Afdeling 3.4. Volgens artikel 3:10 Awb is deze procedure van toepassing als de wet dat voorschrijft of als het bestuursorgaan daarvoor kiest. Deze procedure verloopt als volgt. Na terinzagelegging van het ontwerpbesluit kunnen belanghebbenden hun zienswijzen (art. 3:15 Awb) naar voren brengen en volgt er een besluit (art. 3:18 Awb). Afwijkend van de normale procedure is dat er hier eerst een ontwerpbesluit is.

Een voorbeeld van een publicatie waarin de afdeling 3.4-procedure van toepassing is, zie je hierna.

STAATSCOURANT

Nr. 13370
19 mei
2015

Officiële uitgave van het Koninkrijk der Nederlanden sinds 1814.

Toepassingverklaring van Afdeling 3.4 Awb op verkeersbesluit en voornemen tot verkeersbesluit

GEMEENTE LOPIK

Nr.: 15.04180

Onderwerp: Toepassingverklaring van Afdeling 3.4 Algemene wet bestuursrecht op verkeersbesluit

Burgemeester en wethouders van Lopik;

overwegende, dat wij, naar aanleiding van klachten over veiligheid en geluidsoverlast op het wegdeel Lekdijk West, vanaf de gemeentegrens met Krimpenerwaard tot de kruising met de Zijdeweg, voornemens zijn een verkeersbesluit te nemen om deze klachten tegen te gaan;

dat het hierbij wenselijk is, teneinde tot een goede belangenafweging te komen, om de uniforme openbare voorbereidingsprocedure toe te passen bij de voorbereiding van het verkeersbesluit ;

gelezen het advies d.d. 14 april 2014;

gelet op artikel 3:10 lid 1 Algemene wet bestuursrecht;

b e s l u i t e n :

1. Afdeling 3.4 van de Algemene wet bestuursrecht van toepassing te verklaren op de (voorbereiding van) het verkeersbesluit dat wij voornemens zijn te besluiten met betrekking tot het wegdeel Lekdijk West, vanaf de gemeentegrens met Krimpenerwaard tot de kruising met de Zijdeweg. Het ontwerpbesluit dat hiertoe ter inzage wordt gelegd wordt bij dit besluit bijgevoegd.

1 Staatscourant 2015 nr. 13370 **19 mei 2015**

5.5 De beslistermijn

Artikel 4:13 Awb bepaalt binnen welke termijn op de aanvraag een beslissing moet zijn genomen. De hoofdregel is dat wanneer de wet geen termijn regelt, er binnen een redelijke termijn na ontvangst van de aanvraag moet worden beslist. Die termijn is in ieder geval voorbij acht weken na ontvangst van de aanvraag. De beslistermijn kan worden verlengd of opgeschort (art. 4:14 en 4:15 Awb). Twee voorbeelden van de beslistermijn zie je hierna.

Voorbeelden beslistermijnen

De Groot dient bij de staatssecretaris van Veiligheid en Justitie een aanvraag om een verklaring omtrent gedrag in. Op grond van artikel 37 van de Wet justitiële en strafvorderlijke gegevens beslist de minister binnen vier weken na ontvangst van de aanvraag dan wel, als hij van plan is de aanvraag af te wijzen, binnen acht weken. Zo staat dat in de wet.

Sanne dient bij burgemeester en wethouders een aanvraag in om een evenement te organiseren dat over zes weken plaatsvindt. Volgens de APV moet een vergunning uiterlijk vier weken tevoren worden aangevraagd. In de APV is geen beslistermijn opgenomen. Dat betekent dat burgemeester en wethouders een redelijke termijn in acht moeten nemen. Die is in ieder geval voorbij na acht weken. Maar in dit geval is de redelijke termijn korter. Zouden burgemeester en wethouders immers na zeven weken besluiten, dan is het geplande evenement al voorbij. Een redelijke termijn in dit geval is vijf weken.

Als het bestuursorgaan niet op tijd beslist, kan dat gevolgen hebben. Welke gevolgen dat heeft, hangt af van wat er in de wet staat. Het niet tijdig beslissen op een aanvraag kan het bestuursorgaan geld kosten (art. 4:17 e.v. Awb). In sommige situaties leidt het niet tijdig beslissen tot een positieve fictieve beschikking (art. 4:20b Awb).

De Algemene wet bestuursrecht heeft dit als volgt geregeld. Standaard is de regeling 'dwangsom bij niet tijdig beslissen' van toepassing. Die regeling staat in paragraaf 4.1.3.2 van de Awb. Artikel 4:17 Awb bepaalt dat het bestuursorgaan een dwangsom verbeurt aan de aanvrager als een beschikking op diens aanvraag niet op tijd wordt gegeven. Dat is niet meteen het geval na afloop van de beslistermijn. Eerst moet de aanvrager nog kenbaar maken dat het bestuursorgaan te laat is met beslissen. Dat noem je de ingebrekestelling (art. 4:17 lid 3 Awb). Na de ingebrekestelling heeft het bestuursorgaan nog twee weken de tijd alsnog te beslissen. Als die twee weken voorbij zijn, dan gaat het bestuursorgaan dwangsommen verbeuren aan de aanvrager. De dwangsom bedraagt de eerste veertien dagen € 23 per dag, de daaropvolgende veertien dagen € 35 per dag en de overige dagen € 45 per dag.

Als de aanvrager een eerdere beslissing wil op zijn aanvraag, kan hij, los van de dwangsomregeling, de bestuursrechter ook nog vragen het bestuursorgaan te dwingen een beslissing op de aanvraag te nemen (art. 8:55b Awb).

De dwangsomregeling kan het bestuursorgaan nogal wat geld kosten. Dat geldt zeker voor die gevallen waarin een korte beslistermijn geldt.

Voorbeeld ingebrekestelling bij niet tijdig beslissen

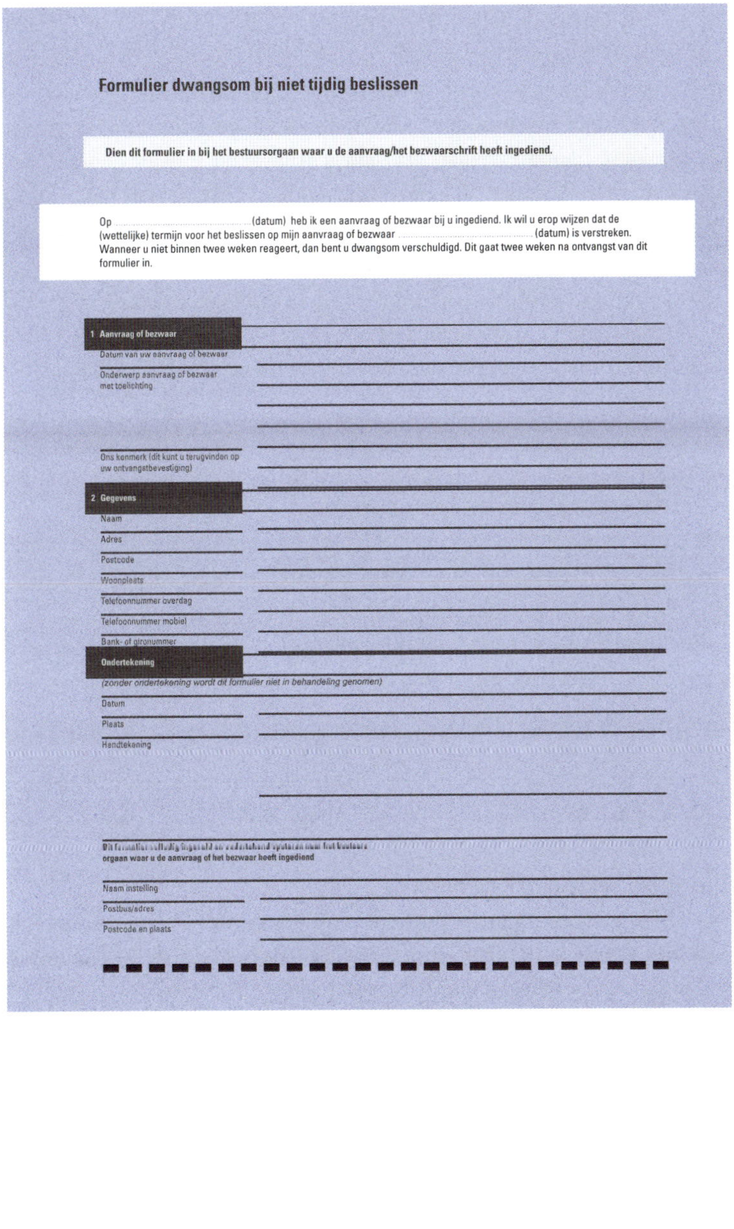

Formulier dwangsom bij niet tijdig beslissen

Dien dit formulier in bij het bestuursorgaan waar u de aanvraag/het bezwaarschrift heeft ingediend.

Op .... (datum) heb ik een aanvraag of bezwaar bij u ingediend. Ik wil u erop wijzen dat de (wettelijke) termijn voor het beslissen op mijn aanvraag of bezwaar .... (datum) is verstreken. Wanneer u niet binnen twee weken reageert, dan bent u dwangsom verschuldigd. Dit gaat twee weken na ontvangst van dit formulier in.

1 Aanvraag of bezwaar

Datum van uw aanvraag of bezwaar

Onderwerp aanvraag of bezwaar met toelichting

Ons kenmerk (dit kunt u terugvinden op uw ontvangstbevestiging)

2 Gegevens

Naam

Adres

Postcode

Woonplaats

Telefoonnummer overdag

Telefoonnummer mobiel

Bank- of gironummer

Ondertekening

(zonder ondertekening wordt dit formulier niet in behandeling genomen)

Datum

Plaats

Handtekening

Dit formulier volledig ingevuld en ondertekend opsturen naar het bestuursorgaan waar u de aanvraag of het bezwaar heeft ingediend

Naam instelling

Postbus/adres

Postcode en plaats

Soms geldt voor het te laat beslissen op een aanvraag een andere regeling. Die regeling is de 'positieve fictieve beschikking bij het niet tijdig beslissen'. De regeling staat in paragraaf 4.1.3.3 van de Awb. De regeling geldt alleen als de bijzondere wet dat voorschrijft. Overschrijding van de beslistermijn komt er dan op neer dat de aanvrager een fictieve, positieve beschikking krijgt. Een voorbeeld daarvan zie je hierna.

Voorbeeld positieve, fictieve beschikking

Bert Jansen heeft een aanvraag ingediend om een vergunning voor de bouw van een bedrijfshal. Burgemeester en wethouders nemen geen beslissing. Op grond van artikel 3.9 lid 3 van de Wet algemene bepalingen omgevingsrecht wordt de vergunning geacht te zijn verleend als burgemeester en wethouders niet binnen acht weken na ontvangst van de aanvraag hebben beslist. Na acht weken heeft Jansen dus een vergunning om te bouwen als er geen strijdigheid bestaat met het bestemmingsplan.

De Algemene wet bestuursrecht kent regels over hoe een fictieve beschikking bekendgemaakt moet worden (art. 4:20c Awb). Tegen een fictieve positieve beschikking kunnen belanghebbenden bezwaar maken. Wat bezwaar is, lees je in hoofdstuk 13.

5.6 Inwerkingtreding beschikking

Een beschikking treedt pas in werking nadat zij is bekendgemaakt (art. 3:40 Awb). Zolang de beschikking nog niet is bekendgemaakt, treedt de beschikking dus nog niet in werking. Het bekendmaken en daarmee het in werking treden van een beschikking gebeurt door het uitreiken of toezenden van de beschikking (art. 3:41 Awb).

Het mondeling meedelen van de beschikking aan de aanvrager of belanghebbende is niet aan te merken als bekendmaking in de zin van de wet.

Voorbeeld bekendmaking besluit

Het college van burgemeester en wethouders verleent een vergunning. De beslissing op de aanvraag voor de vergunning is genomen op 7 februari. Op 9 februari wordt de beschikking verzonden.

> Op 10 februari wordt de beschikking bezorgd en op 11 februari door de ontvanger gelezen. Het moment dat de vergunning is bekendgemaakt, is het moment van verzenden.
> Op 9 februari is de vergunning bekendgemaakt.

Artikel 3:45 Awb bepaalt dat het bestuursorgaan met de bekendmaking van het besluit de belanghebbenden moet wijzen op de bezwaar- of beroepsmogelijkheden.

5.7 De herhaalde aanvraag

De Algemene wet bestuursrecht kent een specifieke regeling voor herhaalde aanvragen. Daaronder wordt verstaan een nieuwe aanvraag nadat een eerdere aanvraag geheel of gedeeltelijk is afgewezen. Een voorbeeld daarvan zie je hierna.

> **Voorbeeld herhaalde aanvraag**
> John van Vleuten heeft op 6 maart een aanvraag om vergunning ingediend voor het gebruik van een pand in de Dorpsstraat als winkel. Burgemeester en wethouders hebben de aanvraag afgewezen. Van Vleuten heeft daartegen geen bezwaar ingediend. Wel dient hij op 6 december dezelfde aanvraag nogmaals in (in de hoop dat hij nu wel toestemming krijgt voor het gebruik van het pand als winkel).

Artikel 4:6 Awb geeft een regel hoe het bestuursorgaan kan handelen na zo'n herhaalde aanvraag. Het artikel bepaalt dat het bestuursorgaan de nieuwe aanvraag kan afwijzen onder verwijzing naar de eerdere, afwijzende beschikking. Op die regel bestaat wel een uitzondering. Als de aanvrager nieuwe feiten of veranderde omstandigheden in de aanvraag naar voren brengt, ligt de zaak iets anders. Dan moet het bestuursorgaan eerst onderzoeken of er inderdaad sprake is van nieuwe feiten of omstandigheden. Als dat het geval is, moet het bestuursorgaan vervolgens een inhoudelijke beslissing nemen op de aanvraag. Het mag dan dus niet meer zonder meer verwijzen naar de eerdere, afwijzende beschikking.

De wetgever heeft dit zo geregeld om te voorkomen dat je telkens opnieuw eenzelfde aanvraag indient zonder dat daarvoor een goede reden bestaat. Ook om een andere reden is artikel 4:6 Awb van belang. Als je nalaat een rechtsmiddel in te stellen tegen een besluit, wordt het besluit onherroepelijk. Dat wil zeggen dat het besluit niet meer kan worden aangevochten. Daar zou je onderuit kunnen als je gewoon opnieuw een aanvraag zou kunnen indienen waarop het bestuursorgaan zou moeten beslissen.

5.8 Samenvatting

Een beschikking is een besluit dat niet van algemene strekking is, met inbegrip van de afwijzing van de aanvraag daarvan.

Een discretionaire bevoegdheid is de vrijheid die een bestuursorgaan heeft om te mogen beslissen.

De beschikking kun je onderverdelen in de aflopende en duurzame beschikking, de belastende en begunstigende beschikking, de vrije en gebonden beschikking, de persoonsgerichte en zaaksgerichte beschikking en de beschikking op aanvraag en de ambtshalve beschikking.

Een beschikking dient te worden gegeven binnen de in de wet bepaalde termijn of bij het ontbreken van een dergelijke termijn binnen een redelijke termijn na ontvangst van de aanvraag. Als dat niet gebeurt, dan kan het bestuursorgaan dwangsommen verbeuren als een ingebrekestelling is ingediend en twee weken verstreken zijn zonder besluit. In sommige gevallen, als de wet dat bepaalt, kan er ook een positieve, fictieve beschikking zijn.
Een beschikking treedt pas in werking nadat deze is bekendgemaakt (art. 3:40 Awb).

Als, na een eerdere afwijzende beschikking, een aanvraag wordt gedaan voor eenzelfde beschikking, kan het bestuursorgaan de aanvraag afwijzen onder verwijzing naar de eerdere beschikking. Dit is alleen anders als er nieuwe feiten of omstandigheden worden vermeld in de aanvraag.

5.9 Kennisvragen

1. Wat is een beschikking?
2. Geef een voorbeeld van een beschikking.
3. Hoe vraag je een beschikking aan?
4. Kan iedereen een beschikking aanvragen?

5. Wat kan het bestuursorgaan besluiten als niet een volledige aanvraag is ingediend?
6. Wanneer treedt een beschikking in werking?
7. Wat is een gebonden beschikking?
8. Wat is een vrije beschikking?
9. Wat is een belastende beschikking?
10. Wat is een begunstigende beschikking?
11. Wat is een aflopende beschikking?
12. Wat is een duurzame beschikking?
13. Wat is een zaaksgerichte beschikking?
14. Wat is een persoonsgerichte beschikking?
15. Wat is een beschikking op aanvraag?
16. Wat is een ambtshalve beschikking?
17. Wat is de beslistermijn op aanvragen?
18. Wat is het gevolg van overschrijding van de beslistermijn?
19. Hoe wordt een beschikking bekendgemaakt?
20. Wanneer is sprake van een herhaalde aanvraag?
21. Wanneer moet een herhaalde aanvraag toch inhoudelijk behandeld worden?

5.10 Open vragen

Stel dat het college van burgemeester en wethouders niet tijdig een beslissing neemt op een aanvraag voor een beschikking. Is er dan een beschikking tot stand gekomen?

5.11 Meerkeuzevragen

1. In welk geval kan een bestuursorgaan besluiten een aanvraag niet in behandeling te nemen?
   a. Als het college vindt dat een aanvraag onjuist is.
   b. Als de aanvraag niet door een belanghebbende is ingediend.
   c. Als een aanvraag onvolledig was en niet tijdig is aangevuld.
   d. Als de beslistermijn op de aanvraag is verstreken.

2. Op welk van de volgende verzoeken van De Vries moet het college een beschikking nemen:
   a. Het verzoek van De Vries om aankoop van een strook gemeentegrond.
   b. Het verzoek van De Vries om een standplaatsvergunning (= toestemming om vanuit een kraam of wagen op een standplaats op of aan de (openbare) weg te verkopen).
   c. Het verzoek van De Vries om intrekking van de bijstandsuitkering van zijn overbuurvrouw.
   d. Het verzoek van De Vries om bij hem de riolering door te spuiten.

3. In welk van de volgende gevallen is geen sprake van een beschikking in de zin van de Awb?
   a. Een schriftelijke beslissing van de gemeenteraad inhoudende het vaststellen van een verordening.
   b. De schriftelijke beslissing van het college van gedeputeerde staten tot het opleggen van een last onder dwangsom aan ondernemer Morsink.
   c. De schriftelijke beslissing van de burgemeester om aan vereniging Z toestemming te verlenen tot het houden van een collecte.

4. De beslistermijn op de aanvraag beschikking is wanneer bij wettelijk voorschrift niets is bepaald en de redelijke termijn is verstreken maximaal:
   a. 6 weken.
   b. 8 weken.
   c. 14 weken.

5. In welk van de volgende gevallen is sprake van een beschikking in de zin van de Awb? De schriftelijke beslissing van het college van burgemeester en wethouders om:
   a. een verkeersdrempel te plaatsen aan de Ruitenberglaan in Arnhem.
   b. computers bij Mediaworld B.V. te kopen.
   c. de aanvraag muziekvergunning van straatmuzikant F. te weigeren.

6. Henk wil een schuurtje in zijn tuin bouwen. Voor dit bouwwerk is een omgevingsvergunning vereist. Henk vraagt deze vergunning aan. Het

college van burgemeester en wethouders van de gemeente Haaksbergen besluit de vergunning te verlenen. Deze verlening is te kwalificeren als:
a. een beschikking.
b. een besluit van algemene strekking.
c. een algemeen verbindend voorschrift.

7. Een voorbeeld van een beschikking is als:
a. de gemeente Nijmegen een overeenkomst sluit met een fabrikant met betrekking tot de aankoop van drie nieuwe vuilniswagens.
b. de provincie besluit dat vanaf heden haar informatiebalie om 17.00 uur gesloten zal zijn.
c. het college van burgemeester en wethouders van Arnhem besluit dat de exploitatievergunning van Paradiso met directe ingang zal worden ingetrokken.

8. De burgemeester is bevoegd om een rijbewijs af te geven. Een rijbewijs is een:
a. vrije en begunstigende beschikking.
b. gebonden en begunstigende beschikking.
c. gebonden en belastende beschikking.

9. Kenmerkend voor besluiten in de zin van de Algemene wet bestuursrecht is, dat zij:
a. tevens privaatrechtelijk van aard kunnen zijn.
b. eenzijdig door het bestuursorgaan worden vastgesteld.
c. niet per definitie op rechtsgevolg gericht hoeven te zijn.
d. van algemene strekking zijn.

10. Een beschikking kan zowel mondeling als schriftelijk zijn.
Deze stelling is:
a. juist.
b. onjuist.

6 Besluit van algemene strekking

6.1 Inleiding

In dit hoofdstuk worden de besluiten van algemene strekking beschreven. Het is van belang om de verschillende soorten besluiten van algemene strekking te onderscheiden, omdat tegen een aantal soorten besluiten van algemene strekking geen beroep, en daarmee ook geen bezwaar, openstaat bij de bestuursrechter (art. 8:3 lid 1 sub a Awb).

6.2 Soorten besluiten van algemene strekking

De besluiten van algemene strekking zijn:
1. de algemeen verbindende voorschriften;
2. plannen met rechtsgevolg;
3. beleidsregels;
4. het concretiserende besluit van algemene strekking.

6.3 De algemeen verbindende voorschriften

Algemeen verbindende voorschriften zijn algemene regels die voor herhaalde toepassing vatbaar zijn. Deze regels worden vastgesteld door de wetgever. Wetten die algemeen verbindend zijn, noem je wetten in materiële zin.

Zo stelt de gemeenteraad, als wetgever, verordeningen vast. Voorbeelden van gemeentelijke verordeningen zijn: de algemene plaatselijke verordening (APV), de bomenverordening en de bouwverordening.

Provinciale staten stellen, als wetgever, onder meer de provinciale milieuverordening vast. De regering en de Staten-Generaal hebben als wetgever bijvoorbeeld de Grondwet, de Algemene wet bestuursrecht, het Burgerlijk Wetboek en de Wet milieubeheer vastgesteld.

Tegen algemeen verbindende voorschriften staat geen beroep open (art. 8:3 lid 1 sub a Awb) en artikel 3:1 Awb bepaalt dat niet alle bepalingen van de Awb van toepassing zijn op dit type besluit.

Hieronder zie je een voorbeeld van de bekendmaking van een aantal algemeen verbindende voorschriften.

Rijswijk

BEKENDMAKING VAN RAADSBESLUITEN

Corsanr. 20.075744

De Raad van Rijswijk deelt het volgende mede.

De gemeenteraad van Rijswijk heeft in zijn vergadering van 3 november 2020 besloten tot vaststelling van de volgende verordeningen:

1. Verordening Afvalstoffenheffing 2021;
2. Verordening Onroerendezaakbelastingen 2021;
3. Verordening Rioolheffing 2021;
4. Verordening Toeristenbelasting 2021;
5. Tarieventabel Parkeerregulering en Parkeerbelastingen 2021;
6. Verordening Marktgeld 2021;
7. Verordening Liggeld 2021;
8. Verordening Precariobelasting 2021 en daarbij behorende tarieventabel 2021;
9. Verordening Haven- en Kadegeld 2021;
10. Legesverordening 2021 en daarbij behorende tarieventabel 2021.

Dit besluit treedt in werking na bekendmaking in het elektronisch gemeenteblad waarin het wordt geplaatst. De gemeente gebruikt hiervoor de website www.officielebekendmakingen.nl.

Bovengenoemd besluit wordt als service ook gepubliceerd in het huis-aan-huisblad Groot Rijswijk. Tevens wordt dit besluit als service beschikbaar gesteld via de website www.overheid.nl.

Rijswijk, (datum)
De gemeenteraad,
de griffier, de voorzitter,

J.A. Massaar, bpa mr.drs. G.A.A. Verkerk

6.4 Plannen met rechtsgevolg

Er zijn plannen die rechtsgevolgen hebben en plannen zonder rechtsgevolgen. Een bestemmingsplan heeft rechtsgevolgen voor de burger. Het plan bepaalt wat de burger wel en niet mag met zijn perceel grond. Een gemeentelijk rioleringsplan is een plan waar informatie en gegevens in zijn opgenomen en heeft geen rechtsgevolgen voor de burger. Alleen plannen, die rechtsgevolgen hebben, zijn besluiten in de zin van de Awb.

Als een plan rechtsgevolgen heeft, staat beroep open bij de bestuursrechter, tenzij in de wet staat dat er geen beroep kan worden ingesteld tegen het plan. In het volgende krantenartikel zie je een voorbeeld van een plan in voorbereiding.

Almelo volop bezig met nieuwe plan Hornbach

De gemeente Almelo is volop bezig met het maken van een nieuw bestemmingsplan om een vestiging van bouwmarkt Hornbach van de grond te krijgen.
In februari vorig jaar zette de Afdeling bestuursrechtspraak van de Raad van State op aandringen van concurrenten Gamma en Praxis een streep door het bestemmingsplan Rhijnbeek.

Bron: www.tubantia.nl, 21 maart 2017, ingezien op 15 januari 2021

6.5 Beleidsregel

Als de wetgever een bestuursorgaan een bevoegdheid geeft die dat orgaan kan gebruiken, maar niet hoeft te gebruiken, spreek je van beleidsruimte. Het bestuursorgaan heeft dan een discretionaire bevoegdheid.

Artikel 4 lid 4 van de Drank- en horecawet bepaalt dat de burgemeester met het oog op bijzondere gelegenheden van zeer tijdelijke aard voor een aaneengesloten periode van ten hoogste twaalf dagen ontheffing kan verlenen van de bij of krachtens dit artikel gestelde regels.

In dit artikel zie je dat de burgemeester beleidsruimte heeft. Er staat immers dat de burgemeester de ontheffing *kan* verlenen. Hij is daartoe niet verplicht. Dat houdt in dat de burgemeester een discretionaire bevoegdheid heeft om al dan niet een ontheffing te verlenen.

Maar je ziet in het artikel ook dat de burgemeester alleen zo'n ontheffing kan verlenen als sprake is van een bijzondere gelegenheid van zeer tijdelijke aard.

Bij elke aanvraag moet de burgemeester zich dus afvragen of er wel sprake is van een bijzondere gelegenheid van zeer tijdelijke aard. Als daarvan geen sprake is, mag hij geen ontheffing verlenen. Hij is dan niet bevoegd. De burgemeester moet dus beoordelen of sprake is van een bijzondere gelegenheid. We noemen dat beoordelingsruimte. Soms zie je dat die beoordelingsruimte heel groot is, soms is die zeer klein. Een voorbeeld van beide.

Voorbeeld veel beoordelingsruimte

Artikel 2.10 van de Wet algemene bepalingen omgevingsrecht bepaalt dat een vergunning om te bouwen wordt geweigerd als de aanvraag en de daarbij verstrekte gegevens en bescheiden het *naar het oordeel van het bevoegd gezag* niet aannemelijk maken dat het bouwen van een bouwwerk waarop de aanvraag betrekking heeft, voldoet aan de voorschriften die zijn gesteld bij of krachtens een algemene maatregel van bestuur. De beoordelingsruimte van het bevoegd gezag is hier erg groot. Er staat immers dat het bevoegd gezag de vergunning moet weigeren als naar zijn oordeel niet aannemelijk is dat aan de voorschriften wordt voldaan. Er is dus veel beoordelingsruimte voor het bevoegd gezag (lees: het bestuursorgaan).

Het zal je vast zijn opgevallen dat geen sprake is van beleidsruimte in dit geval. Het bevoegd gezag moet de vergunning weigeren als de beschreven situatie zich voordoet.

Voorbeeld weinig beoordelingsruimte

Artikel 35 lid 1 van de Participatiewet bepaalt dat het college bijzondere bijstand kan verlenen, naast de algemene bijstand. Het moet dan gaan om uit bijzondere omstandigheden voortvloeiende noodzakelijke kosten van het bestaan.

Op grond van het tweede lid kan het college bijzondere bijstand weigeren, indien de in het eerste lid bedoelde kosten binnen twaalf maanden een bedrag van € 128 niet te boven gaan.
In het eerste lid vind je een voorbeeld van veel beoordelingsruimte (het college moet beoordelen of sprake is van uit bijzondere omstandigheden voortvloeiende noodzakelijke kosten van het bestaan). In het tweede lid vind je een voorbeeld van weinig beoordelingsruime: het college kan alleen weigeren als de kosten binnen twaalf maanden meer zijn dan € 128.

Artikel 1:3 lid 4 Awb geeft de volgende definitie van een beleidsregel:

'een bij besluit vastgestelde regel, niet zijnde een algemeen verbindend voorschrift, omtrent de afweging van belangen, de vaststelling van feiten of uitleg van wettelijke voorschriften bij het gebruik van een bevoegdheid van een bestuursorgaan'.

In een beleidsregel maakt het bestuursorgaan duidelijk wanneer hij gebruik gaat maken van zijn beleidsruimte en wanneer niet. Het bestuursorgaan kan in een beleidsregel ook duidelijk maken hoe het gaat handelen als het bestuursorgaan beoordelingsvrijheid heeft. Een beleidsregel heeft veel voordelen. Het is goed dat een bestuursorgaan van tevoren nadenkt over de mogelijkheden van het voeren van een beleid. Nog beter is dat het bestuursorgaan dat ook op papier zet en bekendmaakt. Dan spreken we van een beleidsregel. Een beleidsregel schept voor de ambtenaar duidelijkheid als hij in een bepaald geval, bijvoorbeeld in mandaat, besluiten moet nemen namens het bestuursorgaan. En een beleidsregel geeft de burger duidelijkheid over zijn mogelijkheden.

De Algemene wet bestuursrecht geeft in titel 4.3 regels over de beleidsregel. Als er een beleidsregel is, dan kan het bestuursorgaan voor de motivering van een besluit verwijzen naar de beleidsregel (art. 4:82 Awb). Dat bevordert een efficiënt bestuur. De wet bepaalt ook dat het bestuursorgaan moet handelen overeenkomstig zijn beleidsregel. Maar er is wel een afwijkingsmogelijkheid. Als toepassing van de beleidsregel onevenredige gevolgen heeft in een concreet geval, mag het bestuursorgaan afwijken van de beleidsregel (art. 4:84 Awb). Het moet dan wel gaan om bijzondere omstandigheden.

Het verschil tussen de beleidsregel en een algemeen verbindend voorschrift is onder andere dat van een beleidsregel kan worden afgeweken. Van een algemeen verbindend voorschrift kan alleen worden afgeweken als het wettelijke voorschrift dit toestaat.

Tegen een beleidsregel staat geen beroep open bij de bestuursrechter (art. 8:3 lid 1 sub a Awb).

In het volgende krantenartikel zie je een voorbeeld van beleidsregels die betrekking hebben op de veiligheid en het tegengaan van geluidsoverlast tijdens evenementen.

Regels evenementen Borne verder aangescherpt

De gemeente stelde vorig jaar nieuwe beleidsregels op om de veiligheid rond evenementen te bevorderen en geluidsoverlast voor de omgeving te verminderen. De maatregelen die veiligheid moeten verbeteren, werden ingegeven door landelijke regels die zijn aangescherpt. De geluidsoverlast moet, mede omwille van jurisprudentie over het maximale aantal decibel, worden beperkt.

Bron: www.tubantia.nl, 16 maart 2017, ingezien op 12 januari 2021

Hieronder vind je een voorbeeld van de bekendmaking van een beleidsregel. Het betreft de wijze waarop het gemeentebestuur gebruikmaakt van zijn bevoegdheid om kosten van bijstand te verhalen.

Gemeente *Stein*

GEMEENTEBLAD

Officiële uitgave van de gemeente Stein

Nr. 343394
22 december
2020

Beleidsregels Verhaal Participatiewet gemeente Stein 2021

Het college van burgemeester en wethouders van de gemeente Stein;

gelet op de artikelen 61 tot en met 62i van de Participatiewet;

overwegende dat het wenselijk is om regels vast te stellen over het gebruik van de in bovenvermelde bepalingen neergelegde bevoegdheden tot verhaal van kosten van bijstand;

Besluit vast te stellen:

Beleidsregels Verhaal Participatiewet gemeente Stein 2021.
HOOFDSTUK 1 ALGEMENE BEPALINGEN

Artikel 1. Begripsomschrijvingen
In dit besluit wordt verstaan onder:
Awb : Algemene wet bestuursrecht
College: college van burgemeester en wethouders van de gemeente Stein

Artikel 2. Gebruik van de wettelijke bevoegdheid

1. Het college maakt gebruik van de bevoegdheid tot het toepassen van verhaal zoals bedoeld in paragraaf 6.5 van de Participatiewet, tenzij in deze beleidsregels anders is bepaald.
2. De kosten van bijstand kunnen in drie situaties worden verhaald:
   - op degene die zijn onderhoudsplicht jegens (ex-) echtgenoot of minderjarig kind niet behoorlijk nakomt (art. 62 en 62 b Participatiewet);
   - op degene aan wie de belanghebbende die bijstand ontvangt een schenking heeft gedaan, voor zover met de geschonken middelen rekening zou zijn gehouden als de schenking niet zou hebben plaatsgevonden (artikel 62f onderdeel a Participatiewet);
   - op de nalatenschap van een overleden bijstandsgerechtigde, voor zover er nog geen terugvordering heeft plaatsgevonden voor het overlijden of als er bijstand is verleend in de vorm van een geldlening of borgtocht (artikel 62f onderdeel b Participatiewet).

6.6 Het concretiserende besluit van algemene strekking

Het concretiserende besluit van algemene strekking wordt ook wel het concretiseringsbesluit genoemd. Een concretiseringsbesluit lijkt op een beschikking, met dien verstande dat het aantal personen waartoe het besluit is gericht, onbepaald is.

In een algemeen verbindend voorschrift (dit is bijvoorbeeld een wet of een verordening) kan de wetgever een bepaling opnemen dat bij nader besluit de bepaling zal gelden voor plaatsen, voor objecten of gedurende tijden. Dit nadere besluit is dan het concretiseringsbesluit.

Hieronder vind je een voorbeeld uit de praktijk van een concretiseringsbesluit. De burgemeester maakt gebruik van zijn wettelijke bevoegdheid om cameratoezicht toe te passen in een bepaald gebied van het centrum. Dit besluit richt zich tot iedereen, maar is geen algemeen verbindend voorschrift.

DORDRECHT

Burgemeester
Spuiboulevard 300
3311 GR DORDRECHT

BESLUIT
Cameratoezicht Stationsgebied Centrum, Leerpark, Energiehuis e.o. en Lijnbaan
Kenmerk: 2204061

De BURGEMEESTER van de gemeente DORDRECHT,

gelet op:
- artikel 151c van de Gemeentewet;
- artikel 2:77 van de Algemene Plaatselijke Verordening Dordrecht;
- de Evaluatie cameratoezicht 2018;
- de aanvullende Veiligheidsanalyse inzake cameratoezicht Lijnbaangebied november 2018;

B E S L U I T :

1. het cameratoezicht op de locaties stationsgebied Centrum, Leerpark en Energiehuis e.o. in het belang de handhaving van de openbare orde te verlengen tot 1 december 2021;
2. het cameratoezicht op de locatie Lijnbaangebied in het belang van de handhaving van de openbare orde te verlengen tot 1 juni 2020;
3. nut en noodzaak van (continuering van) het cameratoezicht in de gebieden te evalueren, in elk geval voor het einde van de onder 1. en 2. bedoelde termijnen.

Dordrecht, 28 november 2018.

De Burgemeester,

Ook het volgende praktijkgeval uit het Brabants Dagblad is een voorbeeld van een concretiseringsbesluit.

Stadskern wordt rijksbeschermd stadsgezicht

Een deel van de Tilburgse binnenstad wordt aangewezen als rijksbeschermd stadsgezicht.
De aanwijzing betekent dat de stadskern cultuurhistorisch en architectonisch van groot belang wordt geacht en dat er handvatten zijn om ongewenste ontwikkelingen tegen te gaan. Met de aanwijzing tot rijksbeschermd stadsgebied wordt het gebied beschermd.

Bron: www.bd.nl, 1 november 2012, ingezien op 12 januari 2021

Tegen een concretiseringsbesluit staat beroep open bij de bestuursrechter.

6.7 Samenvatting

De besluiten van algemene strekking zijn: de algemeen verbindende voorschriften, plannen met rechtsgevolg, beleidsregels en het concretiserende besluit van algemene strekking.

Algemeen verbindende voorschriften zijn algemene regels die voor herhaalde toepassing vatbaar zijn.

Plannen zijn een samenhangend geheel van op elkaar afgestemde keuzes omtrent door bestuursorganen te nemen of te verrichten handelingen om één of meer doelstellingen te bereiken. Een plan is een besluit voor zover het plan gericht is op een rechtsgevolg.

Een beleidsregel is een bij besluit vastgestelde regel, niet zijnde een algemeen verbindend voorschrift, omtrent de afweging van belangen, de vaststelling van feiten of uitleg van wettelijke voorschriften bij het gebruik van een bevoegdheid van een bestuursorgaan.

Tegen een beleidsregel staat geen beroep open bij de bestuursrechter (art. 8:3 lid 1 sub a Awb).

Een concretiseringsbesluit lijkt op een beschikking, met dien verstande dat het aantal personen waartoe het besluit gericht is onbepaald is. Tegen een concretiseringsbesluit staat beroep open bij de bestuursrechter.

Het is van belang om de verschillende soorten besluiten van algemene strekking te onderscheiden, omdat tegen een aantal soorten besluiten van algemene strekking geen beroep, en daarmee ook geen bezwaar, openstaat bij de bestuursrechter (art. 8:3 lid 1 sub a Awb).

6.8 Kennisvragen

1. Welke soorten besluiten van algemene strekking zijn er?
2. Wat is een algemeen verbindend voorschrift?
3. Wat is een plan?
4. Wat is een beleidsregel?
5. Wat is een concretiseringsbesluit?
6. Waarom is het van belang dat je de verschillende besluiten van algemene strekking kunt onderscheiden?

6.9 Open vragen

Lees het volgende krantenartikel en beantwoord de vragen.

Café De Skihut in Almelo blijft voorlopig op slot

Burgemeester Gerritsen heeft de vergunning ingetrokken, omdat er volgens een onderzoek 'ernstig gevaar bestaat dat de vergunningen gebruikt zouden worden voor het plegen van strafbare feiten'.

Bron: www.destentor.nl, 10 september 2020, ingezien op 15 januari 2021

Is het intrekken van de vergunning van het café een besluit? Zo ja, wat voor een soort besluit?

6.10 Meerkeuzevragen

1. Welk van de volgende besluiten heeft een bijzondere status in de Awb?
   a. Een omgevingsvergunning van B en W.
   b. Een algemeen verbindend voorschrift vastgesteld door de gemeenteraad.
   c. Een ontheffing voor een invalideparkeerplaats van B en W.

2. Stel dat een artikel in een wet in formele zin als volgt luidt: 'Vreemdelingen die afkomstig zijn uit een land waarin zij gegronde reden hebben te vrezen voor vervolging wegens hun godsdienstige of politieke overtuiging of hun nationaliteit, dan wel wegens het behoren tot een bepaald ras of tot een bepaalde sociale groep, kunnen door onze minister als vluchteling worden toegelaten.'
   Uit dit fictieve artikel blijkt dat de minister in dit geval:
   a. een beleidsruimte heeft.
   b. geen discretionaire bevoegdheid heeft.
   c. een gebonden beschikkingsbevoegdheid heeft.

3. Wat is juist? Geen besluit van algemene strekking in de zin van de Awb is:
   a. een schriftelijke beslissing van de gemeenteraad tot vaststelling van een algemene plaatselijke verordening.
   b. de schriftelijke beslissing van het college van gedeputeerde staten (GS) om een milieuvergunning te verlenen.
   c. de schriftelijke beslissing van de burgemeester om een noodverordening uit te vaardigen.

4. Bij welke keuzemogelijkheden kan er van een beschikking worden gesproken? Een schriftelijke beslissing van het college van burgemeester en wethouders tot:
   a. het vaststellen van een richtlijn omgevingslawaai.
   b. het vaststellen van een beleidsnotitie.
   c. het plaatsen van het pand aan de Lindenlaan 23 te Arnhem op de gemeentelijke monumentenlijst.

5. Welke bewering is juist?
   a. Beschikkingen zijn altijd tevens besluiten.
   b. Besluiten zijn altijd tevens algemeen verbindende voorschriften.
   c. Een besluit van algemene strekking is altijd tevens een beschikking.

6. Welk van de volgende besluiten heeft *geen* bijzondere status in de Awb?
   a. Een noodverordening.
   b. Een algemeen verbindend voorschrift vastgesteld door de gemeenteraad.
   c. Een ontheffing voor een invalideparkeerplaats van B en W.

7. De brief van de voorzitter van de Algemene Rekenkamer aan de Tweede Kamer inzake aandachtspunten overheveling buitenonderhoud en aanpassing schoolgebouwen is:
   a. een beschikking.
   b. een beleidsregel.
   c. een besluit van algemene strekking.
   d. geen besluit in de zin van de Algemene wet bestuursrecht.

8. Een bij besluit vastgestelde algemene regel niet zijnde een algemeen verbindend voorschrift omtrent de afweging van belangen is aan te merken als een beleidsregel.
   Deze stelling is:
   a. juist.
   b. onjuist.

9. Een voorbeeld van een besluit van algemene strekking is:
   a. de afwijzing door een gemeenteraad van een door een postzegelclub ingediende subsidieaanvraag.
   b. het besluit van een gemeenteraad tot het vaststellen van een bestemmingsplan.
   c. het besluit van een gemeenteraad een stuk grond aan de ABN AMRO te verkopen voor de bouw van een nieuw kantoor.
   d. het besluit van een gemeenteraad een voorlichtingsboekje over taken en werkzaamheden van het gemeentebestuur uit te geven.

10. Welke handeling van de gemeentelijke overheid is een publiekrechtelijke rechtshandeling?
    a. Het weigeren van een legaat bestaande uit een weiland grenzende aan een woonwagencentrum.
    b. Het weigeren van een bijstandsuitkering aan een inwoner van een woonwagencentrum.
    c. Het aanleggen van een verlaagde trottoirdrempel voor de uitrit van een woonwagencentrum.
    d. Het oprichten van een stichting ter bescherming van de belangen van woonwagenbewoners.

7 De algemene beginselen van behoorlijk bestuur

7.1 Inleiding

Als je besluit op vakantie te gaan, dan neem je van tevoren reisgidsen door, zorg je voor eventuele inentingen, een reisverzekering, enzovoort. Dit om te voorkomen dat je onvoorbereid op vakantie gaat en tijdens de vakantie niet voor onaangename verrassingen komt te staan.
Als een bestuursorgaan een besluit neemt, dient het ook van tevoren rekening te houden met een aantal normen. Dit omdat een goed bestuur goede besluiten neemt. Maar ook om ervoor te zorgen dat het besluit stand houdt en niet door de rechter wordt vernietigd.
De normen die het bestuursorgaan in acht moet nemen, hebben betrekking op de voorbereiding, de motivering, de inhoud en de kennisgeving van het besluit.
In dit hoofdstuk wordt ingegaan op die normen die een rol spelen bij de besluitvorming. In het recht noem je deze normen de algemene beginselen van behoorlijk bestuur.

7.2 De beginselen

De meeste beginselen van behoorlijk bestuur kun je in de wet terugvinden. Deze beginselen zijn gecodificeerd. Codificatie houdt in dat regels in de wet zijn opgenomen.

De volgende beginselen zijn in de wet opgenomen:
1. beginsel van fair play (art. 2:4 Awb);
2. zorgvuldigheidsbeginsel (art. 3:2 Awb);
3. verbod op misbruik van bevoegdheid/détournement de pouvoir (art. 3:3 Awb);
4. beginsel van verbod van willekeur (art. 3:4 lid 1 Awb);
5. evenredigheidsbeginsel (art. 3:4 lid 2 Awb);

6. motiveringsbeginsel (art. 3:46 Awb);
7. gelijkheidsbeginsel (art. 1 Grondwet).

Je noemt de gecodificeerde beginselen de geschreven beginselen van behoorlijk bestuur.

De beginselen die niet zijn opgenomen in de wet zijn:
1. het vertrouwensbeginsel;
2. het rechtszekerheidsbeginsel.

Je noemt de niet-gecodificeerde beginselen de ongeschreven beginselen van behoorlijk bestuur.

In het krantenartikel hierna zie je een praktijkvoorbeeld van een gemeentebestuur dat mogelijk in strijd handelt met beginselen van behoorlijk bestuur.

Containerbedrijf verzet zich tegen dempen haven Almelo

De belangen van het containerbedrijf zouden bij de besluitvorming over het dempen van de haven onvoldoende gewogen zijn. Het bezwaarschrift concludeert daarom dat het raadsbesluit 'in strijd is met de beginselen van behoorlijk bestuur'. De gemeenteraad wordt verzocht alsnog 'nee' te zeggen tegen het dichtgooien van de tweede insteekhaven.

Bron: www.tubantia.nl, 14 februari 2017, ingezien op 15 januari 2021

7.3 Formele en materiële beginselen van behoorlijk bestuur

De beginselen die zich richten op de voorbereiding, de totstandkoming, de motivering en de inrichting van besluiten zijn: het beginsel van fair play, het formele zorgvuldigheidsbeginsel, het motiveringsbeginsel en het formele rechtszekerheidsbeginsel. Dit noem je de formele beginselen van behoorlijk bestuur.

De beginselen die zich richten op de inhoud van besluiten zijn: het gelijkheidsbeginsel, het materiële zorgvuldigheidsbeginsel, het materiële rechtszekerheidsbeginsel, het vertrouwensbeginsel, détournement de pouvoir, het evenredigheidsbeginsel en het beginsel van verbod van willekeur. Deze beginselen noem je de materiële beginselen van behoorlijk bestuur.

Schending van een formeel beginsel hoeft niet te betekenen dat het besluit inhoudelijk (lees: materieel) onjuist is. Met een andere of betere motivering kan inhoudelijk hetzelfde besluit worden genomen. In strijd handelen met een materieel beginsel zal na bezwaar of (hoger) beroep een ander besluit opleveren.

Voorbeeld besluit blijft in stand

De heer Nienhuis maakt bezwaar tegen de weigering van het college van burgemeester en wethouders een omgevingsvergunning te verlenen. Tijdens de bezwaarschriftprocedure blijkt dat de gronden (lees: de motivering) van het besluit tot weigering van de vergunning niet zijn bekendgemaakt. De heer Nienhuis doet een geslaagd beroep op het motiveringsbeginsel. Het college van burgemeester en wethouders kan nu alsnog de gronden (lees: motivering) meedelen. Conclusie: het besluit, de weigering van de omgevingsvergunning, blijft in stand, maar wordt nu alsnog met een deugdelijke motivering bekendgemaakt.

Schending van een materieel beginsel levert vaak een andersluidend besluit op.

Voorbeeld besluit blijft niet in stand

De heer Morsink heeft zonder omgevingsvergunning een berging gebouwd. Het college van burgemeester en wethouders legt hem een last onder dwangsom op. De heer Morsink maakt bezwaar tegen de hoogte van de dwangsombeschikking. Hij doet daarmee een beroep op het evenredigheidsbeginsel. Als de heer Morsink gelijk krijgt, dient de hoogte van de dwangsom te worden aangepast. Conclusie: het besluit wijzigt, omdat het inhoudelijk onjuist is.

7.4 De beginselen en privaatrecht

De overheid dient bij het nemen van besluiten rekening te houden met de algemene beginselen van behoorlijk bestuur. Dit geldt als de overheid publiekrechtelijk handelt, maar ook als deze privaatrechtelijk handelt.

Voorbeeld abbb gelden ook in het privaatrecht
De gemeente Berkelland verhuurt een woonhuis aan mevrouw Vreemann. De huurovereenkomst is een privaatrechtelijke rechtshandeling. Mevrouw Vreemann gebruikt het woonhuis voor kantoordoeleinden. Dat is in strijd met het bestemmingsplan. De gemeente ontbindt vervolgens de huurovereenkomst. Mevrouw Vreemann beroept zich, met succes, bij de burgerlijke rechter op het gelijkheidsbeginsel. Ze toont namelijk aan dat veel huizen die in eigendom zijn van de gemeente in strijd met de bestemming woondoeleinden worden gebruikt. De gemeente kan zich een dergelijk gedrag niet veroorloven. De overheid kan zich niet permitteren om wel op te treden tegen de ene burger en niet tegen andere burgers die dezelfde overtreding begaan.

Conclusie: de overheid moet bij elk soort beslissing (privaatrechtelijk én publiekrechtelijk) altijd rekening houden met de algemene beginselen van behoorlijk bestuur.

7.5 Samenvatting

Algemene beginselen van behoorlijk bestuur zijn normen die de overheid in acht moet nemen bij het nemen van beslissingen. Er zijn geschreven en ongeschreven beginselen van behoorlijk bestuur. Daarnaast zijn er formele beginselen en materiële beginselen van behoorlijk bestuur. De formele beginselen richten zich op de voorbereiding en de totstandkoming van het besluit. De materiële beginselen richten zich op de inhoud van een besluit.

Schending van een formeel beginsel kan leiden tot een nieuw andersluidend besluit. Schending van een materieel beginsel leidt vaak tot een nieuw, andersluidend besluit.

De overheid moet altijd rekening houden met de algemene beginselen van behoorlijk bestuur.

7.6 Kennisvragen

1. Wat zijn algemene beginselen van behoorlijk bestuur?
2. Welke beginselen van behoorlijk bestuur zijn er?

3. Welke ongeschreven beginselen van behoorlijk bestuur zijn er?
4. Welke formele beginselen van behoorlijk bestuur zijn er?
5. Welke materiële beginselen van behoorlijk bestuur zijn er?
6. Wat is het verschil tussen een materieel en een formeel beginsel van behoorlijk bestuur?
7. Wanneer moet de overheid rekening houden met de beginselen van behoorlijk bestuur?

7.7 Open vragen

De heer Kamphuis vraagt een omgevingsvergunning aan voor de bouw van een vogelhok. De vergunning wordt verleend mits de heer Kamphuis de bouwleges betaalt. Tijdens het bezwaar voert de heer Kamphuis aan dat het college in strijd handelt met het beginsel van détournement de pouvoir. Het college mag namelijk het verlenen van een omgevingsvergunning niet afhankelijk stellen van het betalen van bouwleges. Het college maakt dan misbruik van zijn bevoegdheid.

1. Stel dat de heer Kamphuis gelijk krijgt. Wat betekent dat dan voor het besluit op bezwaarschrift?
2. Stel de bestuursrechter concludeert het volgende: 'Het college van burgemeester en wethouders heeft onvoldoende onderzoek gedaan om tot het oordeel te komen dat ...' Welk beginsel van behoorlijk bestuur is dan geschonden?

7.8 Meerkeuzevragen

1. Welke bewering is juist? Een voorbeeld van een formeel algemeen beginsel van behoorlijk bestuur is het:
   a. vertrouwensbeginsel.
   b. gelijkheidsbeginsel.
   c. zorgvuldigheidsbeginsel.

2. Welke van de volgende algemene beginselen van behoorlijk bestuur is *niet* in de Algemene wet bestuursrecht te vinden?
   a. Motiveringsbeginsel.
   b. Verbod van détournement de pouvoir.
   c. Gelijkheidsbeginsel.

3. Welk van de volgende beginselen is een voorbeeld van een norm die geldt voor de inhoud van besluiten (m.a.w. welk beginsel is een materieel beginsel van behoorlijk bestuur)?
   a. Het verbod van détournement de pouvoir.
   b. Het zorgvuldigheidsbeginsel.
   c. De hoorplicht.

4. Welke bewering is juist? Een algemeen beginsel van behoorlijk bestuur:
   a. dient door de burger te worden gerespecteerd.
   b. kan door de rechter worden getoetst.
   c. kan door de overheid opzij worden gezet bij de besluitvorming.

5. Welke bewering is juist? De overheid dient:
   a. alleen als het gaat om privaatrechtelijke rechtshandelingen rekening te houden met de algemene beginselen van behoorlijk bestuur.
   b. alleen als het gaat om publiekrechtelijke rechtshandelingen rekening te houden met de algemene beginselen van behoorlijk bestuur.
   c. bij zowel privaatrechtelijke als publiekrechtelijke rechtshandelingen rekening te houden met de algemene beginselen van behoorlijk bestuur.

8 De formele beginselen van behoorlijk bestuur

8.1 Inleiding

In dit hoofdstuk worden de beginselen die een rol spelen bij de voorbereiding, motivering en inrichting van een besluit behandeld. De beginselen die op de totstandkoming van een besluit betrekking hebben, worden de formele beginselen genoemd. Dit zijn: het fair-playbeginsel, het formele zorgvuldigheidsbeginsel, het motiveringsbeginsel en het formele rechtszekerheidsbeginsel.

8.2 Het fair-playbeginsel

Het bestuursorgaan mag niet partijdig zijn en moet elke schijn van partijdigheid vermijden.

Voorbeeld handelen zonder vooringenomenheid

Een wethouder mag niet meebeslissen als het college van burgemeester en wethouders van de gemeente waar hij zijn functie uitoefent zijn aanvraag om een omgevingsvergunning behandelt. De objectiviteit van de besluitvorming komt dan in gevaar.

Een meer inhoudelijk voorbeeld van het fair-playbeginsel lees je in het volgende jurisprudentievoorbeeld.

Jurisprudentie fair-playbeginsel

Bij een bouwcontrole hebben inspecteurs van de Arbeidsinspectie (= tegenwoordig de Inspectie SZW) geconstateerd dat bouwwerkzaamheden werden verricht door drie vreemdelingen. Deze vreemdelingen hadden geen tewerkstellingsvergunning. De Arbeidsinspectie legt drie boetes op aan de opdrachtgever. De opdrachtgever dient een bezwaarschrift in. Bij het horen van de opdrachtgever naar aanleiding van diens bezwaar blijkt dat bij hem onduidelijkheid heerst. Het gaat om vreem-

> delingen die door een aannemer te werk zijn gesteld. Die aannemer zegt dat hij over alle papieren beschikt. De opdrachtgever nodigt de Arbeidsinspectie uit om nog een keer op de bouwplaats te komen controleren. Dat doet de Arbeidsinspectie ook. Zij legt daarbij drie nieuwe boetes op, omdat ze constateert dat er opnieuw vreemdelingen zonder vergunning aan het werk zijn. De werkgever gaat in bezwaar, in beroep en in hoger beroep. De Afdeling bestuursrechtspraak van de Raad van State zegt dat de Arbeidsinspectie in strijd met het fair-play-beginsel handelt. Zij had de opdrachtgever van tevoren moeten informeren dat een controle niet vrijblijvend was en mogelijk zou kunnen leiden tot nieuwe boetes. Nu de Arbeidsinspectie dat niet gedaan heeft, heeft zij gehandeld in strijd met het beginsel van fair play. Het besluit tot het opleggen van de nieuwe boetes wordt vernietigd.

In het kader van de correcte bejegening moet het bestuursorgaan transparant zijn. Het bestuursorgaan mag de burger geen mogelijkheid ontnemen om voor zijn rechten op te kunnen komen. Zo mag het bestuursorgaan bijvoorbeeld geen informatie achterhouden als een burger om informatie vraagt over een bepaalde zaak.

Het bestuursorgaan moet als het een besluit neemt, vermijden dat personen die werkzaam zijn voor het bestuursorgaan (vaak zijn dit ambtenaren) of personen die tot het bestuursorgaan behoren de besluitvorming beïnvloeden (art. 2:4 Awb).

In het krantenartikel hierna vind je een voorbeeld uit de praktijk waarbij een politieke partij stelt dat sprake is van partijdigheid bij de inspraak met betrekking tot de toekomstplannen van paleis Soestdijk.

Inspraak in toekomstplannen voor Paleis Soestdijk niet onafhankelijk

De Baarnse Onafhankelijke Partij eist van de gemeente uitleg over de inzet van adviesbureau Awareness.
Awareness begeleidt drie klankbordgroepen die de toekomstplannen van Paleis Soestdijk bespreken. Dat bureau werkte eerder voor de eigenaar van het paleis. Dat wekt de indruk van partijdigheid.

Bron: www.destentor.nl, 30 oktober 2019, ingezien op 15 januari 2021

8.3 Het formele zorgvuldigheidsbeginsel

Voordat een bestuursorgaan een besluit neemt, moet het nodige onderzocht worden. Er moet sprake zijn van voldoende onderzoek. Tevens dient het onderzoek deugdelijk te zijn (art. 3:2 Awb).

In het kader van de zorgvuldigheid moet het bestuursorgaan:

1. de aanvrager in de gelegenheid stellen om een onvolledige aanvraag aan te vullen (art. 4:5 Awb);

Als de aanvraag incompleet is, moet het bestuursorgaan de aanvrager daarvan in kennis stellen en gelegenheid geven om een en ander aan te vullen.

2. in een aantal gevallen de aanvrager of belanghebbende de gelegenheid geven een zienswijze naar voren te brengen (art. 4:7 en 4:8 Awb). Degene die wordt gehoord (horen houdt in: mondeling je zienswijze inbrengen of toelichten), moet zich voldoende kunnen voorbereiden op het horen. Een informeel gesprek wordt niet als horen beschouwd;
3. in bepaalde gevallen extern advies inwinnen en het advies op juistheid onderzoeken;

> **Voorbeeld extern advies**
> Als een planschadeclaim (dit is compensatie voor geleden schade door bijvoorbeeld het wijzigen van een bestemmingsplan) wordt ingediend, moet in veel gevallen het bestuursorgaan een externe deskundige inschakelen om te beoordelen of sprake is van planschade.

4. eigen onderzoek doen om gegevens te verzamelen die een rol in de besluitvorming kunnen spelen;

> **Voorbeeld gegevens verzamelen**
> Als het bestuursorgaan al een positief besluit in het vooruitzicht heeft gesteld, moet het bestuursorgaan met die toezegging rekening houden.

5. het onderzoek met de juiste middelen uitvoeren;

> **Voorbeeld gedegen onderzoek**
> Een bodemonderzoek naar mogelijke verontreiniging kan niet plaatsvinden door slechts ter plekke te gaan kijken.

6. alle mogelijke belangen in de afweging betrekken.

Voldoet het bestuursorgaan niet aan de bovengenoemde vereisten, dan is het besluit in strijd met het formele zorgvuldigheidsbeginsel.

In het krantenartikel hierna zie je een praktijkvoorbeeld van onzorgvuldige besluitvorming.

Gemeente Amersfoort mocht hindercontour rond vuilstort Smink niet zomaar verkleinen

De Raad van State heeft een streep gezet door het plan.
De gemeenteraad heeft verzuimd te regelen dat de panden in de toekomst zullen worden aangekocht. Daarom is het in strijd met eisen van zorgvuldigheid en moet het worden vernietigd.

Bron: www.destentor.nl, 27 november 2019, ingezien op 15 januari 2021

8.4 Het motiveringsbeginsel

Het besluit moet bij de bekendmaking deugdelijk worden gemotiveerd, tenzij er bij geen enkele belanghebbende geen behoefte bestaat aan motivering (art. 3:46 en 3:48 Awb).

Voorbeeld motiveringsbeginsel
Als je een besluit om studiefinanciering te krijgen aanvraagt, heb je geen behoefte aan motivering op het moment dat je verzoek wordt gehonoreerd. Juist op het moment dat je verzoek wordt afgewezen, heb je behoefte aan een nadere motivering.
Je wilt weten waarom het verzoek is afgewezen en of de reden van afwijzing klopt.

Motiveren alleen is niet voldoende. De motivering moet volledig zijn en het besluit kunnen dragen. Dat wil zeggen dat de feiten juist moeten zijn vastgesteld en op basis daarvan moet de beslissing zijn genomen.

Voorbeeld juiste motivering

Een omgevingsvergunning voor de bouw van een woning moet worden afgewezen als het bouwplan niet voldoet aan het Bouwbesluit. In het Bouwbesluit staan onder andere allerlei technische voorschriften waaraan het bouwwerk moet voldoen. De motivering is dan dat de aanvraag om een vergunning moet worden geweigerd wegens strijdigheid met het Bouwbesluit. Deze motivering is voldoende deugdelijk.

Voorbeeld onjuiste motivering

Als een aanvraag om een omgevingsvergunning wordt geweigerd wegens het feit dat de aanvrager ooit de burgemeester heeft beledigd, dan is er wel gemotiveerd, maar niet deugdelijk gemotiveerd. Het beledigen van een burgemeester kan niet leiden tot het nooit meer kunnen krijgen van vergunningen bij die gemeente.

Jurisprudentie motiveringsbeginsel

Het dagelijks bestuur van het Waterschap heeft een zogenoemd peilbesluit genomen (een besluit over de hoogte van het water in een bepaald gebied). Gedeputeerde staten hebben dit besluit goedgekeurd. Tegen het besluit komen belanghebbenden in beroep en hoger beroep. Zij voeren aan dat het goedkeuringsbesluit geen motivering bevat. Dit blijkt te kloppen. Op zitting wordt duidelijk dat er wel een motivering is, maar dat die niet bij het besluit is gevoegd. De Afdeling bestuursrechtspraak van de Raad van State oordeelt dat sprake is van een motiveringsgebrek, omdat de motivering niet kenbaar of inzichtelijk is.

In het krantenartikel hierna zie je een praktijkvoorbeeld van een besluit dat door de bestuursrechter is vernietigd vanwege schending van het motiveringsbeginsel.

Eiken in Westenholte blijven staan

De 26 eiken langs het Tijmpad in Westenholte blijven voorlopig staan. De bestuursrechter heeft op verzoek van de stichting Zwolle Groenstad de vergunning die was afgegeven door burgemeester en wethouders van Zwolle vernietigd. Het besluit van het college is niet 'deugdelijk' en moet opnieuw.

Bron: www.destentor.nl, 16 november 2019, ingezien op 15 januari 2021

8.5 Het formele rechtszekerheidsbeginsel

Het besluit moet duidelijk zijn. Het besluit mag niet voor meerdere uitleg vatbaar zijn. Is dat niet het geval, dan handelt het bestuursorgaan in strijd met de rechtszekerheid.

Je moet op een duidelijke, concrete en ondubbelzinnige manier geïnformeerd worden over de gevolgen van het besluit.

In het krantenartikel hierna zie je een praktijkvoorbeeld van schending van het rechtszekerheidsbeginsel.

Milieuvergunning paintball Twekkelerweg vernietigd

Paintball Twente moet stoppen met haar activiteiten aan de Twekkelerweg. De Afdeling bestuursrechtspraak van de Raad van State heeft de milieuvergunning vernietigd die Hengelo daarvoor had afgegeven.
Volgens de Raad van State is de vergunning te onduidelijk en biedt die daardoor te weinig rechtszekerheid aan omwonenden.

Bron: www.tubantia.nl, 23 januari 2006, ingezien op 15 januari 2021

8.6 Samenvatting

Het fair-playbeginsel, het formele zorgvuldigheidsbeginsel, het motiveringsbeginsel en het formele rechtszekerheidsbeginsel zijn beginselen die een rol spelen bij de voorbereiding, de totstandkoming en de inrichting van een besluit.

Het fair-playbeginsel houdt in dat het bestuursorgaan niet partijdig mag zijn en elke schijn van partijdigheid moet vermijden.

Het formele zorgvuldigheidsbeginsel houdt in dat het bestuursorgaan de nodige kennis omtrent de relevante feiten en de af te wegen belangen vergaart.

Het motiveringsbeginsel houdt in dat een besluit dient te berusten op een deugdelijke motivering.

Het formele rechtszekerheidsbeginsel houdt in dat een besluit duidelijk en niet voor meerdere uitleg vatbaar mag zijn.

8.7 Kennisvragen

1. Welke formele beginselen van behoorlijk bestuur zijn er?
2. Wat is het verschil tussen een formeel en een materieel beginsel van behoorlijk bestuur?
3. Moet een bestuursorgaan een besluit altijd motiveren?
4. Op welke wijze dient een bestuursorgaan om te gaan met een advies van een deskundige?
5. Wat houdt het formele rechtszekerheidsbeginsel in?
6. Welke aspecten komen aan de orde in het kader van de zorgvuldigheid?

8.8 Open vragen

Café De Stier B.V. heeft een aanvraag ingediend voor het wijzigen van de horecavergunning. Het college van burgemeester en wethouders wil de horecavergunning niet wijzigen en weigert de vergunning te verlenen.

Stelling

Aangezien geen sprake is van een wijziging van de horecavergunning, hoeft het college van burgemeester en wethouders het besluit niet nader te motiveren, omdat alles hetzelfde blijft.

Beoordeel de juistheid van deze stelling.

De eigenaar van het cafe wil inzage in het horecabeleid van de gemeente en vraagt het college van burgemeester en wethouders om informatie. Het college geeft de eigenaar slechts een deel van de informatie.

Stelling

Het college van burgemeester en wethouders kan zelf bepalen welke informatie het verschaft.

Beoordeel de juistheid van deze stelling.

Stel de burgemeester besluit om voor de duur van één maand de openingstijden van het café te wijzigen. Café De Stier lijdt, omdat het café eerder dicht moet, omzetschade. De reden van deze sanctie is dat de buurvrouw herhaaldelijke geklaagd heeft over overlast.

Stelling

De burgemeester handelt in strijd met het zorgvuldigheidsbeginsel als voordat het besluit werd genomen de eigenaar van het café niet is gehoord.

Beoordeel de juistheid van deze stelling.

8.9 Meerkeuzevragen

1. Welke bewering is juist? Een voorbeeld van een formeel beginsel van behoorlijk bestuur is het:
   a. motiveringsbeginsel.
   b. verbod op détournement de pouvoir.
   c. willekeurbeginsel.

2. Als alle relevante feiten en omstandigheden door een bestuursorgaan bij het weigeren van een vergunning in ogenschouw worden genomen, wordt primair gedoeld op het:
   a. motiveringsbeginsel.
   b. zorgvuldigheidsbeginsel.
   c. rechtszekerheidsbeginsel.

3. Artikel 5:24 lid 2 Awb schrijft voor dat een last onder bestuursdwang de termijn vermeldt. Welk algemeen beginsel van behoorlijk bestuur komt hierin tot uitdrukking?
   a. Het evenredigheidsbeginsel.
   b. Het formeel rechtszekerheidsbeginsel.
   c. Het beginsel van verbod op détournement de pouvoir.

4. Als een aan een vergunning verbonden voorschrift zo onduidelijk is dat de vergunninghouder er niet uit kan afleiden welke verplichting hij heeft na te komen, moet dat vergunningsvoorschrift in strijd worden geoordeeld met het:
   a. formeel zorgvuldigheidsbeginsel.
   b. vertrouwensbeginsel.
   c. formeel rechtszekerheidsbeginsel.

5. Welk beginsel van behoorlijk bestuur is *niet* in de Algemene wet bestuursrecht opgenomen?
   a. Het motiveringsbeginsel.
   b. Het zorgvuldigheidsbeginsel.
   c. Het rechtszekerheidsbeginsel.

9 De materiële beginselen van behoorlijk bestuur

9.1 Inleiding

In dit hoofdstuk worden de beginselen die betrekking hebben op de inhoud van besluiten besproken. De beginselen die op de inhoud van een besluit betrekking hebben, worden de materiële beginselen genoemd. Dit zijn het gelijkheidsbeginsel, het materiële rechtszekerheidsbeginsel, het vertrouwensbeginsel, détournement de pouvoir, de materiële zorgvuldigheid, het evenredigheidsbeginsel en beginsel van verbod van willekeur.

9.2 Het gelijkheidsbeginsel

Dit beginsel is niet in de Awb opgenomen. Artikel 1 van de Grondwet regelt dit beginsel. Het artikel bepaalt dat allen die zich in Nederland bevinden in gelijke gevallen gelijk worden behandeld. Met een gelijk geval wordt bedoeld dat sprake moet zijn van feitelijk en juridisch gelijke gevallen.

> **Voorbeeld van een beroep op het gelijkheidsbeginsel**
> De heer Luttikholt heeft in 2019 een vergunning gekregen voor de bouw van een werktuigenloods. Zijn buurman vraagt in 2021 een vergunning aan voor exact dezelfde loods.
> Aangezien in 2020 het bestemmingsplan is gewijzigd, wordt de vergunning niet verleend.
> Feitelijk gaat het om dezelfde loods. Juridisch gaat het om een ander geval. De juridische toetsing verschilt namelijk. Een succesvol beroep op het gelijkheidsbeginsel is in dit geval niet mogelijk aangezien geen sprake is van een gelijk geval.

Als een bestuursorgaan een fout besluit heeft genomen, bijvoorbeeld door een vergunning te verlenen terwijl dit op grond van de wet niet mogelijk was, dan kan een ander met een beroep op het gelijkheidsbeginsel niet opnieuw eenzelfde soort besluit afdwingen. Een gemaakte fout mag niet herhaald worden.

Voorbeeld geen verplichte herhaling van fouten

Ten onrechte krijgt mevrouw Ten Hagen een gedoogbeschikking voor de verkoop van ski's in een loods die in het buitengebied van het dorp ligt. Het bestemmingsplan laat detailhandel in het buitengebied niet toe. Het college van burgemeester en wethouders erkent de gemaakte fout.

Als de heer Langenberg, woonachtig in dezelfde gemeente, ook een gedoogbeschikking wil voor de verkoop van ski's in het buitengebied, kan hij met een beroep op het gelijkheidsbeginsel niet afdwingen dat hij een gedoogbeschikking krijgt.

Een voorbeeld uit de jurisprudentie over het gelijkheidsbeginsel en het rookverbod in cafés zie je hierna.

Jurisprudentie gelijkheidsbeginsel en rookverbod

De Voedsel- en Warenautoriteit (VWA) heeft een caféhouder een boete opgelegd wegens handelen in strijd met artikel 11a lid 1 Tabakswet. De VWA heeft geconstateerd dat in een café gerookt is en heeft de boete opgelegd. Hiertegen stelt de eigenaar van het café beroep en daarna hoger beroep in. Hij vindt het gelijkheidsbeginsel geschonden en motiveert dat als volgt. Een caféhouder zonder personeel mag roken toestaan en een caféhouder met personeel niet. Dat verschil is onterecht. Het achterliggende doel is eigenlijk een algemeen rookverbod in de horeca. De horeca zonder personeel was oorspronkelijk bij het verbod betrokken ter voorkoming van ongelijke behandeling ten opzichte van horeca met personeel. Ten aanzien van de relevante feiten zijn horecaondernemers met en zonder personeel gelijk. En ook al zou wel een verschil bestaan in doelgroep, dan laat dat volgens de caféhouder onverlet dat in beide horecabedrijven het effect hetzelfde is, namelijk dat er niet meer mag worden gerookt. Het gaat om gelijke gevallen, waarbij de een wel en de ander niet door een sanctie getroffen wordt, terwijl daar geen rechtvaardiging voor bestaat. Bovendien is door dit onderscheid sprake van concurrentievervalsing, aldus de caféhouder. De hogerberoepsrechter, het College van Beroep voor het bedrijfsleven, maakt korte metten met het beroep op het gelijkheidsbeginsel. Het College overweegt dat het door de caféhouder gesignaleerde onderscheid in behandeling voortvloeit uit het wel of niet in dienst hebben van werknemers. Reeds daarom is van gelijke gevallen die gelijk behandeld zouden moeten worden geen sprake.

Het gelijkheidsbeginsel brengt niet met zich mee dat beleid niet gewijzigd kan worden. Als het beleid gewijzigd wordt, dient het bestuursorgaan in het kader van de zorgvuldigheid wel te overwegen of een overgangsperiode in acht moet worden genomen.

In de praktijk wordt vaak een beroep gedaan op het gelijkheidsbeginsel. Vaak wordt dit beroep niet gehonoreerd, aangezien de gelijkheid van de gevallen moeilijk is aan te tonen.

9.3 Het materiële rechtszekerheidsbeginsel

Het materiële rechtszekerheidsbeginsel is een ongeschreven beginsel. Dit beginsel houdt in dat het geldende recht wordt toegepast bij het nemen van besluiten. Ook mag aan besluiten geen terugwerkende kracht die nadelig is voor burgers (hiermee worden natuurlijke personen en rechtspersonen bedoeld) worden toegekend. Dit zou de rechtspositie van de burger aantasten.

Voorbeeld materieel rechtszekerheidsbeginsel
De heer Haafkes heeft in maart 2021 leges betaald voor een omgevingsvergunning. De gemeenteraad besluit in juli 2021 om de legesverordening 2021 (de legesverordening is een wet die de tarieven van leges regelt) aan te passen. De tarieven gaan daardoor met 20% omhoog. Van de heer Haafkes kan niet worden geëist dat hij alsnog 20% bijbetaalt. Dat zal in strijd zijn met het materieel rechtszekerheidsbeginsel.

De omstandigheden kunnen echter wijzigen, waardoor geen beroep meer kan worden gedaan op het rechtszekerheidsbeginsel.

Voorbeeld van gewijzigde omstandigheden

SP baalt van gemeente Assen die fietsen afpakt

De SP-fractie is kwaad omdat veertig lichamelijk gehandicapten in verband met de gemeentelijke bezuinigingen op de Wet maatschappelijke ondersteuning hun fiets moeten inleveren. Volgens de gemeente is het geen gemeentelijke taak om fietsen met trapondersteuning te verstrekken aangezien dergelijke fietsen op grote schaal worden aangeschaft en daarmee gemeengoed zijn geworden.

Volgens de wethouder is er niets mis met de bezuiniging. 'Dat we iemand een fiets verstrekken betekent niet dat dat voor altijd is', 'Er kan tussentijds een heroverweging plaatsvinden.'

Bron: www.dvhn.nl, 28 november 2013, ingezien op 15 januari 2021

9.4 Het vertrouwensbeginsel

Het vertrouwensbeginsel is een ongeschreven beginsel van behoorlijk bestuur. Het beginsel houdt in dat gewekte verwachtingen gedaan door een bevoegd persoon of bestuursorgaan (zo veel mogelijk) moet worden nagekomen. Het gaat dus om gerechtvaardigd vertrouwen.

Gerechtvaardigd vertrouwen kan niet worden gewekt als je weet dat de informatie die je krijgt niet klopt. De eis dat slechts vertrouwen kan worden gewekt door een bevoegd persoon of orgaan is een van de voorwaarden om een geslaagd beroep te kunnen doen op het vertrouwensbeginsel. Als echter een toezegging is gedaan door een persoon van wie de betrokkene op goede gronden mocht veronderstellen dat deze persoon de opvatting van het bevoegde orgaan vertolkte, dan kan ook sprake zijn van gerechtvaardigd vertrouwen, ook al is deze persoon niet (beslissings)bevoegd.

Om met succes een beroep op het vertrouwensbeginsel te doen, geldt vaak de dispositie-eis. Je moet dan aantonen dat je op basis van het vertrouwen gehandeld hebt en daardoor schade ondervindt op het moment dat de 'toezeggingen' niet worden nagekomen.

Voorbeeld dispositie-eis

De heer Ter Welle heeft alvast materiaal gekocht voor de bouw van een schuur. Als de vergunning niet wordt verleend, ondanks de eerdere toezegging van het college van burgemeester en wethouders, dan kan hij aantonen dat hij op basis van het gewekte vertrouwen heeft gehandeld. Hij had geen materiaal gekocht als hij wist dat de vergunning niet zou worden verleend. Hij verkeert nu in een slechtere positie (financieel nadeel) en heeft daarmee voldaan aan de dispositie-eis.

Het vertrouwensbeginsel werkt niet absoluut. Onvoorziene omstandigheden en/of beleidswijzigingen kunnen een beroep op het vertrouwensbeginsel beperken.

Conclusie: om een beroep te doen op het vertrouwensbeginsel, moet aan de volgende drie voorwaarden worden voldaan:

1. er is daadwerkelijk vertrouwen gewekt door het bevoegde bestuursorgaan. Hiervan kan ook sprake zijn als deze toezegging is gedaan door een persoon van wie de betrokkene op goede gronden mocht veronderstellen dat deze persoon de opvatting van het bevoegde orgaan vertolkte;
2. de betrokken burger mocht in redelijkheid op het vertrouwen kunnen afgaan;
3. er is sprake van dispositie.

Als je een beroep doet op het vertrouwensbeginsel, kan dit in beginsel niet ertoe leiden dat het bestuursorgaan op grond daarvan in strijd met de wet moet gaan handelen. Je zal dan enkel schadevergoeding kunnen vorderen.

In het krantenartikel hierna zie je een praktijkvoorbeeld van een beroep op het vertrouwensbeginsel. De Afdeling bestuursrechtspraak van de Raad van State oordeelt dat het besluit van de gemeenteraad rechtmatig is, ondanks de verwachtingen van het college van burgemeester en wethouders om medewerking te verlenen aan het plan.

Raad van State: woning mag landschap in Wenum-Wiesel niet aantasten

De initiatiefnemers waren naar het hoogste rechtsorgaan gestapt omdat de beslissing van de gemeenteraad haaks stond op de verwachtingen die burgemeester en wethouders hadden gewekt. Die hadden de bestemmingsplanwijziging in procedure gebracht, omdat de woning best zou passen in het beleid.

Bron: www.destentor.nl, 12 april 2018, ingezien op 15 januari 2021

9.5 Détournement de pouvoir

Détournement de pouvoir houdt in dat het bestuursorgaan bij de uitoefening van zijn bevoegdheid deze bevoegdheid niet mag gebruiken voor een ander doel. Doet het bestuursorgaan dit wel, dan zal dit misbruik van bevoegdheid zijn. Dit beginsel is geregeld in artikel 3:3 Awb.

Misbruik wil niet per definitie zeggen dat het bestuursorgaan te kwader trouw handelt (= opzettelijk zijn bevoegdheid misbruikt).

Voorbeeld détournement de pouvoir

Het college van burgemeester en wethouders stelt de afgifte van een vergunning afhankelijk van het betalen van leges. Het college doet dit om te voorkomen dat de burger niet betaalt. Pas na betaling wordt de vergunning afgegeven.

De bevoegdheid om een vergunning af te geven kan het college niet afhankelijk stellen van het betalen van leges, omdat de wet stelt dat de vergunning moet worden afgegeven als deze voldoet aan de in de wet gestelde eisen. Deze eis is niet het betalen van leges.

Het college maakt verkeerd gebruik van zijn bevoegdheid. Doel van de vergunning is dat het college bijvoorbeeld bij de omgevingsvergunning voor de kap van een boom een afweging maakt of de boom gekapt mag worden. Het doel om de leges binnen te krijgen, kan het college ook bereiken door bijvoorbeeld de deurwaarder in te schakelen.

9.6 Materiële zorgvuldigheid

Dit beginsel houdt in dat een bestuursorgaan bij het nemen van een besluit er onder andere rekening mee moet houden dat de burger die nadeel ondervindt van dat besluit wordt gecompenseerd. Het beginsel houdt ook in dat bij het veranderen van beleid of ingrijpende maatregelen het bestuursorgaan rekening houdt met een overgangsperiode, zodat de burger zich op het nieuwe beleid of de nieuwe maatregel kan voorbereiden.

Voorbeeld materieel zorgvuldigheidsbeginsel
Als de gemeenteraad besluit dat in recreatiewoningen niet meer permanent gewoond mag worden, dan zullen de bewoners zich op dit nieuwe beleid moeten kunnen instellen en elders woonruimte zoeken. Als het gemeentebestuur geen rekening houdt met een redelijke termijn, dan handelt het in strijd met de materiële zorgvuldigheid.

9.7 Evenredigheidsbeginsel

Het evenredigheidsbeginsel is geregeld in artikel 3:4 lid 2 Awb. Dit beginsel houdt in dat de voor één of meer belanghebbenden nadelige gevolgen van een besluit niet onevenredig mogen zijn in verhouding tot de met het besluit te dienen doelen.

Het overheidsoptreden mag niet disproportioneel (= onevenredig) zijn. Bij het nemen van een besluit moet sprake zijn van een evenredige belangenafweging.

Als bijvoorbeeld het college van burgemeester en wethouders een last onder dwangsom oplegt, moet de last in verhouding staan tot de overtreding.

Het beginsel speelt met name een rol op het terrein van sancties en nadeelcompensatie (= schadevergoeding wegens rechtmatig handelen).

Voorbeeld 1
Het college van burgemeester en wethouders heeft besloten bestuursdwang toe te passen. Bestuursdwang houdt in dit voorbeeld in dat een illegaal gebouwde schuur wordt gesloopt. Het slopen dient op de minst bezwarende wijze plaats te vinden. Dus niet door de schuur tot ontploffing te brengen, waardoor de eigenaar zwaarder wordt getroffen dan

noodzakelijk. Het doel is dat de onrechtmatige (illegale) toestand wordt beëindigd. Dit kan ook door op een dusdanige wijze te slopen, dat de eigenaar van de schuur de tijdens de sloop vrijkomende en nog bruikbare materialen bijvoorbeeld kan verkopen.

Voorbeeld 2

Het college van burgemeester en wethouders besluit om in het centrum van een stad de wegen op te breken om de riolering te vervangen. Als gevolg van dit besluit lijden de winkeliers omzetschade. Het college kan bij het nemen van het besluit tot het vervangen van de riolering een compensatieregeling in het leven roepen. Is niet in een dergelijke regeling voorzien terwijl naar verwachting sprake is van forse schade, dan is dit onzorgvuldig.

In het krantenartikel hierna zie je een praktijkvoorbeeld van een disproportionele sanctie.

Parkeerboete bij MST is 'eenmalige fout'

ENSCHEDE – De gemeente Enschede gaat uit van een eenmalige fout, waardoor de Hengelose Debby Nijenhuis zaterdagmiddag bij een bezoek aan het MST werd geconfronteerd met een parkeerboete van 455 euro.

Bron: www.tubantia.nl, 18 november 2018, ingezien op 15 januari 2021

9.8 Beginsel van verbod van willekeur

Het beginsel van verbod van willekeur is geregeld in artikel 3:4 lid 1 Awb. Je kunt een beroep doen op dit beginsel wanneer er een besluit is genomen zonder dat een belangenafweging heeft plaatsgevonden.

Als er geen kennelijk (kennelijk wil zeggen: zonder twijfel) redelijke belangenafweging heeft plaatsgevonden, handelt het bestuursorgaan onrechtmatig.

Let wel: de bestuursrechter mag dit beginsel slechts marginaal toetsen. Wat marginaal toetsen betekent, wordt in hoofdstuk 14 (par. 14.4.6) uitgelegd.

Jurisprudentie verbod van willekeur

De minister stelt een wettelijke regeling vast die inhoudt dat slachterijen op 1 december aan bepaalde regels moeten voldoen. Als dat niet het geval is, wordt de slachterij gesloten. De minister stelt ook subsidie beschikbaar om de investeringen te vergemakkelijken. Een van de regels uit de subsidieregeling luidt dat geen subsidie wordt verleend als de opdracht tot de investeringen is gedaan voordat de regeling in werking is getreden. Hendrix, een slachterij, rekent uit dat zijn bedrijf op 1 juli opdracht moet verlenen, wil het voor 1 december klaar zijn met de voorzieningen. In de vakpers leest hij dat de subsidieregeling ook op 1 juli ingaat. Hij geeft opdracht, maar de subsidieregeling treedt pas in werking op 9 augustus. De subsidieaanvraag van Hendrix wordt afgewezen, omdat de opdracht is gegeven voordat de regeling in werking is getreden. In beroep zegt Hendrix dat hij nooit op tijd zou zijn geweest als hij op 9 augustus opdracht zou hebben gegeven. Hij wijst erop dat geen enkel bedrijf dat na 9 augustus opdracht heeft gegeven (en wel subsidie heeft gekregen) op 1 december klaar was met de investeringen. Hij was de enige. Dit blijkt te kloppen. De rechter overweegt dat de minister niet 'in redelijkheid gebruik heeft kunnen maken' van zijn bevoegdheid om de subsidie te weigeren. De minister heeft dus het verbod van willekeur overtreden.

Tot slot: als een beroep op een materieel beginsel van behoorlijk bestuur slaagt, leidt dit tot vernietiging van het besluit en moet het bestuursorgaan, en in sommige gevallen de bestuursrechter, een nieuw, andersluidend besluit nemen.

9.9 Samenvatting

Beginselen die op de inhoud van een besluit betrekking hebben, worden de materiële beginselen genoemd. Dit zijn:

1. het gelijkheidsbeginsel: gelijke gevallen moeten gelijk worden behandeld (art. 1 Grondwet);
2. het materiële rechtszekerheidsbeginsel: geldend recht toepassen, geen terugwerkende kracht van besluiten die voor burgers nadelig zijn;
3. het vertrouwensbeginsel: opgewekte verwachtingen moeten (in beginsel) worden gehonoreerd;
4. détournement de pouvoir: misbruik van bevoegdheid (art. 3:3 Awb);

5. de materiële zorgvuldigheid: houdt rekening met compensatie indien een besluit nadelig is voor een getroffene (art. 3:2 Awb);
6. het evenredigheidsbeginsel: beginsel van de 'minste pijn'. Een besluit mag niet disproportioneel zijn (art. 3:4 lid 2 Awb);
7. beginsel van verbod van willekeur: de belangenafweging mag niet kennelijk onredelijk zijn (art. 3:4 lid 1 Awb).

Een succesvol beroep op een materieel beginsel van behoorlijk bestuur heeft gevolgen voor het besluit. Het besluit wordt dan vernietigd, omdat het inhoudelijk onjuist is. Er moet vervolgens vaak een nieuw andersluidend besluit worden genomen.

9.10 Kennisvragen

1. Welke materiële beginselen van behoorlijk bestuur zijn er?
2. Welke materiële beginselen van behoorlijk bestuur zijn ongeschreven beginselen?
3. Wat is het verschil tussen een formeel en een materieel beginsel?
4. Kan een ambtenaar gerechtvaardigd vertrouwen wekken?
5. Welk beginsel speelt met name een rol bij sancties?
6. Waarom wordt een beroep op het gelijkheidsbeginsel niet vaak gehonoreerd?

9.11 Open vragen

Artikel 3:1 van de Wet ruimtelijke ordening bepaalt dat de gemeenteraad bevoegd is om een bestemmingsplan vast te stellen.
Bij het afgeven van een omgevingsvergunning moet het college van burgemeester en wethouders toetsen aan het bestemmingsplan. Een ondernemer dient een aanvraag in om een vergunning voor de bouw van een bedrijfshal. Het college wil die bouw voorkomen. Het bestemmingsplan staat de bouw toe.

1. Welk(e) beginsel(en) is (zijn) geschonden als het college de aangevraagde vergunning weigert, de gemeenteraad op verzoek van het college vervolgens snel de bestemmingsplanbepalingen aanpast om een hernieuwde

aanvraag te kunnen afwijzen dan wel om tijdens de bezwaarfase het bezwaar ongegrond te kunnen verklaren?

2. Lees het krantenartikel hierna en geef aan op welk beginsel de bakkers en slagers zich zouden kunnen beroepen.

> **De 'kleintjes' voelen zich verraden**
>
> Bakkers en slagers hebben geen enkel begrip voor het besluit van de gemeenteraad van Enschede om alle supermarkten volgend jaar toestemming te geven op zondag open te gaan. Voor bakkers en slagers is die mogelijkheid er niet.
>
> *Bron: www.tubantia.nl, 15 december 2010, ingezien op 15 januari 2021*

3. Lees het krantenartikel en motiveer welk algemeen beginsel van behoorlijk bestuur volgens GroenLinks geschonden wordt.

> **GroenLinks Assen: gemeente overtreedt wet**
>
> Het college van Assen handelt in strijd met de beginselen van behoorlijk bestuur. Dat vindt GroenLinks van de situatie rond de gemeentelijke noodlokalen. De gemeente treedt tegen burgers bij overtredingen handhavend op maar laat dit bij zich zelf na en laat de situatie acht jaar sloffen.
>
> *Bron: www.dvhn.nl, 1 februari 2013, ingezien op 15 januari 2021*

9.12 Meerkeuzevragen

1 Het gemeentebestuur van Arnhem wil, om de overlast van een café tegen te gaan, in plaats van de horecavergunning in te trekken, de eigenaar een disproportionele dwangsom opleggen. Het gemeentebestuur handelt dan in strijd met:

a. het verbod op détournement de pouvoir.
b. het rechtzekerheidsbeginsel.
c. het evenredigheidsbeginsel.

2. In een uitspraak overwoog de Afdeling bestuursrechtspraak van de Raad van State: ‘Uit de medische verklaring waarop verweerders hun beslissing hebben gebaseerd blijkt niet over welke afstand appellant zich redelijkerwijs te voet kan voortbewegen. Slechts wordt gesteld dat een plaatselijke parkeerontheffing medisch niet geïndiceerd is. Door hieraan de conclusie te verbinden dat het verzoek van appellant niet voor inwilliging vatbaar is, terwijl niet duidelijk is welke normen verweerders hanteren bij het verlenen van een plaatselijke parkeerontheffing, hebben verweerders in strijd met enig beginsel van behoorlijk bestuur gehandeld.’
   Geef aan om welk beginsel van behoorlijk bestuur het hier gaat:
   a. motivering.
   b. verbod van détournement de pouvoir.
   c. willekeur.

3. In een arrest overwoog de Hoge Raad ‘dat voor tussenkomst van de rechter reden zou kunnen zijn, indien de vordering als een daad van (...) zou zijn aan te merken; dat deze figuur zich voordoet, als moet worden aangenomen dat de vorderende autoriteit bij afweging van de in aanmerking komende belangen in redelijkheid niet tot een dergelijk besluit heeft kunnen komen’.
   Geef aan om welk beginsel van behoorlijk bestuur het hier gaat:
   a. verbod van détournement de pouvoir.
   b. willekeur.
   c. zorgvuldigheid.

4. Burgemeester en wethouders van de gemeente X schrijven aan een inwoner van die gemeente dat hij een afrastering moet verwijderen die zonder vergunning is geplaatst. Tijdens de procedure bleek, dat burgemeester en wethouders eigenlijk niets tegen die afrastering hadden, maar wel tegen het daarachter gelegen hertenkamp. De aanschrijving dat de afrastering dient te worden verwijderd, zodat daarvan geen wildkerende werking meer uitgaat, is derhalve in strijd met het:
   a. verbod van détournement de pouvoir.
   b. verbod van willekeur.
   c. vertrouwensbeginsel.

5. Stel dat de volgende passage in een uitspraak van de Afdeling bestuursrechtspraak van de Raad van State is opgenomen: ‘Bovendien had appellant kunnen en moeten beseffen dat de beslissingsbevoegdheid

omtrent het verlenen van een vergunning niet bij genoemde ambtenaar berust.'
Welke beroepsgrond heeft appellant in casu aangevoerd, waardoor de rechter deze overweging in de uitspraak heeft opgenomen?
a. Vertrouwensbeginsel.
b. Motiveringsbeginsel.
c. Zorgvuldigheidsbeginsel.

6. Welk van de volgende beginselen is een voorbeeld van een materieel beginsel van behoorlijk bestuur?
a. Het verbod van détournement de pouvoir.
b. Het zorgvuldigheidsbeginsel.
c. Het motiveringsbeginsel.

7. In een zaak overweegt de Afdeling bestuursrechtspraak van de Raad van State het volgende: 'Voor een geslaagd beroep op het (.........) is nodig dat er aan het bestuursorgaan toe te rekenen concrete, ondubbelzinnige toezeggingen zijn gedaan door een daartoe bevoegd persoon, waaraan rechtens te honoreren verwachtingen kunnen worden ontleend. Zoals in 2.3.2 is overwogen, is niet gebleken dat tijdens het gesprek met de gemeenteambtenaar, daargelaten dat deze niet bevoegd is te beslissen over al dan niet handhavend optreden, uitlatingen zijn gedaan over de dakopbouw op het perceel. De rechtbank heeft dan ook terecht overwogen dat [appellant sub 1] en [appellant sub 2] aan die uitlatingen niet gerechtvaardigd de verwachting hebben mogen ontlenen dat van handhavend optreden tegen de dakopbouw zou worden afgezien.'
Welk beginsel van behoorlijk bestuur is in de bovenstaande tekst weggehaald bij (.........)?
a. willekeurbeginsel.
b. evenredigheidsbeginsel.
c. vertrouwensbeginsel.

8. Bestuursorganen mogen een begunstigende beschikking in beginsel niet met terugwerkende kracht ten nadele van de betrokken burger(s) wijzigen, omdat dit:
a. in strijd is met het materiële rechtszekerheidsbeginsel.
b. strijd zou opleveren met het verbod van détournement de pouvoir.
c. in strijd is met het formele rechtszekerheidsbeginsel.
d. zou kunnen leiden tot rechtsongelijkheid voor burgers.

9. In hoofdstuk 1 van dit boek wordt het specialiteitsbeginsel genoemd als uitwerking van het legaliteitsbeginsel. Met welk artikel van de Algemene wet bestuursrecht valt dit specialiteitsbeginsel ook in verband te brengen?
   a. Artikel 2:4 Awb.
   b. Artikel 3:2 Awb.
   c. Artikel 3:3 Awb.
   d. Artikel 3:46 Awb.

10. Welke bewering is onjuist? Het vertrouwensbeginsel is een algemeen beginsel van behoorlijk bestuur en:
   a. dient door de overheid te worden gerespecteerd bij het nemen en voorbereiden van besluiten.
   b. speelt een rol bij de rechtmatigheidstoetsing van besluiten.
   c. is hetzelfde beginsel als het rechtszekerheidsbeginsel.

10 Handhaving

10.1 Inleiding

In dit hoofdstuk wordt ingegaan op de mogelijkheden die een bestuursorgaan heeft om ervoor te zorgen dat de regels worden nageleefd. De wettelijke bepalingen over handhaving kun je vinden in hoofdstuk 5 van de Awb. Handhaving kan op twee verschillende manieren plaatsvinden. Als een regel wordt overtreden, dan kan de overheid een boete opleggen aan de overtreder. Het gaat dan om het opleggen van een straf. Het doel is om iemand te bestraffen voor de gemaakte overtreding.

Maar van handhaving is ook sprake als de overtreder door de overheid wordt gedwongen om de overtreden regel alsnog na te leven. Dan is geen sprake van een straf: het doel is immers niet om te straffen maar om de regels na te leven. In de Awb gaat het vooral om deze vorm van handhaving. Maar ook het opleggen van een boete (straf) speelt een (bescheiden) rol.

10.2 Toezicht op de naleving

Toezicht houdt in dat door daartoe bevoegde personen (toezichthouders) gecontroleerd wordt of de regels worden nageleefd. Bijvoorbeeld: ambtenaren controleren of de vergunninghouder zich houdt aan de voorschriften van de drank- en horecavergunning. Als er geen overtreding wordt geconstateerd, is het opleggen van een sanctie niet mogelijk.

Toezichthouders (de controleurs) hebben een aantal bevoegdheden, zoals het binnentreden van plaatsen, het vorderen van inlichtingen, het inzage vorderen van een identiteitsbewijs, zakelijke gegevens en bescheiden en het onderzoeken van zaken (art. 5:15 t/m 5:19 Awb).

Iedereen moet medewerking verlenen aan een vordering van een toezichthouder tot uitoefening van zijn bevoegdheden (art. 5:20 lid 1 Awb).

Voorbeeld toezichthouders

Roermond gaat actief handhaven op verbod voor (brom)fietsers in binnenstad met oog op 1,5 meter

De gemeente Roermond heeft aangekondigd actief te gaan handhaven op het verbod voor (brom)fietsers in de binnenstad met het oog op het 1,5-meterbeleid.
Het winkelcentrum in Roermond is aangemerkt als voetgangersgebied, en mag tussen 12.00 en 18.00 uur niet gebruikt worden door (brom)fietsers. De gemeente gaat hierop extra handhaven, om ervoor te zorgen dat er voldoende ruimte is voor voetgangers om afstand van elkaar te houden.

Bron: www.limburger.nl, 24 mei 2020, ingezien op 19 augustus 2020

Een toezichthouder mag niet elke bevoegdheid in elke situatie gebruiken: het evenredigheidsbeginsel speelt in het kader van toezicht een grote rol. Dat beginsel betekent dat een toezichthouder slechts van zijn bevoegdheden gebruik mag maken voor zover dat redelijkerwijs voor de vervulling van zijn taak nodig is (art. 5:13 Awb). Hij mag dus niet disproportioneel handelen.

Voorbeeld evenredigheidsbeginsel

Een toezichthouder die om 02.00 uur in de nacht een eigenaar van een afvalinzamelingdepot wakker belt omdat hij monsters wil nemen van opgeslagen vaten met chemisch afval dient uitleg te geven waarom hij op dat tijdstip tot een dergelijke handeling overgaat. Hij handelt disproportioneel als blijkt dat ook overdag de monsters prima kunnen worden afgenomen.

Een toezichthouder is wat anders dan een opsporingsambtenaar. Een opsporingsambtenaar houdt zich in hoofdzaak bezig met het opsporen van strafbare feiten. Een toezichthouders kijkt of de bestuursrechtelijke regels wel in acht zijn genomen. Het is de toezichthouder er in eerste instantie om te doen dat de regels goed worden nageleefd of dat de situatie weer in overeenstemming met de wet wordt gebracht. Bij de opsporing van strafbare feiten gaat het uiteindelijk om het bestraffen van de dader door de strafrechter of het Openbaar Ministerie. Die leggen dan een strafsanctie op. Als een toezichthouder heeft geconstateerd dat bestuursrechtelijke regels niet worden nageleefd dan kan het bestuursorgaan bestuursrechtelijk handhaven door bestuurlijke sancties op te leggen.

10.3 Soorten sancties

Een bestuursorgaan kan handhavend optreden door middel van het opleggen van bestuurlijke sancties (par. 10.4) of strafrechtelijke sancties (par. 10.5).

10.4 De bestuurlijke sancties

Er zijn twee soorten bestuurlijke sancties te onderscheiden:

1. de herstelsanctie: last onder bestuursdwang, de last onder dwangsom (art. 5:21 en art. 5:31d Awb) en de intrekking of wijziging van een begunstigende beschikking;
2. de bestraffende sanctie: de bestuurlijke boete (art. 5:40 Awb).

De definities van de herstelsanctie, de bestraffende sanctie en het overkoepelende begrip, bestuurlijke sanctie, vind je in artikel 5:2 lid 1 Awb.

Een last onder bestuursdwang (art. 5:21 Awb) en een last onder dwangsom (art. 5:31d Awb) zijn herstelsancties. Een andere benaming voor herstelsanctie is reparatoire sanctie. De doelstelling is om een met het wettelijk voorschrift strijdige situatie te herstellen (repareren) in een situatie die met het wettelijk voorschrift in overeenstemming is.
De bestuurlijke boete (art. 5:40 Awb) is een bestraffende sanctie. Een andere benaming voor bestraffende sanctie is punitieve sanctie. De doelstelling is om de dader te straffen en genoegdoening te verschaffen aan de maatschappij.

10.4.1 Last onder bestuursdwang

De last onder bestuursdwang is een herstelsanctie. Een herstelsanctie is gericht op herstel van de overtreding. Wanneer de last niet tijdig wordt uitgevoerd, heeft het bestuursorgaan de bevoegdheid om het herstel zelf door feitelijk handelen ten uitvoer te leggen (art. 5:21 Awb). De bestaande, illegale situatie kan door het optreden van het bestuursorgaan in overeenstemming gebracht worden met de wet. Dit wil zeggen dat het bestuursorgaan door middel van feitelijke maatregelen een illegale situatie kan opheffen om deze in overeenstemming te brengen met de wet, zoals door het afbreken van een illegaal neergezet bouwwerk. Dat gebeurt dan wel in beginsel op kosten van de overtreder.

Voorbeeld last onder bestuursdwang

Gemeente Alkmaar dwingt AZ stadion per direct te sluiten

Dat staat in een 'spoedaanschrijving' die de gemeente Alkmaar vandaag aan AZ heeft verstuurd. De gemeente stelt daarin 'content' te zijn met de stappen die AZ tot nu toe heeft gezet na het instorten van een deel van het dak van het AFAS-stadion. Maar omdat er op dit moment sprake is van een onveilige situatie, ziet Alkmaar zich gedwongen om te dreigen met verzegeling, een zogeheten 'last onder bestuursdwang'.

Bron: www.ad.nl, 16 augustus 2019, ingezien op 10 april 2020

Op de volgende foto zie je een voorbeeld van bestuursdwang, in dit geval bestaand uit het slopen van een illegaal bouwwerk. De kosten van sloop worden verhaald op de overtreder.

Figuur 5 Toepassen van bestuursdwang

Overgaan tot het opleggen van een last onder bestuursdwang kan alleen als de wet dit toestaat (art. 5:4 Awb). Het legaliteitsbeginsel is van toepassing. Dat wil zeggen dat de bevoegdheid om over te gaan tot handhaving terug te vinden is in een wet.

Voorbeeld bevoegdheid bestuursdwang
Artikel 125 van de Gemeentewet geeft het gemeentebestuur de bevoegdheid tot het opleggen van een last onder bestuursdwang.

Als een bestuursorgaan optreedt met bestuursdwang, is het van belang dat de nadelige gevolgen van het besluit niet onevenredig zijn in verhouding tot de met het besluit te dienen doelen (= evenredigheidsbeginsel).

Voorbeeld evenredigheidsbeginsel en handhaving
Een illegale tuinkas kan het bestuursorgaan met explosieven opblazen (= vernietigen). De overtreder heeft dan meer nadeel dan wanneer het bestuursorgaan ervoor kiest om de tuinkas zorgvuldig uit elkaar te halen. De eigenaar kan de tuinkas dan nog als bouwpakket verkopen. Het doel van handhaving is dat de tuinkas niet meer op die plek staat en dat doel kan op verschillende manieren worden bereikt. Het bestuursorgaan moet dan kiezen voor de voor de overtreder minst bezwarende wijze manier (art. 3:4 lid 2 Awb). Deze variant van het evenredigheidsbeginsel wordt ook wel eens het beginsel van de minste pijn genoemd.

Tegen de last onder bestuursdwang is beroep mogelijk (art. 8:1 Awb).

10.4.2 Last onder dwangsom

De last onder dwangsom is een herstelsanctie, met het doel de overtreding geheel of gedeeltelijk te herstellen (art. 5:31d Awb). Wanneer de last niet of niet tijdig wordt uitgevoerd, kan het bestuursorgaan de overtreder verplichten tot betaling van een geldsom. Deze geldsom is de dwangsom. Hieronder volgt een voorbeeld uit de praktijk van een last onder dwangsom.

Voorbeeld last onder dwangsom

Amsterdam legde prins Bernhard dwangsom op voor overtreden verhuurregels

De gemeente heeft prins Bernhard vorig jaar een dwangsom opgelegd wegens het overtreden van de regels bij de verhuur van een pand in de hoofdstad. De last onder dwangsom is opgelegd omdat panden werden verhuurd aan te grote groepen zonder vergunning.

Bron: www.destentor.nl 12 januari 2019, ingezien op 12 januari 2021

Een last onder dwangsom kan niet gelijktijdig met een last onder bestuursdwang worden opgelegd (art. 5:6 Awb).

Aan de overtreder wordt door het bestuursorgaan de verplichting opgelegd om een geldsom te betalen, tenzij binnen de gestelde termijn wordt voldaan aan de in de beschikking opgenomen last. Deze last houdt in dat de overtreder de illegale situatie in overeenstemming met de wet brengt of een overtreding achterwege laat. Voor de dwangsom geldt een maximum bedrag waarboven geen dwangsom meer wordt verbeurd.

Er zijn drie mogelijkheden voor de op te leggen dwangsom (art. 5:32b Awb):

1. De overtreder moet per overtreding betalen.
2. De overtreder moet een bedrag ineens betalen als de overtreding op een door het bestuursorgaan bepaalde dag nog voortduurt.
3. De overtreder moet per tijdseenheid (dag, week) dat hij de overtreding begaat/in stand laat/herhaalt een bedrag betalen.

Voorbeeld dwangsom per overtreding van de last

Een ondernemer wordt door het college van burgemeester en wethouders gesommeerd om binnen drie weken het zonder vergunning opgerichte bouwwerk te verwijderen. Als na die drie weken het bouwwerk niet is verwijderd, moet een bedrag van € 300 per week (met een maximum van in totaal € 10.000) worden betaald.

Het betalen van de dwangsom is niet bedoeld als afkoopsom. Mocht, nadat de dwangsom verbeurd is, de overtreding nog niet beëindigd zijn, dan kan het bestuursorgaan opnieuw een last onder dwangsom opleggen of overgaan tot het opleggen van een last onder bestuursdwang.

Het is ook mogelijk preventief een last onder dwangsom op te leggen (art. 5:7 Awb). Dat wil dus zeggen dat er nog geen overtreding heeft plaatsgevonden. Het is echter wel duidelijk dat een overtreding gaat plaatsvinden. Het opleggen van een preventieve dwangsom is alleen mogelijk wanneer er onmiskenbaar gevaar bestaat dat er een overtreding zal worden begaan. Daarbij kunnen uitlatingen die een (toekomstig) overtreder doet of het eerder vertoonde naleefgedrag van de overtreder aanleiding zijn om over te gaan tot de preventieve last onder dwangsom.

Voorbeeld van een preventieve last onder dwangsom

Haaren dreigt AH met dwangsom

HAAREN – De gemeente Haaren dreigt de AH aan het Mgr. Bekkersplein met een preventieve dwangsom van tienduizend euro als de supermarkt op 23 december open gaat. De AH neemt voor twee jaar de zondagmiddagopenstelling over van de Emté en gaat zondag voor het eerst tussen 16.00 en 19.00 uur open.

Bron: www.bd.nl, 30 november 2012, ingezien op 1 augustus 2020

De keuze tussen het opleggen van een last onder dwangsom of de last onder bestuursdwang is niet geheel vrij. Een last onder dwangsom is bijvoorbeeld niet mogelijk indien er gevaarlijke stoffen worden geloosd in een rivier: art. 5:32 lid 2 Awb. Er dient dan een last onder bestuursdwang opgelegd en toegepast te worden om de lozing direct te beëindigen.

Tegen de last onder dwangsom is beroep mogelijk (art. 8:1 Awb).

In het krantenbericht hierna vind je een voorbeeld van een last onder dwangsom.

Dwangsom flinke aanslag op kas motorcrossclub De Prikkedam

Motorsportvereniging De Prikkedam in Makkinga verzet zich bij de Raad van State in Den Haag tegen een dwangsom op geluidsoverlast die de gemeente Ooststellingwerf de club heeft opgelegd. Het gaat om een dwangsom die kan oplopen tot maximaal 10.000 euro. De crossvereniging moet daar inmiddels 2000 euro van betalen omdat de omgevingsdienst Fumo bij een geluidmeting te veel decibellen heeft gemeten.

Bron: www.lc.nl, 5 december 2018, ingezien op 12 januari 2021

Als in het voorbeeld van de motorsportvereniging de geluidbelasting te hoog blijkt, moet de vereniging maximaal € 10.000 betalen aan de gemeente. De gemeente kan dat bedrag invorderen; er is sprake van een bestuursrechtelijke geldschuld. Wat een bestuursrechtelijke geldschuld is, lees je in een volgend hoofdstuk.

10.4.3 *Intrekking of wijziging van een begunstigende beschikking*

Als een vergunninghouder zich niet houdt aan de voorwaarden van een vergunning of bij het verkrijgen van de vergunning onjuiste gegevens heeft overgelegd, kan het bestuursorgaan overgaan tot het intrekken of wijzigen van de vergunning. De intrekking heeft het karakter van een herstelsanctie als het bestuursorgaan de illegale situatie wil beëindigen.

Voorbeeld wijziging van een begunstigende beschikking als herstelsanctie

De eigenaar van café De Stier houdt zich bij herhaling niet aan de vergunningsvoorschriften. Een van de vergunningsvoorschriften waar niet aan voldaan wordt, is dat er na 02.00 uur geen nieuwe gasten meer in het café mogen worden toegelaten. De burgemeester kan de drank- en horecavergunning wijzigen door de sluitingstijd aan te passen. Doel van deze wijziging is het beperken van overlast.

Een begunstigende beschikking is ook het verlenen van een uitkering op grond van de Participatiewet (bijstandsuitkering). Als blijkt dat iemand zich niet houdt aan de voorwaarden van de uitkering, kan de uitkering worden ingetrokken.

Jurisprudentie intrekking uitkering

Uit een onderzoek van de sociale recherche blijkt dat Kim, die een bijstandsuitkering heeft, met grote regelmaat goederen te koop aanbiedt via marktplaats.nl. Dat heeft ze echter niet gemeld bij het college van B en W dat de uitkering heeft verleend. De sociale recherche heeft uitgerekend dat ze sinds 2012 1.862 keer heeft geadverteerd op marktplaats.nl en dat dit ongeveer € 18.000 heeft opgeleverd. Het college trekt de bijstand in met terugwerkende kracht en Kim moet terugbetalen. Zij voert aan dat de advertenties wel geplaatst zijn maar dat ze bijna niets verkocht heeft. Bovendien zijn veel advertenties meerdere malen geplaatst. De Centrale Raad van Beroep oordeelt dat Kim de inlichtingenplicht heeft geschonden: ze had, ook al had ze bijna niets verkocht, het college moeten inlichten. Het college heeft terecht de bijstandsuitkering ingetrokken en mocht de uitkering terugvorderen.

Tegen de intrekking of wijziging van een begunstigende beschikking kan beroep worden ingesteld.

10.4.4 *De beginselplicht tot handhaving*

Moet een bestuursorgaan altijd handhavend optreden als het op de hoogte is van een overtreding? De Afdeling bestuursrechtspraak van de Raad van State vindt van wel. Volgens deze hoogste bestuursrechter is een bestuursorgaan verplicht zijn handhavingsbevoegdheid te gebruiken als sprake is van een overtreding van een publiekrechtelijk wettelijk voorschrift. Dit noem je de beginselplicht tot handhaving. Daarop zijn wel uitzonderingen. Er kunnen bijzondere omstandigheden zijn die maken dat het bestuursorgaan moet afzien van handhaving. Daarvan is in ieder geval sprake als de illegale situatie gelegaliseerd kan worden, bijvoorbeeld door een vergunning te verlenen. Het bestuursorgaan moet dan ook altijd onderzoeken of de illegale situatie gelegaliseerd kan worden. Een bijzondere omstandigheid kan ook zijn als sprake is van een bijzonder geringe overtreding waar geen andere belangen mee gemoeid zijn.

Jurisprudentie beginselplicht tot handhaving

Hans en Marit zijn eigenaar van een bedrijfspand. Op grond van het bestemmingsplan is het verboden daar te wonen. Je mag er alleen bedrijfsactiviteiten ondernemen. Hans en Marit verhuren het pand als vakantiewoning. Het college van burgemeester en wethouders stelt dat dit in strijd is met de voorschriften. Het college legt een last onder dwangsom op. Hans en Marit moeten binnen twee maanden het illegale gebruik staken. In hoger beroep zegt de Afdeling bestuursrechtspraak van de Raad van State dat inderdaad sprake is van een overtreding: het bestemmingsplan laat geen gebruik als vakantiewoning toe. Burgemeester en wethouders zijn verplicht handhavend op te treden. Legalisatie is, aldus de Afdeling bestuursrechtspraak van de Raad van State, niet mogelijk. Hans en Marit voeren nog aan dat omwonenden geen last hebben van een gebruik als vakantiewoning, maar, zegt de Afdeling, dat doet er niet toe. Van bijzondere omstandigheden is geen sprake.

10.4.5 *Verzoeken van derden om handhaving*

Actiegroep eist sluiting van kunstgrasvelden De Graafschap

DOETINCHEM – Actiegroep 'Kom van dat gras af' heeft de kunstgrasvelden van De Graafschap op de korrel. De gemeente Doetinchem is niet van plan de velden met als basis rubberkorrels, te sluiten.

Bron: www.gelderlander.nl, 26 juni 2020, ingezien 1 augustus 2020

In dit krantenartikel lees je dat de actiegroep een verzoek om handhaving heeft ingediend. Het college van de gemeente Doetinchem moet daarna een beslissing nemen om al dan niet te handhaven. In de vorige paragraaf is de beginselplicht tot handhaving besproken. Als sprake is van een overtreding, dan moet het college in beginsel handhavend optreden. Het college heeft in dit geval besloten om niet tot handhaving over te gaan. Tegen dat besluit kan de actiegroep bezwaar en, daarna, eventueel (hoger) beroep instellen.

Iedereen kan een bestuursorgaan vragen om handhavend op te treden. Maar het bestuursorgaan hoeft op zo'n vraag alleen maar een besluit te nemen als de vraag gesteld is door iemand die belanghebbend is. Een besluit kan immers alleen worden aangevraagd door een belanghebbende (zie art. 1:3 lid 3 Awb). In het krantenartikel gaat het over de actiegroep. Het college zal moeten beoordelen of de actiegroep kan worden aangemerkt als belanghebbende. Als de conclusie luidt dat dit het geval is, zal het college een inhoudelijk besluit nemen. Als de conclusie luidt dat dit niet het geval is, neemt het college geen besluit. Het college zal dan de actiegroep informeren dat het van mening is dat de actiegroep geen belanghebbende is. Tegen die beslissing kan de actiegroep bezwaar indienen. Het college zal dan een besluit op bezwaar nemen en in dat besluit beoordelen of de actiegroep echt niet aan te merken is als belanghebbende. Tegen dat besluit op bezwaar kan de actiegroep beroep instellen bij de rechter. Die zal dan alleen beoordelen of het standpunt van het college juist is.

10.4.6 *Invordering van dwangsommen*

Als iemand niet voldoet aan de opgelegde last onder dwangsom, verbeurt hij dwangsommen. Natuurlijk moet wel duidelijk zijn dat niet aan de last is voldaan. Soms is het dan ook nodig dat het bestuursorgaan controleert of al dan niet aan de last is voldaan. Maar dat is niet altijd nodig. Wel is het altijd nodig dat het bestuursorgaan de betrokkene hoort, voordat het besluit tot invordering over te gaan. Dat volgt uit artikel 4:8 Awb.

Voorbeeld van controle of voldaan is aan de last

Aan de landbouwer Koornstra is een last onder dwangsom opgelegd. Hij moet voor 1 maart een bepaalde schuur slopen. Doet hij dat niet voor die datum dan zal hij een dwangsom verbeuren van € 500 per week waarin hij niet aan de last heeft voldaan. Het is na 1 maart en de schuur staat er nog steeds. Het college hoeft niet elke week te gaan kijken of de schuur er nog staat. Als het college pas op 1 mei laat controleren of de schuur er nog staat en dat blijkt het geval dan zijn er dwangsommen verbeurd van € 500 voor elke week tussen maart en mei.

Stel dat het college voor een andere schuur van Koornstra ook een last onder dwangsom heeft opgelegd. Die schuur wordt incidenteel door Koornstra aan derden verhuurd voor het houden van feesten. De last houdt in dat Koornstra in de schuur geen feesten mag (laten) organiseren vanaf 1 maart. De dwangsom bedraagt € 1.000 per overtreding. Nu kan het college niet volstaan met controleren in mei maar zal het echt moeten constateren dat een feest wordt gehouden. Pas dan verbeurt Koornstra een dwangsom. In beide gevallen moet het college Koornstra horen.

In het volgende krantenartikel lees je over de invordering van een dwangsom.

Amsterdamse lachgaskoning Deniz Üresin 'krijgt 2 ton boete'

Ufogas, het bedrijf dat per bakfiets lachgas verkoopt in de Amsterdamse binnenstad, heeft voor een bedrag van 200.000 euro aan dwangsommen binnen van de gemeente. Dat zegt eigenaar Deniz Üresin (25). De gemeente Amsterdam bevestigt dat de lachgasverkoper vrijdag een invorderingsschikking (eerdere, niet betaalde boetes die de gemeente gaat verhalen) van 100.000 euro opgelegd heeft gekregen.

Bron: www.gelderlander.nl, 5 oktober 2019, ingezien op 1 augustus 2020

In dit krantenartikel wordt de dwangsom aangemerkt als boete. Dat zie je wel vaker. Formeel is dat niet goed. De lachgasverkoper heeft een last onder dwangsom opgelegd gekregen. Hij heeft de last niet opgevolgd. Daarom verbeurt hij een dwangsom. De bedoeling daarvan is ervoor te zorgen dat hij zich voortaan aan de regels houdt. Dat is wat anders dan een boete. Een boete is er op gericht om de ander te straffen. Daarvan is hier geen sprake.

Als dwangsommen zijn verbeurd, moet het bestuursorgaan die snel invorderen. De wet geeft het bestuursorgaan daarvoor een periode van een jaar. Na een jaar is de bevoegdheid tot invordering van de dwangsom verjaard (art. 5:35 Awb). Wat verjaring betekent, lees je in het hoofdstuk over de bestuursrechtelijke geldschulden.

10.4.7 De bestuurlijke boete

Het doel van een herstelsanctie, zoals bijvoorbeeld de last onder bestuursdwang, is het herstellen van de legale situatie. De bestuurlijke boete heeft een ander doel. Het doel van de bestuurlijke boete is om de overtreder te straffen. Het is een punitieve (bestraffende) sanctie. Punitief wil zeggen dat de straf bedoeld is om leed (pijn) toe te brengen. De sanctie is niet bedoeld om de overtreding te beëindigen.

De overtreder wordt onvoorwaardelijk verplicht tot betaling van een geldsom en die onvoorwaardelijke verplichting wordt door het bestuursorgaan opgelegd (art. 5:40 Awb). Een voorbeeld van een bestuurlijke boete vind je in het volgende krantenartikel.

Nederlandse toezichthouder beboet Uber voor zes ton

De Autoriteit Persoonsgegevens legt Uber een boete van zeshonderdduizend euro op omdat het een hack in 2016 te laat meldde bij de toezichthouder. Het ging destijds om een hack waarbij de persoonsgegevens van wereldwijd 57 miljoen reizigers buit werd gemaakt. Ook de gegevens van zo'n 174.000 Nederlanders kwam daarbij in vreemde handen.

Bron: www.emergence.nl, 27 november 2018, ingezien 12 januari 2021

Een tweede verschil ten opzichte van de herstelsanctie is dat er bij het opleggen van een bestuurlijke boete geen last aan voorafgaat. Bij de herstelsanctie kun je nog de overtreding herstellen. Doe je dat binnen de gestelde termijn, dan hoef je geen dwangsom te betalen of wordt geen bestuursdwang toegepast. Bij de bestuurlijke boete krijg je niet de kans om de overtreding te beëindigen.
De bestuurlijke boete kan worden gebruikt bij bijvoorbeeld de aanpak van overlast in de openbare ruimte.

Artikel 5:43 Awb bepaalt dat van de bevoegdheid om een bestuurlijke boete op te leggen geen gebruik mag worden gemaakt als voor dezelfde overtreding reeds eerder een bestuurlijke boete is opgelegd of wanneer het bestuursorgaan in een eerder stadium schriftelijk heeft meegedeeld geen bestuurlijke boete op te leggen (ne-bis-in-idembeginsel).

Het 'ne-bis-in-idembeginsel' is een ongeschreven rechtsbeginsel, dat inhoudt dat je niet twee keer mag worden vervolgd of bestraft voor dezelfde overtreding.

Artikel 5:44 regelt het 'una via-beginsel'. Letterlijk betekent dat 'één-weg-beginsel'. Dit beginsel houdt in dat, als tegen een overtreding de weg van de bestuurlijke boete wordt gevolgd, de weg van de strafrechtelijke sanctie niet meer bewandeld mag worden. De overheid moet een keuze maken en kan niet met zowel een bestuurlijke boete als een strafrechtelijke sanctie op een bepaalde overtreding reageren.

Voorbeeld samenloop van sancties

Een landbouwloonbedrijf houdt zich, naast agrarische activiteiten, bezig met sloopwerkzaamheden en met werkzaamheden voor het transport- en grondverzetbedrijf. Stel dat het bedrijf daarmee de bepalingen van het bestemmingsplan overtreedt. De wet merkt overtreding van het bestemmingsplan aan als een economisch delict. Het Openbaar Ministerie kan het bedrijf stilleggen en een boete opleggen (Wet op de economische delicten). Het gemeentebestuur kan overgaan tot het opleggen van een last onder dwangsom wegens het overtreden van de planvoorschriften van het bestemmingsplan.

Samenloop van sancties mag in dit geval wel, omdat het doel van de ene sanctie zich richt op herstel (reparatoir: alleen landbouwloonactiviteiten op die plek) en de andere sanctie is gericht op het toebrengen van leed (punitief).

Met andere woorden: twee punitieve sancties voor een bepaalde overtreding opleggen is niet toegestaan. Wel toegestaan is het opleggen van een punitieve sanctie in combinatie met een reparatoire sanctie voor een bepaalde overtreding.

Tegen de bestuurlijke boete is beroep mogelijk (art. 8:1 Awb).

10.5 Strafrechtelijke handhaving

In sommige bestuursrechtelijke wetten is de overtreding van voorschriften aangemerkt als een strafbaar feit. Uit het voorbeeld uit de vorige paragraaf blijkt dat de overtreding van een bestemmingsplan een economisch delict is. De politie kan daarvan proces-verbaal opmaken en de officier van justitie kan de verdachte dagvaarden voor de strafrechter. Deze wijze van handhaving noemt men strafrechtelijke handhaving. Daarnaast is er sinds 2010 de Wet OM-afdoening. De wet stelt onder andere gemeenten in staat bij overtreding van de Algemene Plaatselijke Verordening (APV) een bestuurlijke strafbeschikking op te leggen aan de overtreder.

De bestuurlijke strafbeschikking geeft de mogelijkheid om net als bij de bestuurlijke boete overlast in de openbare ruimte aan te pakken. Een van de verschillen met de bestuurlijke boete is dat je tegen de strafbeschikking in verzet kan gaan bij het Openbaar Ministerie. Je start dan een strafrechtelijke procedure in plaats van een bestuursrechtelijke procedure.

Een praktijkvoorbeeld van een bestuurlijke strafbeschikking zie je in het volgende krantenartikel.

Zij kregen een coronaboete: jongeren én hun ouders boos over willekeur

Vooral jongeren kregen de afgelopen weken een boete voor samenscholen of niet voldoende afstand houden. Vooral de vrees voor een strafblad houdt hen flink bezig. 'Deze boete is nog niet binnen, maar ik ga hem aanvechten.' Vier voorbeelden uit de praktijk.

Bron: www.gelderlander.nl, 9 mei 2020, ingezien op 1 augustus 2020

10.6 Gedogen

Gedogen is het niet optreden tegen overtredingen door het daartoe bevoegde bestuursorgaan.
Van passief gedogen is sprake als het bestuursorgaan wel op de hoogte is van de overtreding, maar er niets tegen onderneemt. Van actief gedogen is sprake als het bestuursorgaan te kennen geeft niet over te gaan tot het nemen van handhavingsmaatregelen. Het bestuursorgaan kan bijvoorbeeld in afwachting van een nog te verlenen vergunning besluiten om de situatie zolang maar te gedogen. Legalisatie van de illegale situatie ligt dan in het verschiet.

Voorbeeld gedogen

De heer Borger bouwt zonder in het bezit te zijn van een vergunning een garage. Een buurman verzoekt het gemeentebestuur om over te gaan tot het opleggen van een last onder dwangsom dan wel last onder bestuursdwang tegen de illegale bouw. Het gemeentebestuur stelt dat de garage vergund kan worden en verzoekt de heer Borger om een vergunning aan te vragen. Als de heer Borger dit weigert, kan het gemeentebestuur overgaan tot handhaving. Als de heer Borger de vergunning wel aanvraagt, kan het gemeentebestuur beslissen dat het, zolang de procedure loopt, niet zal optreden tegen de illegale bouw. Dat is gedogen.

In het krantenartikel hierna zie je een praktijkvoorbeeld van gedogen.

Wijk protesteert tegen gedogen Letten op kazerne Weert

WEERT – Wijkraad Rond de Kazerne maakt bij de gemeente bezwaar tegen het gedogen van arbeidsmigranten op het terrein van de voormalige Van Horne-kazerne in Weert.
Volgens de wijkraad ondervinden omwonenden veel overlast van de arbeidsmigranten, voornamelijk werknemers uit Letland, die zijn gehuisvest in de verblijven van militairen op de voormalige Van Horne-kazerne, het huidige HQ-terrein. Volgens de regels is huisvesting van arbeidsmigranten op die plek niet toegestaan.

Bron: www.limburger.nl, 11 oktober 2018, ingezien op 12 januari 2021

Tot 2019 werd een gedoogbeslissing aangemerkt als een besluit in de zin van artikel 1:3 Awb. Dat houdt in dat je daartegen bezwaar en beroep kon instellen. Bovendien moest een gedoogbesluit aan hoofdstuk 3 en 4 van de Awb voldoen. In het krantenartikel zie je daarom staan dat de wijkraad bezwaar maakte tegen het besluit om te gedogen.
In 2019 heeft de hoogste bestuursrechter echter beslist dat een gedoogbeslissing in principe niet meer is aan te merken als een besluit. Dat geldt ook voor het weigeren, wijzigen of intrekken van een gedoogbeslissing. Bezwaar en beroep is dus niet mogelijk. Maar als een derde verzoekt om handhaving en het bestuursorgaan neemt daarop een beslissing, dan is, volgens deze rechter, die beslissing wel aan te merken als een besluit. Twee voorbeelden om dit te verduidelijken.

Voorbeeld gedoogbeslissing die geen besluit is

Willem, de buurman van Gerrit, gebruikt zijn schuur als reparatiewerkplaats voor oude auto's. Aanvankelijk was dat nog een hobby, maar inmiddels is het aantal auto's dat Willem repareert zo groot geworden dat sprake is van een bedrijf. Een bedrijf mag volgens het bestemmingsplan echter niet op die plek. Willem vraagt het college om niet handhavend op te treden en zijn bedrijf te gedogen. Het college besluit om dat verzoek te honoreren. Willem krijgt een briefje van de gemeente dat zijn bedrijf zal worden gedoogd, zolang het aantal auto's dat gerepareerd wordt niet te groot is. Deze beslissing is, sinds de wijziging van de jurisprudentie in 2019 niet meer een besluit. Willem kan er dus geen bezwaar of beroep tegen indienen. Dat zal hij ook niet doen natuurlijk, want de beslissing is in zijn voordeel. Maar ook Gerrit kan er geen bezwaar of beroep tegen indienen.

Voorbeeld besluit op een aanvraag om handhavend op te treden
De casus is precies hetzelfde, maar nu schrijft niet Willem een brief naar het college maar Gerrit. Gerrit zegt in de brief dat Willem in strijd met het bestemmingsplan handelt. Hij vraagt het college handhavend op te treden. Het college antwoordt dat het allemaal nog wel meevalt, dat er wel sprake is van een overtreding, maar dat er (nog) geen sprake is van overlast. Daarom ziet het college af van handhavend optreden. Deze beslissing is wel een besluit. Hier gaat het immers om een verzoek van Gerrit om handhavend op te treden. Willem kan in bezwaar en beroep, maar Gerrit ook.

Zal het bezwaar of beroep van Gerrit in de laatste casus kans van slagen hebben? Waarschijnlijk wel: het college erkent dat sprake is van een overtreding. Dan brengt de beginselplicht tot handhaving met zich mee dat het college moet handhaven. Dat is alleen anders als zich een bijzondere situatie voordoet. Dat het bedrijf nog geen overlast veroorzaakt is niet een bijzondere omstandigheid.

Uit het voorgaande blijkt dat de beslissing om te gedogen niet meer is aan te merken als een besluit. Een beslissing op een verzoek om handhaving van een derde is wel een besluit.

10.7 Samenvatting

Er kan op verschillende manieren door een bestuursorgaan worden gehandhaafd:

1. bestuurlijke sancties;
2. strafrechtelijke sancties.

De bestuurlijke sancties zijn te onderscheiden in de herstelsanctie (reparatoire sanctie) en de bestraffende sanctie (punitieve sanctie). Voorbeelden van een reparatoire sanctie zijn de last onder bestuursdwang, de last onder dwangsom en de intrekking of wijziging van de begunstigende beschikking. Een voorbeeld van een punitieve sanctie is de bestuurlijke boete.

Als de overheid gebruik wil maken van het strafrecht om een overtreding te beëindigen, betreft de opgelegde sanctie altijd een punitieve sanctie. Een punitieve sanctie kan gelijktijdig met een reparatoire sanctie worden opgelegd.
Het is niet mogelijk om van een bestuurlijke boete gebruik te maken wanneer de gedraging tevens een strafbaar feit oplevert en de strafvervolging reeds in de fase van het onderzoek ter zitting is geraakt (una via-beginsel). Andersom geldt ook: als een bestuurlijke boete is opgelegd, kan de overtreding niet meer via het strafrecht worden aangepakt.

Het ne-bis-in-idembeginsel is een ongeschreven rechtsbeginsel, dat inhoudt dat je niet twee keer mag worden vervolgd of bestraft voor dezelfde overtreding. De bestuursrechter mag bestuurlijke sancties indringender toetsen. Het evenredigheidsbeginsel speelt bij de toetsing een belangrijke rol.

Als de overheid besluit om niet op te treden, wordt er door de overheid gedoogd. Alleen in uitzonderlijke situaties is het mogelijk om te gedogen. Het gaat dan om gedogen tijdens overgangs- of overmachtssituaties. Een gedoogbeslissing is niet een besluit. Een beslissing op een verzoek van een derde om handhaving is wel een besluit.

10.8 Kennisvragen

1. Wat houdt handhaving in?
2. Wat houdt het legaliteitsbeginsel in?
3. Welke bestuurlijke sancties zijn er?
4. Wat is het verschil tussen een reparatoire en een punitieve sanctie?
5. Wanneer is het toegestaan verschillende soorten sancties op te leggen voor één overtreding?
6. Welke handhavingsinstrumenten heeft de overheid?
7. Wat houdt het una via-beginsel in?
8. Wat houdt het ne-bis-in-idembeginsel in?
9. Is het bestuursorgaan in geval van een overtreding verplicht handhavend op te treden?
10. In welke gevallen is een beslissing om te gedogen aan te merken als een besluit?

10.9 Open vragen

Casus Café De Stier
In de Algemene Plaatselijke Verordening (APV) van de gemeente Den Haag is de volgende bepaling opgenomen:

Artikel 2:28 Exploitatievergunning horeca-inrichting
1. Het is verboden een horeca-inrichting te exploiteren zonder vergunning van de burgemeester.
2. De vergunning wordt op naam gesteld van de ondernemer, is locatiegebonden en niet overdraagbaar.
3. In de vergunning wordt de naam van de leidinggevende vermeld.
4. De vergunning is in de horeca-inrichting aanwezig.

Artikel 2:28C Weigering, intrekking en wijziging van een vergunning
De burgemeester weigert of trekt de exploitatievergunning in indien:
a. de vestiging of de exploitatie van de horeca-inrichting in strijd is met een geldend bestemmingsplan;
b. de ondernemer of de leidinggevende in enig opzicht van slecht levensgedrag is;
c. de ingediende bescheiden niet of niet langer overeenstemmen met de feiten, welke relevant zijn voor de door de burgemeester te nemen beslissing;
d. voor de horeca-inrichting een vergunning krachtens artikel 3 van de Drank- en Horecawet is vereist en die vergunning is geweigerd, ingetrokken, of de aanvraag om die vergunning buiten behandeling is gelaten.

Café De Stier beschikt over deze vergunning. De leidinggevende van Café De Stier wordt verdacht van een zedendelict.

Vragen naar aanleiding van de casus:
1. Is de burgemeester bevoegd tot handhaving over te gaan?
2. Met welk beginsel dient de burgemeester zonder meer rekening te houden alvorens hij overgaat tot het intrekken van de vergunning?
3. Kan het OM tot strafvervolging overgaan als de burgemeester al een sanctie heeft opgelegd inhoudende intrekking van de vergunning?
4. Is de intrekking van de vergunning een reparatoire sanctie?

De wandelende jager

Is in de volgende situatie de afwijzing van het verzoek van De Jager een besluit in de zin van de Awb?

De Jager wandelt graag in het buitengebied van de gemeente Roomheze. Op zijn wandeltocht, vier kilometer van huis, ziet hij tot zijn grote schrik aan de Grutterweg een enorm bouwwerk verschijnen, precies in een gebied met hoge natuurwaarde. Hij gaat te rade bij de gemeente en komt tot de conclusie dat voor dit bouwwerk een vergunning van het college nodig is en dat de bouwer niet over een vergunning beschikt. Hij verzoekt het college om handhaving. Het college wijst het verzoek echter af.

De Bron

Het college van burgemeester en wethouders legt De Bron een last onder dwangsom op in verband met het zonder vergunning in werking hebben van een bedrijf. Volgens het college is een omgevingsvergunning voor de activiteit milieu nodig voor de werkzaamheden die De Bron verricht. Het college formuleert een en ander als volgt: 'Wij zijn, gelet op het voorgaande, van mening dat u zonder vergunning een vergunningplichtige inrichting in werking heeft. Wij gelasten u dan ook binnen zes weken een vergunning aan te vragen. Als u niet aan deze last voldoet, verbeurt u een dwangsom van € 750 per week.'

Waarom is dit besluit juridisch onjuist?

Het kinderdagverblijf

In de Limburger van 20 augustus 2018 is te lezen dat het kinderdagverblijf in Melick een tik op de vingers krijgt van het college van B en W. De opvang opende in januari de deuren terwijl nog niet alle benodigde onderzoeken waren afgerond. Zo werd de formele verklaring over de brandveiligheid pas in maart afgegeven.

Formeel is het te vroeg openen van de deuren een economisch delict. De gemeente Roerdalen meldde de overtreding bij Justitie. Het Openbaar Ministerie besloot niet over te gaan tot vervolging maar adviseerde de gemeente om de kwestie zelf af te handelen. Dat kan door bijvoorbeeld een bestuurlijke boete op te leggen.

1. Is het handelen van het OM aan te merken als bestuursrechtelijke handhaving of niet?
2. Is het handelen van het college, als het komt tot een boete, bestuursrechtelijk handhaven of niet?

3. Kunnen zowel het OM als het college tegelijkertijd een boete opleggen?
4. Zou het college ook een herstelsanctie kunnen opleggen in januari?
5. Als dat zo is, welke ligt dan het meest voor de hand?
6. Als het college een herstelsanctie oplegt, kan het OM dan nog een boete opleggen?

10.10 Meerkeuzevragen

1. Een reparatoire sanctie is een herstelsanctie.
   Deze stelling is:
   a. juist.
   b. onjuist.

2. Een punitieve sanctie kan voor dezelfde overtreding gelijktijdig met een reparatoire sanctie worden opgelegd.
   Deze stelling is:
   a. juist.
   b. onjuist.

3. Het intrekken van een belastende beschikking is een herstelsanctie.
   Deze stelling is:
   a. juist.
   b. onjuist.

4. Het legaliteitsbeginsel houdt in:
   a. dat op elke overtreding een straf moet volgen.
   b. dat geen straf mag worden opgelegd zonder wettelijke strafbepaling.
   c. dat geen straf mag worden opgelegd op het moment dat er geen overtreding wordt geconstateerd.

5. Welk beginsel van behoorlijk bestuur speelt een belangrijke rol bij de onderzoeksbevoegdheid van een toezichthouder?
   a. Het gelijkheidsbeginsel.
   b. Het vertrouwensbeginsel.
   c. Het rechtszekerheidsbeginsel.
   d. Het evenredigheidsbeginsel.

6. Welke sanctie hoort in het volgende rijtje *niet* thuis?
   a. Last onder bestuursdwang.
   b. Last onder dwangsom.
   c. Intrekking begunstigende beschikking.
   d. Bestuurlijke boete.

7. De bevoegdheid tot het opleggen van een last onder bestuursdwang door een bestuursorgaan berust op de bepalingen van hoofdstuk 5 van de Algemene wet bestuursrecht.
   Deze stelling is:
   a. juist.
   b. onjuist.

8. Voordat een bestuursorgaan het besluit neemt om een last onder bestuursdwang op te leggen aan een eigenaar die zonder vergunning een café exploiteert, moet het bestuursorgaan rekening houdende met het evenredigheidsbeginsel eerst onderzoeken of de illegale situatie kan worden gelegaliseerd.
   Deze stelling is:
   a. juist.
   b. onjuist.

9. Een reparatoire sanctie mag alleen door de bestuursrechter worden getoetst en een punitieve sanctie alleen door de strafrechter.
   Deze stelling is:
   a. juist.
   b. onjuist.

10. Een bestuursorgaan is verplicht tot handhaving over te gaan in geval van een overtreding. Van een uitzondering op die plicht is sprake als:
   a. ook een bestuurlijke boete kan worden opgelegd.
   b. er geen derden bij de overtreding betrokken zijn.
   c. er een vergunning kan worden verleend die de overtreding legaliseert.
   d. het bestuursorgaan in een beleidsregel andere prioriteiten stelt.

11 Subsidies

11.1 Inleiding

In Nederland krijgen veel verenigingen, stichtingen en andere organisaties subsidie van de overheid om activiteiten te kunnen doen. Bijvoorbeeld de bibliotheek in Heiloo.

Voorbeeld subsidiëring

Trefpunt en bieb Heiloo krijgen extra subsidie voor loonkosten

Welzijnsorganisatie Trefpunt, de bibliotheek, de muziek- en dansschool en enkele andere organisaties krijgen nog dit jaar samen maximaal zo'n 50.000 euro extra aan subsidies om de gestegen loonkosten te compenseren. Dat blijkt uit een notitie van het college van b en w. De politici in Heiloo gingen er maandagavond mee akkoord.

Bron: www.noordhollandsdagblad.nl, 11 februari 2020, ingezien op 1 augustus 2020

11.2 Het subsidiebegrip

Artikel 4:21 Awb bepaalt wat onder een subsidie wordt verstaan. Subsidie is volgens dit artikel:

1. de aanspraak op financiële middelen;
2. door een bestuursorgaan verstrekt;
3. met het oog op bepaalde activiteiten;
4. anders dan als betaling voor aan het bestuursorgaan verstrekte goederen of diensten.

Een aanspraak op financiële middelen houdt in dat een (rechts)persoon recht krijgt op geld. Het moet dus gaan om geld, niet om natura. Een schenking van overtollige bureaus door de gemeente aan een vereniging valt niet onder het subsidiebegrip; de beschikbaarstelling van een ruimte in een gemeentehuis ook niet.

Het geld wordt beschikbaar gesteld door een bestuursorgaan. Dat doet het bestuursorgaan niet zomaar. Het verwacht dat de (rechts)persoon waaraan de subsidie is verstrekt daarvoor bepaalde activiteiten onderneemt. Alleen als dat zo is, is sprake van subsidie verstrekken. Maar niet alleen in het bestuursrecht verleent het bestuursorgaan aanspraken op geld. Ook in het privaatrecht gebeurt dat. Dat noem je dan echter geen subsidie. Daarom zegt het laatste zinsdeel van artikel 4:21: 'anders dan als betaling voor aan het bestuursorgaan verstrekte goederen of diensten'. Een voorbeeld daarvan zie je hierna.

> **Voorbeeld geen subsidie**
> Het college van burgemeester en wethouders komt met een leverancier van computerapparatuur overeen dat deze veertien pc's zal leveren. De gemeente betaalt daarvoor € 30.000. De betaling wordt niet aangemerkt als subsidie, omdat sprake is van een betaling voor geleverde goederen, namelijk computerapparatuur. In dit geval is privaatrecht van toepassing.

11.3 Legaliteitsbeginsel

Artikel 4:23 Awb bepaalt dat alleen subsidie kan worden verstrekt als sprake is van een wettelijk voorschrift dat regelt voor welke activiteiten subsidie wordt verstrekt. Als er dus geen wettelijk voorschrift is aan te wijzen op grond waarvan subsidie kan worden verstrekt, is het bestuursorgaan onbevoegd subsidie te verstrekken. Een wettelijk voorschrift is bijvoorbeeld een gemeentelijke of provinciale verordening. Soms is geen wettelijk voorschrift nodig. Artikel 4:23 lid 2 Awb somt op wanneer geen wettelijk voorschrift nodig is. Dat is bijvoorbeeld het geval bij incidentele subsidie: subsidies die worden verstrekt voor incidentele gevallen.

11.4 Subsidie aanvragen

De Algemene wet bestuursrecht kent een bepaald proces van subsidieverstrekking. Het proces begint met een aanvraag tot het verlenen van een subsidie. Dat leidt dan tot een beslissing van het bestuursorgaan tot het al dan niet verlenen van de gevraagde subsidie (par. 11.5). Als de activiteiten waarvoor de subsidie is verleend, zijn uitgevoerd, moet een aanvraag worden ingediend tot vaststelling van de subsidie (par. 11.6). De vaststelling van de subsidie kan leiden tot de conclusie dat te veel subsidie is betaald. In dat geval kan het bestuursorgaan besluiten tot terugvordering van de subsidie (par. 11.7). Daarmee is het proces van subsidieverstrekking afgerond.

Een aanvraag tot het verlenen van een subsidie moet worden ingediend voor afloop van de activiteit of het tijdvak waarvoor de subsidie wordt aangevraagd (art. 4:29 Awb). Wat er in die aanvraag moet staan, wordt bepaald in de subsidieregeling, het wettelijk voorschrift als bedoeld in artikel 4:23 Awb. Als sprake is van een subsidie die per boekjaar aan een rechtspersoon wordt verleend, moet in ieder geval worden voldaan aan de eisen die artikel 4:61 Awb stelt. In dat geval moet de aanvraag ook omvatten een activiteitenplan, een begroting en, als daarvan sprake is, de omvang van de reserves van de rechtspersoon. Een voorbeeld van een per boekjaar verstrekte subsidie tref je hierna aan.

Voorbeeld per boekjaar verstrekte subsidie

De Stichting maatschappelijk werk Roomheze krijgt sinds jaar en dag een subsidie van de gemeente. Voor het komend jaar dient de stichting opnieuw een aanvraag in. De aanvraag bevat onder meer een activiteitenplan. In dit plan heeft de stichting vermeld wat zij in het komend jaar gaat doen. Onder meer staat in het plan dat zij van plan is activiteiten te verrichten in het kader van gezinsbegeleiding, individuele advisering van senioren, coördinerende activiteiten voor het centrum Jeugd en Gezin, ambulant jongerenwerk en sociaal-culturele ontmoetingen. Het plan gaat vergezeld van een begroting, die inzicht geeft in de kosten en opbrengsten van deze activiteiten. Ten slotte vermeldt de aanvraag de omvang van de egalisatiereserve. De aanvraag wordt ingediend op een door burgemeester en wethouders vastgesteld aanvraagformulier.

11.5 Besluit tot subsidieverlening

Als de aanvraag voldoet aan de wettelijke voorschriften en beleidsregels van het bestuursorgaan, kan subsidie worden verleend. Door de verlening van de subsidie verkrijgt de aanvrager een aanspraak op subsidie. Dat wil zeggen dat de aanvrager de financiële middelen krijgt als en voor zover de activiteiten worden uitgevoerd. Een verplichting tot uitvoering van de activiteiten is er niet. De aanvrager kan ervoor kiezen om de activiteiten niet uit te voeren. Uiteraard wordt dan ook geen subsidie verstrekt. Omdat het voor het bestuursorgaan belangrijk kan zijn dat de activiteiten wel worden uitgevoerd, kent de Awb daarvoor de mogelijkheid van het sluiten van een overeenkomst. Artikel 4:35 Awb bepaalt dat ter uitvoering van de beschikking tot subsidieverlening een overeenkomst kan worden gesloten. Op die manier kan het bestuursorgaan de aanvrager, zo nodig via de rechter, dwingen de activiteiten ook uit te voeren. Hierna zie je een nieuwsbericht over een subsidieovereenkomst.

Voorbeeld subsidieovereenkomst

Subsidieovereenkomst voor Dierenambulance Putten-Barneveld

PUTTEN – Het college van burgemeester en wethouders van Putten heeft besloten per 1 januari 2018 een overeenkomst aan te gaan met Stichting Dierenambulance Putten-Barneveld. De dierenambulance fungeert als het centrale meldpunt en regelt de opvang voor gevonden en vermiste zwerfdieren in de gemeente Putten. De dierenambulance houdt hiervan een registratie en administratie bij. De dierenambulance vervoert (gewonde) zwerfdieren zonder eigenaar, dood of levend, naar het dierenasiel Levenslust in Barneveld. De gemeente betaalt hiervoor een vaste vergoeding per jaar.

Bron: www.putten.nieuws.nl, 7 december 2017, ingezien op 12 januari 2021

Aan het besluit tot verlening van subsidie kunnen voorschriften worden verbonden. Zo kan bijvoorbeeld worden bepaald dat een behoorlijke administratie moet worden gevoerd, dat tegen bepaalde risico's moet worden verzekerd, dat zekerheid wordt gesteld voor de verleende voorschotten, enzovoort.

Ook kan in het besluit tot verlening van de subsidie een voorbehoud worden gemaakt. Vaak wordt een besluit tot verlening van een subsidie genomen op een moment dat de begroting van het bestuursorgaan nog niet is vastgesteld. Dan is nog niet zeker of er wel geld beschikbaar zal zijn. In dat geval kan het bestuursorgaan bepalen dat de subsidie wordt verleend onder de voorwaarde dat er voldoende geld beschikbaar wordt gesteld. Artikel 4:34 Awb geeft regels voor dit begrotingsvoorbehoud.

De Awb bevat ook regels voor het weigeren van subsidie. Artikel 4:35 Awb bepaalt dat in ieder geval kan worden geweigerd als er gegronde redenen bestaan om aan te nemen dat de activiteiten niet of niet in hun geheel zullen plaatsvinden. Ook kan het bestuursorgaan weigeren als er gegronde redenen zijn om aan te nemen dat de aanvrager niet zal voldoen aan de verplichtingen die aan de subsidie zijn verbonden.

11.6 Besluit tot subsidievaststelling

Van het besluit tot verlening van subsidie moet worden onderscheiden het besluit tot vaststelling van de subsidie. Subsidie wordt verleend voordat de activiteiten hebben plaatsgevonden. Nadat de activiteiten zijn verricht, moet de subsidieontvanger verantwoording aan het bestuursorgaan afleggen. Dat doet de subsidieontvanger door na afloop van de activiteiten of het tijdvak waarvoor subsidie is verleend een aanvraag tot vaststelling van de subsidie in te dienen. Bij deze aanvraag toont de subsidieontvanger aan dat de activiteiten hebben plaatsgevonden. Tevens legt de subsidieontvanger rekening en verantwoording af over de aan de activiteiten verbonden uitgaven en inkomsten. Dat staat in artikel 4:45 Awb.

Het bestuursorgaan beoordeelt of de subsidieontvanger zich heeft gehouden aan de voorwaarden van de subsidieverlening. Bovendien checkt het bestuursorgaan of de activiteiten inderdaad zijn verricht en of de inkomsten en uitgaven juist zijn verantwoord. Dat kan ertoe leiden dat het bestuursorgaan de subsidie lager vaststelt. Dat is bijvoorbeeld het geval als de activiteiten waarvoor subsidieverlening heeft plaatsgevonden niet of niet geheel zijn verricht.

Voorbeeld subsidievaststelling

Burgemeester en wethouders hebben in 2017 subsidie verleend voor tien concerten die door de harmonie in 2018 worden uitgevoerd. De verleende subsidie bedraagt € 10.000. In 2019 dient de harmonie een aanvraag in tot vaststelling van de subsidie. Het blijkt dat niet tien concerten, maar slechts zeven concerten zijn uitgevoerd. Uit de overgelegde rekening blijkt dat een deel van de kosten vast is (onafhankelijk van het aantal concerten) en een deel variabel. Burgemeester en wethouders stellen de subsidie vast op € 8.000.

Niet altijd hoeft het systeem van subsidieverlening en daarna subsidievaststelling te worden gevolgd. De Algemene wet bestuursrecht biedt ook de mogelijkheid dat het bestuursorgaan direct tot vaststelling van een subsidie overgaat. Artikel 4:43 Awb bepaalt dat in dat geval het besluit tot vaststelling van de subsidie een aanduiding bevat van de activiteiten waarvoor de subsidie wordt verstrekt.

De Algemene wet bestuursrecht gebruikt het begrip subsidie verlenen voor de beslissing over subsidie voordat de activiteiten worden uitgevoerd. De wet gebruikt het begrip subsidie vaststellen voor de beslissing over subsidie nadat de activiteiten zijn uitgevoerd. Het begrip subsidie verstrekken ten slotte is de overkoepelende term die gebruikt wordt als zowel subsidie verlenen als vaststellen bedoeld wordt.

11.7 Betaling en terugvordering

In het wettelijk voorschrift waarin de subsidie is geregeld, is ook geregeld of voorschotten verleend mogen worden. In de meeste gevallen zal het bestuursorgaan bij de beslissing omtrent verlening van een subsidie tegelijk bepalen dat een voorschot wordt verleend. Artikel 4:52 Awb bepaalt dat het subsidiebedrag overeenkomstig de subsidievaststelling wordt betaald. Na de vaststelling van de subsidie kan het bestuursorgaan bepalen of hetgeen aan voorschotten betaald is, overeenkomt met het subsidiebedrag dat uiteindelijk betaald moet worden. Soms blijkt dat het bedrag dat aan voorschotten betaald is hoger is dan het subsidiebedrag dat uiteindelijk betaald moet worden. In dat geval, zo bepaalt artikel 4:57 Awb, kan het bestuursorgaan de onverschuldigd betaalde subsidiebedragen terugvorderen. In het hiervoor gegeven voorbeeld van de harmonie gaat dat als volgt.

Voorbeeld terugvordering subsidie

Burgemeester en wethouders hebben in 2017 subsidie verleend voor tien concerten die door de harmonie in 2018 worden uitgevoerd. De verleende subsidie bedraagt € 10.000. In 2019 dient de harmonie een aanvraag in tot vaststelling van de subsidie. Het blijkt dat niet tien concerten, maar slechts zeven concerten zijn uitgevoerd. Uit de overgelegde rekening blijkt dat een deel van de kosten vast is (onafhankelijk van het aantal concerten) en een deel variabel. Burgemeester en wethouders stellen de subsidie vast op € 8.000. Het blijkt dat burgemeester en wethouders een voorschot hebben gegeven ter grootte van

€ 9.000. Burgemeester en wethouders besluiten een bedrag van € 1.000 terug te vorderen.

De bevoegdheid tot terugvordering vervalt als vijf jaren zijn verstreken nadat het besluit tot vaststelling van de subsidie is genomen (art. 4:57 lid 4 Awb). Dat gaat in het voorbeeld van de harmonie als volgt.

Voorbeeld verjaring ten onrechte ontvangen subsidie
In 2019 hebben burgemeester en wethouders besloten een bedrag van € 1.000 terug te vorderen. De harmonie betaalt het verschuldigde bedrag (€ 1.000) niet. Het college laat op dit punt niets meer van zich horen. In 2024 (vijf jaren later) vervalt het recht van het college van burgemeester en wethouders om het bedrag van € 1.000 te vorderen van de harmonie. Het verval van het recht wordt verjaring genoemd. Wat niet vervalt is de verplichting van de harmonie om € 1.000 te betalen aan burgemeester en wethouders. Het nakomen van deze verplichting is echter niet meer afdwingbaar vanwege het tijdsverloop.

11.8 Financiële beheersinstrumenten

Subsidies worden volgens van tevoren vastgelegde regels verstrekt. Voor de overheid is het van belang dat het verstrekken van subsidie financieel binnen de perken blijft. Daarvoor geeft de Algemene wet bestuursrecht enkele instrumenten. Reeds eerder is het begrotingsvoorbehoud genoemd: subsidie wordt verstrekt onder de voorwaarde dat voor het jaar waarvoor de subsidie geldt financiële middelen voorhanden zijn. Een ander instrument om subsidies financieel te beheersen is het subsidieplafond. Een subsidieplafond geeft het maximumbedrag aan dat de overheid van plan is te besteden aan een bepaalde subsidie. Wanneer een aanvraag om subsidie tot gevolg zou hebben dat het plafond zou worden overschreden, is het bestuursorgaan verplicht subsidie te weigeren: artikel 4:25 Awb. Dat zie je in de volgende publicatie van de gemeente Winsum.

Voorbeeld subsidieplafond
Op grond van de Algemene Subsidieverordening Welzijn van de gemeente Winsum kan het college van burgemeester en wethouders incidentele subsidie verlenen op de terreinen van jeugd, ouderen en zorg, leefbaarheid, sport en recreatie, en cultuur en educatie. Incidentele subsidie is bedoeld voor de uitvoering van activiteiten die

het karakter hebben van een eenmalig evenement of van een nieuwe opzet of werkwijze.
Voor 2019 is voor incidentele subsidies het volgende subsidieplafond vastgesteld: € 5.835. Na het bereiken van het subsidieplafond kan voor het betreffende jaar geen incidentele subsidie meer worden verleend, ook al voldoet een aanvraag aan het gemeentelijk subsidiebeleid: het plafond is immers bereikt.

Een voorbeeld van een subsidieplafond in de praktijk zie je hierna.

Waddenfonds verdeelt met nieuwe subsidieregeling 4 miljoen euro onder projecten in het Waddengebied

Het Waddenfonds start een nieuwe subsidieregeling voor projecten in het Waddengebied. Hierbij wordt in totaal 4 miljoen euro verdeeld. Zowel bedrijven, belangenorganisaties als lokale overheden kunnen een beroep doen op de subsidieregeling. Beoordeling vindt plaats op volgorde van binnenkomst; tot het subsidieplafond van 4 miljoen euro is bereikt. Per project kan een bijdrage van maximaal 1 miljoen euro aangevraagd worden.

Bron: www.dvhn.nl, 10 juli 2020, ingezien op 9 augustus 2020

Een subsidieplafond kan alleen worden ingesteld als het wettelijk voorschrift (bijvoorbeeld een gemeentelijke verordening) daarin voorziet (art. 4:25 lid 1 Awb). Bij dat wettelijk voorschrift wordt ook bepaald hoe het beschikbare bedrag wordt verdeeld. Daarvoor zijn verschillende methodes denkbaar. Subsidies worden bijvoorbeeld op volgorde van indiening van de aanvraag verdeeld. Ook kan de subsidieregeling bepalen dat tot een bepaalde datum aanvragen om subsidie kunnen worden ingediend. Daarna beoordeelt het bestuursorgaan welke aanvragen het hoogst scoren.

11.9 Intrekking en wijziging van subsidie

Een eenmaal verleende subsidie kan worden gewijzigd of ingetrokken. De wet bepaalt wanneer dat mogelijk is. Dat is bijvoorbeeld het geval als de activiteiten waarvoor de subsidie is verleend niet of niet geheel hebben plaatsgevonden of als de subsidieontvanger niet aan de verplichtingen heeft voldaan. Het kan ook zijn dat naderhand blijkt dat de subsidieontvanger onjuiste of onvolledige gegevens heeft verstrekt. Een voorbeeld ten slotte is nog als de subsidie verleend is onder begrotingsvoorbehoud en de begroting niet (voldoende) voorziet in de middelen (art. 4:48 Awb). Als intrekking of wijziging plaatsvindt, gebeurt dat in beginsel met terugwerkende kracht tot en met het tijdstip van verlening van de subsidie. Het betreffende besluit tot intrekking of wijziging kan anders bepalen.

Ook een vastgestelde subsidie kan worden ingetrokken of gewijzigd. Omdat hier de activiteiten in de regel al zullen hebben plaatsgevonden, is het aantal gevallen waarin kan worden ingetrokken of gewijzigd beperkter (art. 4:49 Awb). Dat heeft te maken met de rechtszekerheid van de subsidieontvanger. Een eenmaal vastgestelde subsidie kan wel worden ingetrokken of gewijzigd als het bestuursorgaan ontdekt dat er feiten zijn die, als ze bekend waren geweest bij vaststelling van de subsidie, tot een lager bedrag hadden geleid. Dat moeten dan wel feiten zijn waarvan het bestuursorgaan redelijkerwijs niet op de hoogte kon zijn. Als de subsidievaststelling onjuist was en de subsidieontvanger wist daarvan of hoorde dat te weten, kan de vastgestelde subsidie ook worden ingetrokken of gewijzigd. Ten slotte kan het bestuursorgaan de vastgestelde subsidie wijzigen of intrekken als de subsidieontvanger na vaststelling van de subsidie niet heeft voldaan aan de aan de subsidie verbonden verplichtingen.

Een bijzondere wijze van intrekking van subsidies wordt geregeld in artikel 4:50 Awb. Daarin is bepaald dat een bestuursorgaan een nog niet vastgestelde subsidie kan intrekken of wijzigen voor zover veranderde omstandigheden of inzichten zich tegen voortzetting van de subsidie verzetten. De overheid kan van dit middel gebruikmaken als er bijvoorbeeld financiële nood is, bijvoorbeeld als er acuut bezuinigd moet worden. Als echter sprake is van een subsidie die meerdere jaren achtereen is verstrekt, kan intrekking alleen met inachtneming van een redelijke termijn (art. 4:51 Awb). Een voorbeeld daarvan zie je hierna.

Voorbeeld intrekking subsidie

De Stichting Bibliotheek Roomheze krijgt reeds vele jaren achtereen een subsidie van de gemeente voor het in stand houden van een bibliotheek. De gemeente verkeert echter in grote financiële problemen als gevolg van zware verliezen op de exploitatie van bouwgrond en een verminderde uitkering van het Rijk. De gemeente moet bezuinigen.

> Burgemeester en wethouders schrijven een brief aan de stichting met de mededeling dat naar verwachting de subsidie voor het volgende jaar niet € 325.000 zal zijn, zoals in voorgaande jaren gemiddeld het geval was, maar ongeveer 50% daarvan. Omdat de brief al in februari verzonden wordt en de lagere subsidie vermoedelijk pas het jaar daarop zal ingaan, wordt de stichting in de gelegenheid gesteld zelf bezuinigingen te treffen en, indien nodig, personeel te ontslaan. De redelijke termijn is in dit geval ongeveer tien maanden.

11.10 Samenvatting

Van subsidie is sprake als een bestuursorgaan financiële middelen verstrekt met het oog op bepaalde activiteiten. Dat gebeurt meestal in een paar stappen. Nadat een aanvraag is ingediend, neemt het bestuursorgaan een beslissing omtrent subsidieverlening. Daarna vinden de activiteiten plaats. Na afloop van de activiteiten legt de subsidieontvanger rekening en verantwoording af aan het bestuursorgaan. Vervolgens stelt het bestuursorgaan de subsidie vast. Zowel aan de verlening als aan de vaststelling van subsidies kan het bestuursorgaan voorwaarden verbinden. Een daarvan is het begrotingsvoorbehoud. Daardoor is het mogelijk al subsidie te verlenen voordat de begroting is vastgesteld. Het bestuursorgaan kan ook een subsidieplafond instellen. Daardoor is het nooit meer dan een van tevoren vastgesteld bedrag aan subsidie kwijt.

Als achteraf blijkt dat te veel subsidie is betaald, kan het bestuursorgaan besluiten tot terugvordering van het te veel betaalde. Los daarvan kan het bestuursorgaan een eenmaal verleende of vastgestelde subsidie intrekken of wijzigen. Als subsidie meerdere jaren achtereen is verleend, kan wijziging (ten nadele) of intrekking alleen als dat ruim van tevoren is aangekondigd.

11.11 Kennisvragen

1. Wat is de definitie van subsidie?
2. Moet elke subsidie op een wettelijke grondslag berusten?
3. Wat is een subsidieovereenkomst?
4. Wat is het verschil tussen subsidie verlenen en subsidie vaststellen?
5. Wanneer kan een subsidie worden teruggevorderd?
6. Wat houdt het begrotingsvoorbehoud in?

7. Wat is een subsidieplafond?
8. Wanneer kan een subsidie worden ingetrokken?

11.12 Open vragen

De voetbalvereniging PJC heeft het plan opgevat om een voetbaltoernooi te organiseren waaraan, naast de in Pekela bestaande voetbalverenigingen, ook voetbalverenigingen van buiten Pekela deelnemen. Het is een toernooi dat dertig dagen duurt en waarin, naast voetbal, ook aandacht wordt besteed aan allerlei maatschappelijke vraagstukken, voor zover die een relatie hebben met voetbal. Gedacht wordt aan thema's zoals geweld, verslaving, jeugdbeleid, enzovoort. Aan die thema's wordt aandacht besteed via inleidingen van sprekers, discussieavonden en zelfs een televisieprogramma. Klapstuk is een voetbalwedstrijd tussen de Nederlandse en Belgische landskampioenen. PJC heeft er een prachtig plan voor geschreven. De kosten van het plan zijn in totaal € 125.000. PJC vraagt een bijdrage van burgemeester en wethouders van Pekela van € 45.000, de rest wordt bekostigd uit entrees, sponsoring, enzovoort. De aanvraag voldoet aan de gemeentelijke eisen.

1. Waaruit blijkt welk bestuursorgaan bevoegd is te beslissen op de aanvraag?

Het bevoegde bestuursorgaan besluit de subsidie te verlenen tot het gevraagde bedrag. Omdat op dat moment de begroting nog niet is vastgesteld en de subsidie voor het toernooi in de begroting voor het komende jaar is opgenomen, besluit het bestuursorgaan een zogenoemd begrotingsvoorbehoud te maken. PJC vindt dat prima en wacht vol vertrouwen de raadsbehandeling van de begroting af. De raad besluit echter niet het hele te subsidiëren bedrag in de begroting op te nemen, maar € 20.000.

2. Mag het bestuursorgaan wel een begrotingsvoorbehoud maken?

Als na afloop van het toernooi PJC met een verantwoording komt, blijkt dat de kosten toch niet zo hoog waren als gedacht en de inkomsten hoger. De subsidievaststelling vindt plaats tot een bedrag van € 15.000. PJC vraagt de wethouder sport of zij het verschil tussen verleende en vastgestelde subsidie moet terugbetalen. Deze schrijft in een brief aan PJC dat daarvan geen sprake zal zijn. Hij vindt dat Pekela zich op de kaart heeft gezet dankzij het optreden van PJC en dat de vereniging daarom het verschil niet hoeft terug te betalen.

Een paar maanden later krijgt PJC een beslissing van het bestuursorgaan tot terugvordering van het verschil tussen verlening en vaststelling, zijnde € 5.000. PJC schrijft een brief aan het bestuursorgaan. Zij beroept zich op de mededeling van de wethouder.

3. Op welk algemeen beginsel van behoorlijk bestuur doet PJC een beroep en zal dit helpen?

11.13 Meerkeuzevragen

1. Serious Request speelt zich dit jaar af in Roomheze. Het college van burgemeester en wethouders besluit € 25.000 te doneren aan deze actie. Er is sprake van:
   a. een besluit in de zin van de Awb.
   b. een onbevoegd genomen besluit, want de gemeenteraad is bevoegd.
   c. een donatie zonder wettelijke grondslag.
   d. een schenking.

2. De gemeenteraad heeft het subsidieplafond voor subsidies aan rieten daken vastgesteld op een bedrag van € 100.000. Welke van de volgende stellingen is juist?
   a. Subsidieaanvragen worden op volgorde van binnenkomst afgehandeld. Als het plafond is bereikt, moeten de volgende subsidieaanvragen worden geweigerd.
   b. De subsidieaanvragen worden ingediend. Als ze allemaal zijn ingediend, bekijken burgemeester en wethouders welke gehonoreerd moeten worden. Dat kan in totaal nooit meer zijn dan € 100.000.
   c. De gemeenteraad moet niet alleen een subsidieplafond vaststellen, maar ook hoe het beschikbare bedrag wordt verdeeld.
   d. Een subsidieplafond is slechts een indicatie. Overschrijding mag, mits de gemeenteraad tijdig wordt geïnformeerd.

3. Als de Algemene wet bestuursrecht het heeft over 'subsidie verstrekken' dan wordt daarmee bedoeld subsidie:
   a. uitsluitend verlenen.
   b. uitsluitend vaststellen.
   c. verlenen en/of vaststellen.

4. PJC heeft een subsidie gevraagd voor tien activiteiten. Burgemeester en wethouders hebben de subsidie verleend. Dan blijkt dat PJC onjuiste informatie heeft verstrekt: er worden slechts vijf activiteiten georganiseerd.
   a. Burgemeester en wethouders kunnen het besluit tot verlening van de subsidie wijzigen en voor vijf activiteiten subsidie verlenen.
   b. Burgemeester en wethouders kunnen de verlening van de subsidie niet meer ongedaan maken.
   c. Burgemeester en wethouders kunnen het te veel betaalde onmiddellijk terugvorderen.
   d. Burgemeester en wethouders moeten wachten totdat de subsidievaststelling heeft plaatsgevonden. Zij kunnen daarna de te veel betaalde subsidie terugvorderen.

5. Door het financieel volkomen uit de hand lopen van de verbouw van het monumentale gemeentehuis moet het college halsoverkop bezuinigen. Het besluit de (meerjarige) subsidie van de bibliotheek met onmiddellijke ingang te korten met 50%.
   a. Dit is mogelijk als bij de verlening van de subsidie een begrotingsvoorbehoud is gemaakt.
   b. Dit is alleen mogelijk als bij de verlening van de subsidie een subsidieplafond gold.
   c. Dit is mogelijk gelet op de bijzondere noodsituatie waarin de gemeente verkeert.
   d. Dit is alleen mogelijk als de termijn waarop de bezuiniging is aangekondigd redelijk is.

12 Bestuursrechtelijke geldschulden

12.1 Inleiding

De overheid wordt op verschillende manieren met geldschulden geconfronteerd. Als een gemeente een nieuwe vrachtwagen koopt, is zij de koopsom daarvan verschuldigd aan de verkoper. We spreken dan van een (geld)schuld van de gemeente aan de verkoper. Als een burger belasting moet betalen aan de overheid, spreken we eveneens van een geldschuld, in dit geval een belastingschuld. Een uitkering die wordt verleend, een subsidie die wordt verstrekt, in beide gevallen ontstaat daardoor een (geld)schuld van een bestuursorgaan aan een burger. De Algemene wet bestuursrecht kent voor een specifieke groep geldschulden een specifieke regeling. We hebben het dan over bestuursrechtelijke geldschulden.

12.2 Hoe ontstaat een bestuursrechtelijke geldschuld?

De wet bepaalt in artikel 4:85 Awb dat een bestuursrechtelijke geldschuld op twee manieren kan ontstaan. Om te beginnen kan de geldschuld voortvloeien uit een wettelijk voorschrift dat de verplichting tot betaling aan of door een bestuursorgaan regelt. Dat staat in het eerste lid onder a van artikel 4:85 Awb. In deze gevallen regelt het wettelijk voorschrift zelf welke geldschuld ontstaat. Er komt geen nader besluit van een bestuursorgaan aan te pas. Twee voorbeelden zie je hierna.

> **Voorbeeld 1 Geldschuld op grond van een wettelijk voorschrift**
> Als je een bedrijf start, krijg je te maken met omzetbelasting en de periodieke btw aangifte. Na de aanmelding als ondernemer ontvang je van de Belastingdienst een bericht waarin staat hoe vaak je aangifte voor de btw (omzetbelasting) moet doen. Hoe vaak dat is hangt af van de te verwachten afdracht van omzetbelasting per jaar. Je moet zelf aangifte doen en omzetbelasting betalen zonder dat de Belastingdienst daarvoor een aanslag heeft gestuurd.

Voorbeeld 2 Geldschuld op grond van een wettelijk voorschrift

Als je een bedrijf bent gestart en je neemt personeel in dienst, dan heb je als werkgever bepaalde verplichtingen. Een van deze verplichtingen is dat je de premies voor de sociale verzekeringen van je personeel betaalt. Daarvoor is geen besluit van het UWV of een ander bestuursorgaan nodig: de verplichting tot betaling vloeit voort uit de wet.

In deze voorbeelden gaat het over bestuursrechtelijke geldschulden die direct voortvloeien uit een wettelijk voorschrift. In de meeste gevallen is nog niet meteen duidelijk welke verplichting voortvloeit uit het wettelijk voorschrift. Dan is nog een nader besluit van het bestuursorgaan nodig. Dat is bijvoorbeeld het geval bij een subsidie, een uitkering of een aanslag onroerendzaakbelasting. In artikel 4:85 lid 1 onder b Awb is daarom vastgelegd dat een bestuursrechtelijke geldschuld ook kan voortvloeien uit een besluit.

Er moet dus altijd een wettelijke regeling of een besluit zijn waaruit een verplichting tot betaling voortvloeit. Dat kan zijn aan het bestuursorgaan (een burger moet dan betalen aan het bestuursorgaan) of door het bestuursorgaan (het bestuursorgaan moet dan betalen aan een burger).

Van twee bestuursrechtelijke geldschulden (gebaseerd op een besluit) zie je hierna een voorbeeld. Daarna een voorbeeld van een niet-bestuursrechtelijke geldschuld.

Voorbeeld geldschuld 1 – De burger heeft een vordering op de overheid

In de Participatiewet is bepaald dat ieder die in Nederland woont recht heeft op bijstand als hij niet over de middelen beschikt om in de noodzakelijke kosten van het bestaan te voorzien. Burgemeester en wethouders besluiten aan De Vries, die niet over deze middelen beschikt, een uitkering te verlenen conform de norm van een alleenstaande. De Vries heeft op grond van dit besluit recht op de uitkering; burgemeester en wethouders zijn verplicht het bedrag waarop de uitkering ziet te betalen. Burgemeester en wethouders hebben een bestuursrechtelijke geldschuld aan De Vries. De Vries heeft een vordering op de gemeente.

Voorbeeld geldschuld 2 – De overheid heeft een vordering op de burger

Op grond van de verordening hondenbelasting van de gemeente moet de eigenaar van een hond een belasting van € 100 per jaar betalen. De Vries is eigenaar van een hond. De heffingsambtenaar van de gemeente legt hem een aanslag hondenbelasting op van € 100. De

Vries moet de aanslag voldoen, de gemeente heeft recht op betaling. Er is sprake van een bestuursrechtelijke geldschuld van De Vries aan de gemeente. De gemeente heeft een vordering op De Vries.

Voorbeeld geldschuld 3 – Geen bestuursrechtelijke geldschuld
De gemeente verhuurt een sportzaal aan volleybalvereniging Smash. De volleybalvereniging betaalt voor het gebruik van de sportzaal € 25 per uur. De volleybalvereniging huurt de zaal 100 uren. De geldschuld aan de gemeente is dan ook € 2.500. Aangezien deze geldschuld voortvloeit uit een (privaatrechtelijke) huurovereenkomst, is hier geen sprake van een bestuursrechtelijke geldschuld, maar van een privaatrechtelijke geldschuld. Daarvoor gelden niet de regels van de Algemene wet bestuursrecht, maar die van het Burgerlijk Wetboek.

12.3 Voorschriften over betaling

Als sprake is van een bestuursrechtelijke geldschuld dan gelden specifieke voorschriften voor de betaling daarvan. De verplichting tot betaling wordt bij besluit vastgesteld en bevat een betalingstermijn van zes weken. Een andere termijn mag in het besluit worden opgenomen. De betaling geschiedt in beginsel giraal, dus op de daartoe bestemde bankrekening en wel in euro. Het bestuursorgaan kan een voorschot verlenen als naar verwachting een verplichting tot betaling zal worden vastgesteld. Als er een schuld is aan het bestuursorgaan, kan het bestuursorgaan, als het daarom gevraagd wordt, uitstel van betaling verlenen. Het besluit tot uitstel vermeldt dan de termijn waarvoor het uitstel geldt. Aan het verlenen van uitstel en aan het verlenen van een voorschot kunnen voorschriften worden verbonden. Als de ander zich daaraan niet houdt, kunnen beide besluiten worden ingetrokken. Een voorbeeld van uitstel van betaling uit de praktijk zie je hierna.

> ## Tientallen organisaties krijgen uitstel van betaling in Zwolle
>
> ZWOLLE – Zo'n dertig ondernemers, organisaties en verenigingen in Zwolle hebben al uitstel van betaling gekregen van de gemeente Zwolle. Het is een van de maatregelen die Zwolle treft om de stad door de coronacrisis te loodsen. Culturele organisaties die subsidie krijgen en toch in de knel raken kunnen ook bij de gemeente aankloppen.
>
> *Bron: www.destentor.nl, 27 maart 2020, ingezien op 8 augustus 2020*

Verder kent de wet de mogelijkheid tot verrekening. Van verrekening is sprake wanneer het bestuursorgaan en een burger over en weer elkaars schuldeiser en schuldenaar zijn. Verrekening is alleen mogelijk als de bevoegdheid daartoe in de wet is voorzien: artikel 4:93 Awb. Een voorbeeld waarin dat niet het geval is, zie je hierna.

Voorbeeld onjuiste verrekening

Zoals elk jaar vindt na de begrotingsbehandeling in de raad van de gemeente Roomheze een afsluitend diner plaats in restaurant Het Witte Paard. Niet al te uitbundig natuurlijk, maar de kosten blijken € 1.200 te bedragen. Het restaurant heeft een rekening gestuurd met het verzoek te betalen binnen zes weken. Dat doet het college ook, maar niet het hele bedrag. Het college stelt zich op het standpunt dat er verrekend kan worden. Het restaurant heeft namelijk ook een schuld aan het gemeentebestuur: er staat nog een belastingschuld open tot een bedrag van € 800. Het gemeentebestuur verrekent beide bedragen en betaalt binnen de gestelde betalingstermijn nog € 400. Aangezien de belastingwetgeving geen mogelijkheid biedt voor dit soort verrekeningen is deze verrekening niet toegestaan.

In afdeling 4.4.1 van de Algemene wet bestuursrecht zijn nog enkele andere algemene regels voor betaling opgenomen (dat zijn art. 4:85 tot en met 4:96 Awb). Daarnaast kent de Algemene wet bestuursrecht nog regels over het niet betalen van de bestuursrechtelijke geldschuld.

12.4 Verzuim en wettelijke rente

Van verzuim is sprake wanneer degene die de schuld moet betalen (de schuldenaar) niet binnen de voorgeschreven termijn betaalt: artikel 4:97 Awb. Verzuim heeft twee doelen. Allereerst is het verzuim een aansporing om alsnog te betalen. Daarnaast fungeert het verzuim als aansprakelijkstelling, doordat het ervoor zorgt dat het moment wordt vastgelegd waarop betaald had moeten worden. Op grond van artikel 4:98 Awb heeft het verzuim tot gevolg dat wettelijke rente verschuldigd is. Wettelijke rente is de rente die een schuldeiser volgens de wet kan eisen als de schuldenaar een betalingsachterstand heeft. Dat wil zeggen dat de schuldenaar vanaf dat moment niet alleen de schuld moet betalen, maar ook de daarover verschuldigde wettelijke rente. Het bestuursorgaan stelt de wettelijke rente per besluit vast (art. 4:99 Awb).

De wet kent specifieke regels voor het geval een bestuursorgaan een beschikking tot betaling van een door hem verschuldigde geldsom niet op tijd geeft. In dat geval gaat de wettelijke rente lopen vanaf het moment dat het bestuursorgaan in verzuim zou zijn geweest als het tijdig een besluit tot betaling had genomen (zie art. 4:100 Awb). Een voorbeeld zie je hierna.

Voorbeeld wettelijke rente

Voetbalvereniging DCS verzoekt het college van burgemeester en wethouders op 1 maart om subsidie. Volgens de subsidieverordening dient het college een besluit te nemen binnen acht weken na de aanvraag. Dat doen burgemeester en wethouders niet. Uiteindelijk nemen burgemeester en wethouders op 1 juli een besluit en verlenen de subsidie conform de aanvraag: € 100 per jeugdlid, de vereniging heeft 100 jeugdleden. In de beschikking staat dat de vereniging kan rekenen op € 10.000 en dat burgemeester en wethouders dat bedrag binnen zes weken zullen overmaken op de rekening van de voetbalvereniging. De beslistermijn eindigde op 27 april. Als op tijd een besluit was genomen, was uiterlijk op 27 april een besluit tot toekenning genomen. Vervolgens had het college zes weken betalingstermijn gehad, dus tot 8 juni. Daarna was het in verzuim geweest. Wettelijke rente moet dus worden berekend vanaf 8 juni.

Als een aanvankelijk negatief besluit om iets te betalen in bezwaar wordt herroepen of in beroep wordt vernietigd en wordt gevolgd door een positief besluit, is eveneens wettelijke rente verschuldigd. Artikel 4:102 Awb regelt dat in zo'n geval moet worden gekeken wanneer het bestuursorgaan in verzuim zou zijn geweest als er meteen een goed besluit was genomen. Vanaf dat moment moet de wettelijke rente worden berekend.

Om te voorkomen dat om kleine bedragen wordt geprocedeerd heeft de wetgever in artikel 4:98 Awb geregeld dat geen betaling hoeft te volgen van wettelijke rente aan het bestuursorgaan als die wettelijke rente kleiner is dan € 10. Het bestuursorgaan hoeft aan een burger geen wettelijke rente te betalen als die wettelijke rente kleiner is dan € 20.

12.5 Aanmaning en invordering

Een gevolg van het verzuim is dat wettelijke rente is verschuldigd. Bovendien opent verzuim de weg naar een aanmaning van het bestuursorgaan aan de schuldenaar dat hij moet betalen. Dat moet dan binnen twee weken gebeuren (art. 4:112 lid 1 Awb). Het bestuursorgaan kan daarbij een vergoeding in rekening brengen (art. 4:113 Awb). De hoogte van de vergoeding hangt af van de hoogte van de geldschuld die de schuldenaar moet betalen. Is de schuld minder dan € 500, dan is de vergoeding maximaal € 7 en anders € 16.

Wanneer binnen de aanmaningstermijn van twee weken niet (volledig) is betaald, kan het bestuursorgaan een dwangbevel uitvaardigen. Een dwangbevel is een door het bestuursorgaan uitgevaardigd schriftelijk bevel, gericht aan de schuldenaar. Door het dwangbevel verkrijgt het bestuursorgaan de mogelijkheid om de geldschuld bij de betrokken persoon te incasseren. Naast de geldschuld, eventuele rente en aanmaningskosten worden dan ook de kosten van het dwangbevel in rekening gebracht. Het dwangbevel wordt door de deurwaarder betekend. Vervolgens staat de mogelijkheid tot inbeslagname van goederen of beslaglegging op het inkomen van de schuldenaar open. De bevoegdheid tot het uitvaardigen van een dwangbevel is een vergaande bevoegdheid van het bestuursorgaan. Daarom bepaalt artikel 4:115 Awb dat deze bevoegdheid slechts bestaat als zij bij de wet is toegekend.

12.6 Verjaring

Artikel 4:104 Awb bepaalt dat de rechtsvordering tot betaling van een geldsom verjaart vijf jaren nadat de voorgeschreven betalingstermijn is verstreken. Om die bepaling goed te begrijpen is het nodig onderscheid te maken tussen de plicht tot betaling en de bevoegdheid tot het vorderen van de betaling. Als sprake is van een geldschuld van een burger aan een bestuursorgaan, heeft de burger een verplichting om te betalen. Het bestuursorgaan heeft het recht die betaling te vorderen (dat is eisen dat er betaald wordt). Als de overheid gedurende vijf jaren geen gebruik heeft gemaakt van zijn recht om de geldschuld te vorderen, dan kan zij niet meer afdwingen dat de burger het bedrag betaalt. De verplichting tot betaling blijft echter: de burger moet nog wel betalen. Verjaring heeft dus tot gevolg dat de overheid het bedrag niet meer kan vorderen. De burger blijft wel verplicht te betalen. De overheid kan dus geen betaling meer afdwingen. Het volgende voorbeeld gaat over verjaring.

Voorbeeld verjaring

Het college van burgemeester en wethouders heeft de subsidie aan de voetbalvereniging lager vastgesteld dan de verlening. Omdat er al voorschotten zijn verleend en de vastgestelde subsidie ook lager is dan de al uitgekeerde voorschotten, neemt het college een besluit tot terugvordering van te veel betaalde subsidie. Het gaat om een bedrag van € 2.500. Er volgt ook een aanmaning op 1 oktober. Maar vervolgens laat het college niets meer van zich horen. Op 1 oktober vijf jaren later is het recht van het college om de geldschuld in te vorderen verjaard. De verplichting van de voetbalvereniging om te betalen blijft echter bestaan. Als dus de voetbalvereniging na zes jaren alsnog betaalt, is dat een betaling ter voldoening aan een betalingsverplichting. De vereniging kan dat bedrag dan niet meer terugvorderen.

Er is een aantal mogelijkheden om de verjaringstermijn te stoppen. Het stoppen van de verjaringstermijn noemt men stuiting. De verjaringstermijn begint daarna opnieuw te lopen. De verjaring wordt in ieder geval gestuit door een daad van rechtsvervolging, bijvoorbeeld als je de zaak voor de rechter brengt. De verjaring wordt ook gestuit door erkenning door de schuldenaar (art. 4:105 Awb). Daarnaast heeft het bestuursorgaan extra mogelijkheden om de verjaring te stuiten. Artikel 4:106 Awb bepaalt dat de verjaring wordt gestuit als het bestuursorgaan een aanmaning stuurt, een beschikking neemt tot verrekening of een dwangbevel uitvaardigt dan wel een dwangbevel ten uitvoer legt. Ook de burger heeft extra stuitingsmogelijkheden als hij schuldeiser is van het bestuursorgaan. Artikel 4:107 Awb bepaalt dat in dat geval de verjaring kan worden gestuit door een schriftelijke aanmaning of een schriftelijke mededeling dat de schuldeiser zijn recht op betaling voorbehoudt.

Hierna zie je een krantenartikel waarin sprake is van verjaring van een bestuursrechtelijke geldschuld in een handhavingszaak.

Echtpaar uit Epe hoeft dwangsom niet te betalen voor permanente bewoning

EPE – Een bejaard echtpaar uit Epe hoeft geen dwangsom op te hoesten van vijfduizend euro die de gemeente had opgelegd vanwege permanente bewoning van hun recreatiewoning aan de Koeweg. De bestuursrechter oordeelde deze week dat de gemeente vanwege verjaring niet meer bevoegd was tot de invordering.

Bron: www.destentor.nl, 24 januari 2020, ingezien op 8 augustus 2020

12.7 Gecombineerd bezwaar en beroep

Je ziet dat er best veel besluiten kunnen worden genomen met betrekking tot een bestuursrechtelijke geldschuld. Het begint met het besluit van artikel 4:86 Awb: de vaststelling van de betalingsplicht. Daarna is er bijvoorbeeld een besluit over uitstel van betaling, vaststelling van de wettelijke rente, verrekening, verlening van een voorschot, enzovoort. Elke keer staat daartegen beroep open, tenzij de wet, zoals bij het besluit tot aanmaning (art. 8:4 lid 1 onder b Awb), anders bepaalt. Om nu te voorkomen dat tegen elk besluit afzonderlijke procedures van bezwaar en beroep lopen, heeft de wetgever artikel 4:125 Awb in de wet opgenomen. Daarin is bepaald dat het bezwaar en (hoger) beroep tegen de beschikking waarbij de betaling is vastgesteld, mede betrekking hebben op de bijkomende beschikkingen van hetzelfde bestuursorgaan.

12.8 Kennisvragen

1. Wanneer is sprake van een bestuursrechtelijke geldschuld?
2. Wat is de algemene betalingstermijn voor bestuursrechtelijke geldschulden?
3. Welke eisen gelden voor het verlenen van uitstel van betaling?
4. Wanneer is sprake van verzuim?
5. Welke twee functies heeft het verzuim?
6. Wanneer kan een aanmaning worden verzonden?
7. Wat is een dwangbevel?

8. Wanneer kan een dwangbevel worden uitgevaardigd?
9. Wat is verjaring?
10. Wanneer is bij bestuursrechtelijke geldschulden sprake van verjaring?

12.9 Open vragen

Op 1 maart stellen burgemeester en wethouders de subsidie vast voor voetbalvereniging Waterpoort Boys. Subsidie wordt vastgesteld op een bedrag van € 10.000. Het blijkt dat destijds subsidieverlening heeft plaatsgevonden voor € 15.000. Dit bedrag is ook als voorschot uitbetaald. Burgemeester en wethouders besluiten het verschil van € 5.000 terug te vorderen. Dat doen ze bij besluit van 1 maart. De voetbalvereniging laat niets van zich horen.

1. Wanneer kunnen burgemeester en wethouders besluiten tot aanmaning?
2. Wanneer begint de wettelijke rente te lopen?
3. Aan welke voorwaarden moet zijn voldaan, willen burgemeester en wethouders een dwangbevel kunnen uitbrengen?

12.10 Meerkeuzevragen

1. Is in de volgende gevallen sprake van een bestuursrechtelijke geldschuld?
   a. De beslissing van burgemeester en wethouders een dwangsom in te vorderen.
   b. Een WW-uitkering van het UWV aan De Vries.
   c. Een schenking van burgemeester en wethouders aan Serious Request.
   d. Betaling van burgemeester en wethouders aan Lantaarnpaal BV voor drie straatlantaarns.

2. Burgemeester en wethouders besluiten een bijstandsuitkering aan De Vries te verrekenen met een belastingschuld die De Vries aan de gemeente heeft. Welke bewering is juist?
   a. Dit mag alleen als de wet verrekening mogelijk maakt.
   b. Verrekenen mag altijd.
   c. Verrekenen mag, maar dan moeten burgemeester en wethouders bijzondere bijstand verlenen.
   d. Verrekenen mag alleen na toestemming van De Vries.

3. De minister heeft De Vries een last onder dwangsom opgelegd. De Vries heeft niet aan de last voldaan en als gevolg daarvan een dwangsom verbeurd. Na zes jaar besluit de minister over te gaan tot invordering van de dwangsom.
   a. Als De Vries de dwangsom betaalt, kan hij die terugvorderen, omdat de vordering verjaard is.
   b. De minister kan de betaling van de dwangsom niet afdwingen, omdat de vordering verjaard is.
   c. De minister kan betaling alleen afdwingen als hij dat doet via een dwangbevel.
   d. Alleen als De Vries de last onder dwangsom heeft aangevochten, hoeft hij niet te betalen.

4. Het Centraal Administratiekantoor (een bestuursorgaan dat met de uitvoering van de Wet langdurige zorg is belast) heeft op grond van de Wet langdurige zorg aan Theo Orie een eigen bijdrage opgelegd in verband met de opname in een instelling. De betalingstermijn is gesteld op 30 dagen. Welke van de volgende beweringen is juist?
   a. Er is geen sprake van een bestuursrechtelijke geldschuld maar van een privaatrechtelijke geldschuld.
   b. Er is sprake van een bestuursrechtelijke geldschuld; Theo moet betalen binnen 30 dagen.
   c. Er is sprake van een bestuursrechtelijke geldschuld maar Theo hoeft niet te betalen binnen 30 dagen.
   d. Er is sprake van een bestuursrechtelijke geldschuld; Theo moet in principe binnen zes weken betalen tenzij de Wet langdurige zorg anders bepaalt.

5. In Het Parool van 18 oktober 2018 (www.parool.nl, ingezien op 16 december 2018) staat dat een meerderheid van de Raad van de gemeente Amsterdam gemeentelijke lasten zoals de afvalstoffenheffing of de OZB niet meer met een acceptgiro, maar via een Tikkie wil laten betalen. Welke van de volgende stellingen is juist?
   a. Dat is onmogelijk omdat hier sprake is van een bestuursrechtelijke geldschuld en die moet via een beschikking worden opgelegd.
   b. Dat is onmogelijk: Tikkie is niet een wettige wijze van betalen.

c. Dat is wel mogelijk: als partijen overeenkomen op deze wijze te betalen maakt die overeenstemming onderdeel uit van de overeenkomst tot betaling.
d. Dat is wel mogelijk, zeker als dat in de gemeentelijke verordening zo wordt vastgelegd.

13 De bestuurlijke voorprocedure

13.1 Inleiding

In dit hoofdstuk wordt de bestuurlijke voorprocedure behandeld. Dit is de procedure die, in veel gevallen, voorafgaand aan de procedure bij de bestuursrechter moet worden gevoerd. Tijdens deze procedure krijgt het bestuursorgaan dat het besluit heeft genomen de kans om het besluit te heroverwegen en een nieuw besluit te nemen (dit noem je de bezwaarschriftprocedure). Het kan ook zijn dat de wet heeft bepaald dat je, in plaats van het maken van bezwaar, een beroepschrift moet indienen bij een ander bestuursorgaan (dit noem je administratief beroep).

De bestuurlijke voorprocedure heeft onder andere als functie dat het besluit nog kan worden gecorrigeerd door het bestuursorgaan (reparatiemogelijkheid van het besluit). Je voorkomt daarmee dat de bestuursrechter voor elk besluit moet worden benaderd (filterfunctie). Daarnaast kan het bestuursorgaan zijn best doen om de belanghebbende uitleg te geven over de wijze waarop de besluitvorming heeft plaatsgevonden (verduidelijkingsfunctie).

De bestuurlijke voorprocedure wordt dus gevoerd bij hetzelfde bestuursorgaan (bezwaarschriftprocedure) of bij een ander bestuursorgaan (administratief beroepsprocedure): zie artikel 1:5 Awb. Daarna kan de belanghebbende de zaak nog voorleggen aan de bestuursrechter. In de Algemene wet bestuursrecht zijn in hoofdstuk 6 regels gegeven die zowel gelden voor de bestuurlijke voorprocedure als voor de procedure bij de bestuursrechter. In hoofdstuk 7 van de wet zijn regels gegeven die alleen gelden voor de bestuurlijke voorprocedure. In hoofdstuk 8 zijn regels gegeven die alleen gelden voor de procedure bij de bestuursrechter, zowel in beroep als in hoger beroep.

13.2 Ontvankelijkheid van het bezwaar

Als je bezwaar hebt gemaakt, gaat het bestuursorgaan eerst onderzoeken of het bezwaar ontvankelijk is. Als het bezwaar ontvankelijk is, dan kan het bezwaar daarna inhoudelijk worden behandeld. Om de ontvankelijkheid te toetsen zal het bestuursorgaan de volgende vragen stellen:

1. Voldoet het bezwaarschrift aan de vereisten van artikel 6:5 Awb (par. 13.3)?
2. Is het bezwaar tijdig ingediend (par. 13.4)?
3. Is de bezwaarmaker belanghebbende (hoofdstuk 3)?
4. Betreft het een appellabel (voor bezwaar/beroep vatbaar) besluit (par. 13.5)?
5. Heeft de bezwaarmaker procesbelang (par. 13.6)?

Als op alle vragen 'ja' wordt geantwoord, is het bezwaar ontvankelijk en kan het bestuursorgaan overgaan tot een inhoudelijke behandeling van het bezwaar. Als het antwoord op een van de vragen 'nee' is, moet het bestuursorgaan het bezwaar niet-ontvankelijk verklaren. Soms zijn er uitzonderingen. Die lees je hierna.

13.3 De formele vereisten van het bezwaarschrift

Voor het maken van bezwaar zijn de bepalingen uit de hoofdstukken 6 en 7 van de Algemene wet bestuursrecht van belang.

Het maken van bezwaar moet schriftelijk gebeuren (art. 6:4 Awb). Er worden eisen gesteld aan de vorm van het bezwaarschrift. Zo is het van belang dat het besluit waartegen je bezwaar maakt, wordt genoemd, en ook je naam en adres, de dagtekening en de redenen (de wet noemt dit 'gronden') waarom je het niet met het besluit eens bent (art. 6:5 Awb).

Hierna vind je een voorbeeld van een bezwaarschrift.

Voorbeeldbrief bezwaarschrift

Aan: (naam uitvoerende instantie)
(adres)
(woonplaats, datum)
onderwerp: Bezwaarschrift tegen het besluit van (datum)

Geachte .... (bestuursorgaan),
Hierbij teken ik bezwaar aan tegen het besluit waarvan ik een kopie heb bijgevoegd. Tegen deze beslissing heb ik het volgende in te brengen:

1. beschrijf de reden van het bezwaar
2. als die er is, beschrijf een tweede reden van het bezwaar
3. als die er is, beschrijf eventueel een derde reden van het bezwaar

Daarom ben ik van mening dat het besluit niet in stand kan blijven.
Uw verdere berichtgeving wacht ik af.

Hoogachtend,
Handtekening
(naam, adres)

bijlage: Kopie van besluit van (datum)

Voldoet je bezwaarschrift niet aan de eisen zoals deze in artikel 6:5 Awb worden gesteld, dan krijg je de gelegenheid om het verzuim te herstellen (art. 6:6 Awb).

Let op: als je het verzuim niet hebt hersteld of te laat bent met het herstellen van het verzuim, loop je het risico dat je bezwaar niet wordt behandeld (= het niet-ontvankelijk verklaren van het bezwaar). Niet-ontvankelijk verklaren wil niet zeggen dat je bezwaar ongegrond is. Bij een niet-ontvankelijkverklaring komt het bestuursorgaan niet (meer) tot een inhoudelijke behandeling van de zaak. Er wordt dan niet meer besloten of je bezwaar gegrond of ongegrond is. Hierna vind je een voorbeeld van een besluit tot niet-ontvankelijkverklaring van een bezwaar vanwege het niet tijdig herstellen van een verzuim.

Voorbeeld niet-ontvankelijk bezwaar

De Vries heeft vergunning aangevraagd om op de markt vis te mogen verkopen (een standplaatsvergunning). Burgemeester en wethouders hebben de standplaatsvergunning geweigerd. De Vries heeft daartegen bezwaar gemaakt, maar nog niet vermeld waarom hij het niet eens is

> met de weigering. Burgemeester en wethouders hebben De Vries vier weken de tijd gegeven om de gronden van zijn bezwaar in te dienen. De Vries heeft dat niet binnen vier weken gedaan. Burgemeester en wethouders hebben vervolgens De Vries de volgende brief geschreven:
>
> Geachte heer De Vries,
>
> Naar aanleiding van uw bezwaarschrift hebben wij u bericht dat u vier weken de tijd heeft om de gronden van uw bezwaar in te dienen. U heeft daar niet aan voldaan: tot vandaag zijn er geen gronden ingediend. Daarom hebben wij besloten uw bezwaar niet-ontvankelijk te verklaren.
>
> Hoogachtend,
> Burgemeester en wethouders,
>
> Tegen dit besluit kunt u binnen zes weken na de dag van verzending beroep instellen bij de Rechtbank Noord-Nederland.

Je ziet dat burgemeester en wethouders alleen ingaan op de vraag of De Vries binnen vier weken de gronden heeft ingediend. De vraag of de vergunning terecht geweigerd is, beantwoorden ze niet.

13.4 De termijn

De wet bepaalt dat de termijn om een bezwaarschrift in te dienen zes weken bedraagt (art. 6:7 Awb).
Om te berekenen op welk moment de termijn afloopt, moet je eerst weten wanneer de termijn begint te lopen. De termijn begint te lopen de dag na de dag waarop het besluit is bekendgemaakt (art. 6:8 lid 1 Awb).
Als een besluit zich richt tot één of meer belanghebbende(n), bijvoorbeeld bij beschikkingen, is dat de dag na de dag van verzending (art. 3:40 en 3:41 Awb).
De termijn eindigt zes weken later. Het bezwaarschrift moet dan op de laatste dag zijn ontvangen dan wel verzonden. Bij verzending moet het poststempel op de laatste dag zijn afgestempeld en het bezwaarschrift niet later dan een week na afloop van de termijn zijn ontvangen (art. 6:9 Awb). Bezwaar kan ook per fax en soms, als het bestuursorgaan dat toestaat (art. 2:15 Awb), per mail worden verzonden. In die gevallen komt het niet aankomen van de fax of mail voor risico van de indiener.

Voorbeeld bezwarentermijn

Het college van burgemeester en wethouders verzendt op 23 mei een besluit aan de heer Lieftink. De eerste dag van de termijn is de dag na de dag van verzending. Dit is op 24 mei.
Tot en met 4 juli kan tijdig bezwaar worden gemaakt tegen het besluit. Het bezwaarschrift moet niet later dan een week na 4 juli zijn ontvangen.

Bij het vorenstaande voorbeeld moet je nog controleren of 4 juli een 'bijzondere' dag is.
Als een termijn namelijk eindigt op een zaterdag, zondag of algemeen erkende feestdag, wordt de termijn verlengd met de eerstvolgende dag die niet een zaterdag, zondag of algemeen erkende feestdag is (art. 1 van de Algemene termijnenwet).

Als je te laat bent met het maken van bezwaar, moet je bezwaar niet-ontvankelijk worden verklaard. Daar is wel een uitzondering op. Als je redelijkerwijze niet kan worden verweten dat je niet tijdig bezwaar hebt gemaakt, dan kan het bezwaar toch nog in behandeling worden genomen. Je moet dan wel een goede reden hebben waarom je niet binnen de termijn bezwaar hebt gemaakt (art. 6:11 Awb). Dat je op vakantie was is geen goede reden. Als het bestuursorgaan geen melding heeft gemaakt van de mogelijkheid dat tegen het besluit bezwaar openstaat (art. 3:45 Awb), heeft de bezwaarmaker meer kans dat zijn bezwaarschrift toch nog, ondanks termijnoverschrijding, wordt behandeld.

Een geval uit de jurisprudentie waarin de overschrijding van de termijn verschoonbaar is bevonden, is hierna opgenomen.

Jurisprudentie verschoonbare termijnoverschrijding

Het gaat om een aanvraag om een uitkering op grond van de Wet werk en arbeidsondersteuning jonggehandicapten. Jim, die meent daarvoor in aanmerking te komen, heeft de aanvraag ingediend. Maar het UWV heeft de aanvraag afgewezen. Jim heeft vervolgens twee dagen te laat bezwaar ingediend. Het UWV heeft besloten het bezwaar niet-ontvankelijk te verklaren. De zaak komt uiteindelijk bij de Centrale Raad van Beroep, de hoogste bestuursrechter op het gebied van sociale verzekeringen. Die overweegt als volgt: 'Anders dan de rechtbank, acht de Raad het te laat indienen van het bezwaarschrift geen verzuim dat voor zijn rekening en risico dient te blijven. Daartoe wordt het volgende overwogen. Appellant krijgt begeleiding van [instelling] bij zijn financiën,

> het zoeken van een woning en bij contacten met instanties. Ook kan appellant een beroep doen op zijn sociale omgeving. Tot op zekere hoogte kunnen daarmee de beperkingen van appellant worden opgevangen. Zoals onder 1.5 en 2.2 is overwogen, heeft appellant naar zijn – beperkte (zie de brief van 22 april 2014 van psychiater Santana en verpleegkundig specialist Hiemstra) – vermogen gedurende de bezwaartermijn verschillende personen uit zijn sociale omgeving om hulp gevraagd. Deze hulpvragen hebben echter niet geleid tot tijdige indiening van het bezwaarschrift. Mogelijk is sprake geweest van onvoldoende alertheid dan wel niet (geheel) (uit bestuursrechtelijk oogpunt) adequaat handelen van de sociale omgeving van appellant. Dit komt, gelet op het specifieke samenstel van feiten en omstandigheden van dit geval, redelijkerwijs niet voor rekening en risico van appellant. Al met al wordt het (één of twee dagen) te laat indienen van het bezwaarschrift in dit geval en onder deze omstandigheden verschoonbaar geacht.'

Je ziet dat de Centrale Raad van Beroep heel goed kijkt naar de persoonlijke omstandigheden van Jim. Meestal moeten ook mensen als Jim in staat zijn om, bijvoorbeeld met inschakeling van familie of een instelling, op tijd bezwaar in te dienen. Maar soms zijn de omstandigheden zo dat dit niet kan. In dat geval is het te laat indienen van bezwaar verschoonbaar. Dan moet het bestuursorgaan het bezwaar wel inhoudelijk behandelen en kan het niet volstaan met niet-ontvankelijkverklaring van het bezwaar.

Je kunt ook binnen de termijn van zes weken een 'pro forma' bezwaarschrift indienen en de gronden (de motivering van je bezwaar) later opsturen. Je krijgt daarvoor van het bestuursorgaan een termijn. Deze staat in de ontvangstbevestiging die je van het bestuursorgaan krijgt.

Bezwaar maken tegen het niet tijdig nemen van een besluit of het niet tijdig bekendmaken van een van rechtswege verleende beschikking (art. 4:20b Awb) is niet aan een termijn gebonden, zij het dat je dan niet onredelijk laat bezwaar moet maken (art. 6:12 Awb).

13.5 Appellabel besluit

Het bestuursorgaan onderzoekt of de wetgever tegen het 'besluit' de procedure van bezwaar van toepassing heeft verklaard. Met andere woorden: onderzocht wordt of tegen het besluit bezwaar kan worden gemaakt.

De volgende vragen moeten worden beantwoord:
1. Is het bezwaar gericht tegen een besluit in de zin van artikel 1:3 Awb?

Voldoet het besluit aan alle vereisten van artikel 1:3 Awb, dan wordt onderzocht wat voor een soort besluit het betreft. De weigering een besluit op aanvraag te nemen wordt gelijkgesteld met een besluit (art. 1:3 lid 2 Awb).

2. Is het besluit een beschikking, plan met rechtsgevolg, algemeen verbindend voorschrift, beleidsregel of een bestuurlijke maatregel?
   Is sprake van een met een besluit gelijk gestelde handeling waartegen beroep openstaat?

Soms heeft de wetgever beroep opengesteld tegen handelingen die geen besluiten zijn. De Awb zelf kent in artikel 8:2 lid 1 onder a een voorbeeld daarvan: als je ambtenaar bent, kun je soms ook tegen een feitelijke handeling in beroep gaan. Die handeling wordt dan met een besluit gelijkgesteld. In voorbeeld 2 vind je een situatie waarin beroep tegen een feitelijke handeling is opengesteld.

Tegen een beleidsregel en een algemeen verbindend voorschrift staat geen beroep (en dus ook geen bezwaar) open (art. 8:3 sub 1 onder a Awb). Een voorbeeld daarvan zie je hierna.

Voorbeeld 1: geen beroep tegen algemeen verbindend voorschrift

De eigenaar van café De Stier verzet zich tegen de door de gemeenteraad onlangs vastgestelde drank- en horecaverordening (een verordening is een algemeen verbindend voorschrift). Hij wil juridische stappen ondernemen. Het maken van bezwaar heeft geen zin, omdat de wetgever bezwaar maken tegen verordeningen niet toestaat. Zijn bezwaar zal dan niet-ontvankelijk worden verklaard.
Hij kan, wil hij de verordening aan de kaak stellen, nog wel naar de burgerlijke rechter of de strafrechter gaan. Bij de burgerlijke rechter stelt hij dan dat de verordening ten opzichte van hem onrechtmatig is (art. 6:162 BW). Om bij de strafrechter te komen moet hij eerst een bepaling uit de verordening overtreden.

Zoals hiervoor is uitgelegd staat tegen sommige feitelijke handelingen wel beroep open, bijvoorbeeld in het geval van artikel 72 lid 3 Vreemdelingenwet 2000.

Voorbeeld 2: wel beroep tegen een feitelijke handeling

Sam uit Nigeria heeft in 2018 in Nederland een verblijfsvergunning aangevraagd. Hij vindt dat hij zijn land heeft moeten ontvluchten omdat hij door de overheid vervolgd wordt vanwege zijn homoseksualiteit. De vergunning is afgewezen. Sam heeft beroep en hoger beroep tegen de afwijzing ingesteld, maar dat heeft hem niet geholpen. Hij is vervolgens in bewaring gesteld om te worden uitgezet naar Nigeria. Ook tegen het besluit hem in bewaring te stellen heeft hij beroep en hoger beroep ingesteld, maar ook dat heeft hem niet geholpen. Morgen wordt hij in het vliegtuig gezet dat hem naar Nigeria brengt. Dat is een feitelijke handeling. Maar artikel 72 lid 3 Vreemdelingenwet 2000 geeft hem de mogelijkheid tegen die feitelijke handeling (de uitzetting per vliegtuig) beroep in te stellen bij de rechter. Die zal nog dezelfde dag daarover oordelen.

In de artikelen 8:3 tot en met 8:5 Awb is, naast de beleidsregel en het algemeen verbindend voorschrift, een aantal besluiten opgenomen waartegen geen beroep is opengesteld. Als tegen een dergelijk besluit geen beroep kan worden ingesteld, kan ook geen ontvankelijk bezwaar worden ingediend.

Voorbeeld 3: geen beroep tegen specifieke besluiten

Tim, 16 jaar, is door de kinderrechter onder toezicht gesteld. Dat heeft tot gevolg dat een instelling op het gebied van jeugdbescherming wordt aangewezen die er voor moet zorgen dat de ouders van Tim weer voor een veilige leefomgeving zorgen. De instelling mag bij een ondertoezichtstelling zogenoemde schriftelijke aanwijzingen geven. Dat doet de instelling ook: zij geeft de ouders van Tim de aanwijzing dat de vader van Tim elke twee weken omgang heeft met Tim. De ouders zijn namelijk uit elkaar. De ouders zijn verplicht om de schriftelijke aanwijzing op te volgen. Er is hier sprake van een besluit van de instelling. Daartegen zou normaliter beroep open staan maar dat beroep is via artikel 8:5 Awb uitgesloten. Kunnen de ouders van Tim dan niets ondernemen tegen het besluit? Dat kunnen ze wel: ze kunnen het geschil over de aanwijzing voorleggen aan de kinderrechter die de ondertoezichtstelling heeft uitgesproken.

13.6 Procesbelang

Als je bezwaar maakt tegen een besluit, wil je dat het besluit of een deel van het besluit wordt gewijzigd. Stel dat je bezwaar hebt gemaakt tegen de weigering van het college om een vergunning voor de bouw van een dakkapel te verlenen en tijdens de bezwaarprocedure wordt door een wetswijziging de bouw van dakkapellen vergunningsvrij gemaakt. Dan is het niet meer nodig om een besluit op het bezwaar te krijgen. Je hebt geen belang meer bij een beslissing op het bezwaar (tenzij je schade hebt geleden, dan wordt het anders). Het probleem is namelijk al opgelost. Je mag de dakkapel bouwen. Het ontbreken van procesbelang leidt tot niet-ontvankelijkheid van je bezwaar.

13.7 Doorzendverplichting

Artikel 6:15 Awb regelt dat een bezwaarschrift dat is ingediend bij een onbevoegd (bestuurs)orgaan door dat orgaan wordt doorgezonden aan het bevoegde orgaan. Als het bezwaarschrift vervolgens te laat door het bevoegde orgaan wordt ontvangen, wordt het bezwaar in beginsel alleen dan niet-ontvankelijk verklaard als het ook te laat was ingediend bij het onbevoegde orgaan.

13.8 Horen van partijen

In het kader van de zorgvuldigheid heeft de wetgever bepaald dat, voordat op het bezwaar wordt beslist, de belanghebbenden in de gelegenheid worden gesteld te worden gehoord (art. 7:2 Awb).

Er geldt een hoorplicht. Dat wil zeggen dat het bestuursorgaan belanghebbenden moet uitnodigen om gehoord te worden over het bezwaar. Als het bezwaar kennelijk (kennelijk wil zeggen: zonder twijfel) niet-ontvankelijk of kennelijk ongegrond is, geldt echter geen hoorplicht. Belanghebbenden kunnen ook verklaren niet te willen worden gehoord (art. 7:3 Awb): er geldt dus geen opkomstplicht. Het bestuursorgaan kan de bezwaarmaker ook vragen of hij gehoord wil worden. Daarbij kan het bestuursorgaan een termijn stellen voor het geven van een antwoord. Als de bezwaarmaker niet binnen die termijn antwoord geeft, hoeft het bestuursorgaan niet te horen.

Bestuursorganen hebben de mogelijkheid om in bezwaarschriftprocedures de zogenoemde 'antwoordkaartmethode' te hanteren. Dat betekent dat zij bezwaarmakers kunnen verzoeken om binnen een bepaalde termijn te melden of zij prijs stellen op een hoorzitting of niet. Wanneer het bestuursorgaan geen reactie ontvangt, kan de hoorzitting achterwege worden gelaten.

Het horen kan plaatsvinden door het bestuursorgaan dat de beslissing heeft genomen of door een adviescommissie (art. 7:13 Awb). Met inachtneming van het tijdens het horen gestelde en het schriftelijke bezwaar neemt het bestuursorgaan vervolgens een beslissing op bezwaar. De adviescommissie kan slechts een advies geven aan het beslissingsbevoegde bestuursorgaan.

Het bestuursorgaan kan van het advies afwijken. Het bestuursorgaan moet dat afwijken dan wel goed kunnen motiveren (art. 3:50 Awb). Hierna vind je een voorbeeld van een besluit op bezwaar waarin het bestuursorgaan afwijkt van het advies van de bezwarencommissie.

Voorbeeld afwijken van advies

Omwonenden blijven strijden tegen komst tapasrestaurant in Peize

De gemeente Noordenveld geeft opnieuw toestemming voor de komst van een tapasrestaurant in de Hoofdstraat in Peize. Dit terwijl de bezwaren van omwonenden door de bezwaarschriftencommissie allemaal gegrond zijn verklaard.

Bron: www.dvhn.nl, 26 juli 2019, ingezien op 14 augustus 2020

13.9 De toetsing van het bezwaar

Het bestuursorgaan toetst het bezwaar *ex nunc*. Dat wil zeggen met inachtneming van de op dat moment geldende wettelijke bepalingen en omstandigheden.

Er vindt een volledige heroverweging plaats. Het bestuursorgaan toetst de rechtmatigheid en de doelmatigheid van het besluit (art. 7:11 Awb).

Rechtmatig wil zeggen dat er wordt gekeken naar de wet en het ongeschreven recht. Doelmatig wil zeggen dat (ook) gekeken wordt naar de maatschappelijke en politieke wenselijkheid van een besluit.

Bij een rechtmatigheidstoetsing kijk je dus alleen of aan alle voorwaarden van de wet en het ongeschreven recht is voldaan. Daarvan zie je hierna een voorbeeld.

> **Voorbeeld rechtmatigheidstoetsing**
> Om in aanmerking te komen voor studiefinanciering moet je voldoen aan bepaalde wettelijke voorwaarden. Er zijn voorwaarden met betrekking tot leeftijd, schoolsoort en nationaliteit. Deze voorwaarden vind je in de wet. Elke aanvraag om studiefinanciering toetst het bestuursorgaan aan de wettelijke voorwaarden die gelden voor leeftijd, schoolsoort en nationaliteit. Ook in bezwaar toetst het bestuursorgaan alleen aan deze wettelijke voorwaarden. Of die voorwaarden ook wenselijk zijn, is voor het bestuursorgaan niet van belang.

Een doelmatigheidstoetsing gaat verder. Het kan namelijk zo zijn dat tussen het moment dat het bestuursorgaan het eerste besluit neemt en het moment van het besluit op bezwaar, de visie van het bestuursorgaan verandert. Dat kan leiden tot een ander besluit. Daarvan zie je hierna een voorbeeld.

> **Voorbeeld doelmatigheidstoetsing**
> Het college van burgemeester en wethouders heeft het verzoek van Ons Nessie in Onsterdijk om bed en breakfast mogelijk te maken afgewezen, omdat bed en breakfast in strijd met het gemeentelijk beleid is. Ons Nessie heeft tegen dat besluit bezwaar gemaakt. In de gemeenteraad wordt over de kwestie gesproken. De gemeenteraad besluit in grote meerderheid dat kleinschalige toeristische huisvesting juist een speerpunt van beleid is in Medemblik. Het college van burgemeester en wethouders neemt dat nieuwe beleid over. Het bezwaar van Ons Nessie wordt gehonoreerd.

Een andere vraag is of het bestuursorgaan in bezwaar alleen moet kijken naar de gronden die iemand aanvoert, of dat het bestuursorgaan ook wat verder moet kijken of het besluit deugt. Het goede antwoord is: dat laatste. De bezwarenprocedure is bedoeld voor een volledige heroverweging van het besluit. Dat betekent ook dat het bestuursorgaan niet is gebonden aan de argumenten die in het bezwaarschrift aan de orde zijn gesteld. Het besluit kan dus ook worden gewijzigd, los van de argumenten die in bezwaar zijn aangevoerd. Een voorbeeld daarvan zie je hierna.

> **Voorbeeld volledige heroverweging**
> Het college van burgemeester en wethouders heeft een vergunning verleend voor de bouw van een schuur. De buurman is daar niet gelukkig mee en hij dient een bezwaarschrift. In het bezwaarschrift zegt hij dat de schuur niet mooi is, omdat de kleur hem niet aanstaat. Het college gaat op dat punt niet mee in het bezwaar. Maar het college ziet wel dat de schuur in strijd is met het bestemmingsplan. Het college herroept de eerder verleende vergunning en besluit alsnog de vergunning te weigeren.

Soms heb je besluiten die als het ware uit verschillende onderdelen bestaan. Als dat zo is, hoeft het bestuursorgaan alleen die onderdelen van het besluit te heroverwegen die door de bezwaarmaker worden bestreden. Zie het volgende voorbeeld.

> **Voorbeeld heroverweging beperkt tot onderdelen**
> Een horecaondernemer heeft een drank- en horecawetvergunning gekregen voor zijn restaurant. Aan de vergunning zijn voorschriften verbonden. Een van die voorschriften is dat de toegangsdeuren van het restaurant aan bepaalde veiligheidseisen moeten voldoen. De horecaondernemer is het daar niet mee eens en dient bezwaar in. In zijn gronden beperkt hij zich tot de eisen aan de toegangsdeuren. Het bestuursorgaan kan de heroverweging van de verleende vergunning beperken tot het voorschrift over de deuren. De overige voorschriften hoeft het bestuursorgaan niet te toetsen.

Een belangrijke regel bij de heroverweging is dat de bezwaarde door het maken van bezwaar er niet op achteruit mag gaan. Dat wordt het verbod op *reformatio in peius* genoemd. De horecavergunning blijft overeind, ongeacht of het bezwaar van de horecaondernemer tegen de deuren hout snijdt of niet.

Het verbod op *reformatio in peius* gaat overigens niet zover dat een derdebelanghebbende niet met succes bezwaar kan maken tegen de vergunning. Anders zal bezwaar maken door derden een volstrekt zinloze actie zijn.

Als het bestuursorgaan los van het bezwaar het besluit kan wijzigen of intrekken, geldt het verbod op *reformatio in peius* niet.

Voorbeeld van niet toegestane reformatio in peius

De voetbalvereniging Hector heeft subsidie gekregen, maar is het niet eens met de hoogte daarvan. Zij maakt bezwaar. Tijdens de behandeling van het bezwaar komt het bestuursorgaan erachter dat er geen wettelijk voorschrift is op grond waarvan de subsidie kon worden verstrekt. Dat is in strijd met artikel 4:23 lid 1 Awb. Eigenlijk zou dus helemaal geen subsidie kunnen worden verstrekt. Maar omdat Hector van het maken van bezwaar niet slechter mag worden, besluit het college de subsidie in stand te houden. Het bezwaar tegen de hoogte van de subsidie wordt ongegrond verklaard.

Voorbeeld van wel toegestane reformatio in peius

De voetbalvereniging Hector heeft subsidie gekregen, maar is het niet eens met de hoogte daarvan. Zij maakt bezwaar. Tijdens de behandeling van het bezwaar komt het bestuursorgaan erachter dat de voetbalvereniging bewust onjuiste informatie heeft verstrekt, waardoor ten onrechte subsidie is verstrekt. Het bestuursorgaan bepaalt in het besluit op bezwaar dat de verstrekte subsidie wordt herroepen en dat de aangevraagde subsidie alsnog wordt geweigerd. Ook hier wordt Hector slechter van het maken van bezwaar. Maar het bestuursorgaan zou ook als geen bezwaar zou zijn ingediend, het besluit mogen wijzigen omdat Hector onjuiste informatie heeft verstrekt.

13.10 De beslistermijn op bezwaar

Er geldt een beslistermijn van zes weken. Die termijn vangt aan op het tijdstip dat de bezwaartermijn afloopt (art. 7:10 lid 1 Awb). Als er een bezwarencommissie is, geldt een beslistermijn van twaalf weken.

Voorbeeld beslistermijn

Cor dient op 15 december bezwaar in tegen de hem geweigerde vergunning voor het bouwen van een dakkapel met dagtekening 30 november. De termijn van zes weken die het gemeentebestuur heeft om het bezwaar af te handelen, vangt dan aan op 11 januari. De termijn eindigt zes weken na 11 januari of, als er een bezwarencommissie is, 12 weken na 11 januari.

Verlengen van termijn

Het bestuursorgaan kan de beslistermijn verdagen met maximaal zes weken (art. 7:10 lid 3 Awb). Wel moet zo'n besluit schriftelijk aan de burger worden gemeld (art. 7:10 lid 5 Awb).

Langere verlenging is daarna mogelijk als de indiener van het bezwaar daarmee instemt en andere belanghebbenden niet in hun belangen worden geschaad of als dat nodig is in verband met de naleving van wettelijke procedurevoorschriften (art. 7:10 lid 4 Awb).

Herstel verzuim

Als er sprake is van een verzuim van de zijde van de bezwaarmaker, wordt de beslistermijn opgeschort met de periode die het de bezwaarmaker kost om het verzuim (bijv. de motivering) te herstellen (art. 7:10 lid 2 Awb).

De belanghebbende kan tegen het niet (tijdig) beslissen op bezwaar, beroep bij de bestuursrechter instellen (art. 7:14 Awb).

13.11 Motivering en bekendmaking

Het bestuursorgaan dat het bestreden besluit heeft genomen, is verplicht om op het bezwaar te beslissen. Als het bezwaar ontvankelijk is, moet het bestuursorgaan het besluit heroverwegen. Als de heroverweging daartoe aanleiding geeft, herroept het bestuursorgaan het bestreden besluit. Voor zover dat nodig is, neemt het in de plaats daarvan een nieuw besluit. In de praktijk wordt dan gezegd dat het bezwaar gegrond is of dat het gegrond wordt verklaard.

Het besluit op bezwaar kan dus zijn:

1. niet-ontvankelijk, het bezwaar wordt dan niet in behandeling genomen;
2. de heroverweging leidt niet tot een ander besluit, het bestreden besluit blijft in stand; in de praktijk zeg je dan dat het bezwaar ongegrond wordt verklaard;
3. het besluit wordt met inachtneming van het bezwaar gewijzigd of herroepen; in de praktijk zeg je dan dat het bezwaar gegrond is.

Voorbeeld uitsluitend herroepen van het bestreden besluit
Het college van burgemeester en wethouders heeft aan Tim een last onder dwangsom opgelegd: Tim moet binnen twee weken stoppen met het gebruik van zijn woning als café. Tim dient een bezwaarschrift in tegen dat besluit. In bezwaar komt het college erachter dat een café wel degelijk is toegestaan. Het college herroept in het besluit op bezwaar de last onder dwangsom.

Voorbeeld herroepen van het bestreden besluit en nieuw besluit
Het college van burgemeester en wethouders heeft aan Tim een last onder dwangsom opgelegd: Tim moet binnen twee weken stoppen met het gebruik van zijn woning als café. Tim dient een bezwaarschrift in tegen dat besluit. In bezwaar komt het college erachter dat een café wel is toegestaan in een van de ruimten van het gebouw. Het college herroept in het besluit op bezwaar de last onder dwangsom. Het bestreden besluit wordt gewijzigd in die zin dat Tim moet stoppen met het gebruik van zijn woning als café voor met name genoemde ruimten van het gebouw.

Artikel 7:12 lid 1 Awb bepaalt dat het besluit op bezwaar deugdelijk moet worden gemotiveerd.

Door toezending of uitreiking van het besluit aan degene tot wie het besluit is gericht, wordt het besluit bekendgemaakt (art. 7:12 lid 2 Awb).

Bij de bekendmaking van het besluit op bezwaar maakt het bestuursorgaan tevens melding van de mogelijkheid om beroep in te stellen (art. 6:23 Awb).

13.12 Kosten bezwaarprocedure

Voor het maken van bezwaar worden geen kosten in rekening gebracht aan de bezwaarmaker (art. 7:15 Awb).
Onder omstandigheden kan de bezwaarmaker wel (een deel van) de kosten voor een rechtshulpverlener en eventueel andere kosten terugkrijgen (art. 7:15 lid 2 Awb). Een vergoeding is alleen mogelijk als het besluit in bezwaar wordt herroepen, omdat het bestuursorgaan onrechtmatig heeft gehandeld bij het nemen van het eerdere besluit. Bovendien moet tijdens de procedure om een vergoeding worden gevraagd door de bezwaarmaker.

Voorbeeld vergoeding kosten van bezwaar

Het college van burgemeester en wethouders heeft aan Tim een last onder dwangsom opgelegd: Tim moet binnen twee weken stoppen met het gebruik van zijn woning als café. Tim dient een bezwaarschrift in tegen dat besluit. In bezwaar komt het college erachter dat een café wel degelijk is toegestaan. Het college herroept in het besluit op bezwaar de last onder dwangsom. Voor het maken van bezwaar en de hoorzitting heeft Tim zich laten bijstaan door een advocaat. Die vraagt het college de kosten van bezwaar te vergoeden. Omdat het college in het besluit op bezwaar het eerdere besluit heeft herroepen vanwege onrechtmatigheid, heeft Tim hier recht op. Het indienen van het bezwaarschrift door de advocaat levert één punt op, het bijwonen van de hoorzitting nog een punt. Elk punt is € 534 waard. Tim krijgt dus een vergoeding van € 1.068. De vergoeding is bedoeld voor het dekken van de kosten van de advocaat.

13.13 Voorlopige voorziening

Het instellen van bezwaar (of beroep) schorst niet de werking van het besluit (art. 6:16 Awb). Het besluit blijft dus gelden, ondanks dat bezwaar is gemaakt. Om te voorkomen dat het besluit leidt tot onherstelbare gevolgen, kan de bezwaarmaker bij de voorzieningenrechter van de rechtbank een verzoek indienen om tijdens de bezwaarprocedure de werking van het besluit te schorsen. Meer over de voorlopige voorziening vind je in hoofdstuk 16.

13.14 Administratief beroep

Administratief beroep is beroep op een ander bestuursorgaan dan het bestuursorgaan dat het besluit heeft genomen. De hoofdregel is dat je tegen een besluit bezwaar maakt. Alleen als de wettelijke regeling bepaalt dat je tegen een besluit administratief beroep moet instellen, dan maak je geen bezwaar maar stel je administratief beroep in als je het met het besluit niet eens bent.

Nadat de administratieve beroepsprocedure is gevolgd, kan geen bezwaar worden gemaakt tegen het besluit op administratief beroep (art. 7:1 lid 1 sub a Awb). Degene die het administratief beroep heeft ingesteld of een andere belanghebbende kan, nadat het besluit op het administratief beroep is genomen, wel beroep instellen bij de bestuursrechter.

Op administratief beroep is hoofdstuk 6 en afdeling 7.3 van de Awb van toepassing. Hoofdstuk 6 van de Awb is in de vorige paragrafen behandeld. De bepalingen over de vorm van het beroepschrift, de termijn, de doorzendverplichting, enzovoort zijn hetzelfde als bij de bezwaarschriftprocedure. Daarom wordt volstaan met een verwijzing naar de vorige paragrafen.

In het volgende artikel lees je over administratief beroep in het hoger- en wetenschappelijk onderwijs.

Student neemt vaker juridische stappen tegen opleiding

Studenten gaan steeds vaker in beroep tegen beslissingen van hun opleiding, blijkt uit een rondgang van NOS op 3. Ze protesteren bij het College van Beroep voor de Examens vooral tegen hun cijfer of een negatief bindend studieadvies (BSA). Het College van Beroep beslist in administratief beroep. Dat staat zo in de bijzondere wet.

Bron: www.nos.nl, 10 september 2015, ingezien op 12 januari 2021

13.15 Samenvatting

De bestuurlijke voorprocedure is de procedure die je voert voorafgaand aan het beroep bij de bestuursrechter. De voorprocedure bestaat uit het maken van bezwaar of het instellen van administratief beroep tegen een besluit.

Bij het maken van bezwaar of instellen van administratief beroep moet aan een aantal eisen worden voldaan. Deze eisen zijn: het bezwaar- of beroepschrift moet voldoen aan een bepaalde vorm en het moet tijdig worden ingediend, de indiener moet belanghebbende zijn en procesbelang hebben en er moet sprake zijn van een besluit. Het bestreden besluit moet een appellabel besluit in de zin van artikel 1:3 Awb zijn.

Er geldt in principe een hoorplicht. Het bestuursorgaan moet de bezwaarmaker uitnodigen om het bezwaar mondeling toe te lichten.

De toetsing van het besluit is vol. Er wordt *ex nunc* getoetst op doelmatigheid en rechtmatigheid. Er geldt een beslistermijn om op het bezwaar te beslissen.

Voor het behandelen van bezwaar zijn geen kosten verschuldigd. Kosten van rechtsbijstand worden, als aan de voorwaarden is voldaan, vergoed.
Het kan noodzakelijk zijn om naast de bodemprocedure (bezwaar- en beroepsprocedure) een voorziening aan te vragen bij de voorzieningenrechter om de werking van het besluit te schorsen.

13.16 Kennisvragen

1. Wat is het verschil tussen de bezwaarschriftprocedure en de procedure van administratief beroep?
2. Wat is de functie van de bezwaarschriftprocedure?
3. Aan welke voorwaarden moet een bezwaarschrift voldoen?
4. Wat houdt toetsing *ex nunc* in?
5. Wat wordt bedoeld met een volledige heroverweging van het bezwaar?
6. Leg uit wat wordt bedoeld met doelmatigheid.
7. Om welke redenen kan een bezwaarschrift niet-ontvankelijk worden verklaard?
8. Binnen hoeveel tijd moet op een bezwaarschrift worden beslist?
9. Wat wordt onder procesbelang verstaan?
10. Wanneer is het verstandig om een voorlopige voorziening aan te vragen?

13.17 Open vragen

Lees de volgende krantenartikelen en beantwoord de vragen.

Wanneer mag je bezwaar maken tegen bomenkap?

Hebben alle Arnhemmers ten noorden van de Rijn het recht om bezwaar te maken tegen de bomenkap in de stadsparken van Arnhem-Noord? De gemeente Arnhem vindt van niet. Hierop stapte Arnhemse Inge Garenfeld naar de bestuursrechter.

Bron: www.gelderlander.nl, 22 augustus 2019, ingezien op 7 januari 2021

1. Zijn de omwonenden belanghebbende?
2. Inge Garenfeld kan de bomen vanuit haar woning niet zien. Ze is ook geen omwonende, maar wandelt dagelijks onder de bomen in de stadsparken. Is zij een belanghebbende?
3. Het college vindt dat Inge niet een belanghebbende is. Hoe zal het besluit op bezwaar geluid hebben?
4. Mogen de bomen worden gekapt als er bezwaar is gemaakt tegen de vergunning?

Bezwaren tegen Luchtmachtdagen komen te laat

UDEN – Bij de gemeente Uden zijn in totaal drie bezwaren ingediend tegen de vergunning die door het college van burgemeester en wethouders op 1 juni is verstrekt voor de Luchtmachtdagen in Volkel op 14 en 15 juni. De bezwaarmakers worden in augustus gehoord. Het bevreemdt Milieudefensie, een van de bezwaarmakers, dat de behandeling plaatsvindt nadat het evenement al geweest is.

Bron: www.bd.nl, 8 januari 2015, ingezien op 12 januari 2021

1. Houdt het indienen van bezwaar automatisch in dat de vergunning die is verleend voor de Luchtmachtdagen wordt geschorst?
2. Zo nee, wat moet Milieudefensie dan doen om te voorkomen dat van de vergunning gebruik wordt gemaakt?
3. Binnen welke termijn dient op de drie bezwaren te zijn beslist?
4. De bezwarencommissie adviseert in augustus het bezwaar van Milieudefensie gegrond te verklaren en de vergunning te herroepen. Moet de burgemeester dit advies opvolgen?

Wijk Schoonveld Vught ligt wakker van komst nieuw appartementencomplex

VUGHT – De komst van een nieuw appartementencomplex op de locatie 'Schoonveld' in Vught leidt volgens de actiegroep 'Wakker Schoonveld', tot slapeloze nachten bij omwonenden. De nieuwbouw aan de Van de Pollstraat is een plan van De Bunte Vastgoed Zuid. De projectontwikkelaar uit Breda wil het gebouw slopen en er een complex met twintig appartementen bouwen.

Bron: www.bd.nl, 2 maart 2017, ingezien op 12 januari 2021

1. Is de actiegroep Wakker Schoonveld een belanghebbende in de zin van de Awb?
2. Als dat niet het geval zou zijn, welke beslissing zullen burgemeester en wethouders dan nemen op een eventueel bezwaar van de actiegroep Wakker Schoonveld?
3. Stel dat de enige grond van bezwaar van de actiegroep zou zijn de verkeerstechnische inpassing en dat het bezwaar van de actiegroep ontvankelijk zou zijn. Mogen burgemeester en wethouders zich dan beperken tot de beoordeling of de bouw van een appartementencomplex problemen oplevert voor het verkeer?

Alsnog keukentafelgesprek voor bezwaarmakers Eindhoven

EINDHOVEN – De gemeente Eindhoven is deze week begonnen met het alsnog bezoeken van de ruim 200 ouderen en zieken die bezwaar maakten tegen korting op hun huishoudelijke hulp. Een WMO-consulente van de gemeente zelf gaat met hen in gesprek over hun persoonlijke omstandigheden. Tot nu toe vond de gemeente zo'n keukentafelgesprek niet nodig, ook al is dit wettelijk verplicht. Eindhoven herstelt nu haar eerdere fout, maar alleen bij de mensen die bezwaar hebben gemaakt.

Bron: www.ed.nl, 12 oktober 2018, ingezien op 12 januari 2021

1. Aanvankelijk vond het college een keukentafelgesprek niet nodig. Waarop heeft het college die stelling gebaseerd?
2. Nu worden in de toekomst alleen degenen die bezwaar hebben gemaakt gehoord. Hebben degenen die geen bezwaar hebben gemaakt dan niet dezelfde rechten?

IND schond mogelijk eigen regels bij beoordeling van bezwaarschriften statushouders

De Immigratie- en Naturalisatiedienst (IND) heeft mogelijk zijn eigen regels overtreden bij de beoordeling van bezwaarschriften van statushouders. Officieel moeten bezwaarschriften worden bekeken door medewerkers die de dossiers niet kennen en daar derhalve 'onbevangen' tegenaan kunnen kijken. In de praktijk worden bezwaarschriften echter regelmatig beoordeeld door medewerkers die de dossiers al eerder in behandeling hadden. Dit zou gebeuren om tijd te winnen en steeds verder oplopende achterstanden weg te werken.

Bron: www.volkskrant.nl, 21 november 2018, ingezien op 12 januari 2021

1. Op welke regel is gebaseerd dat bezwaren moeten worden bekeken door medewerkers die het dossier niet kennen?
2. Welke regels gelden voor het horen van bezwaarmakers?

13.18 Meerkeuzevragen

1. Welke stelling is *onjuist*?
   a. Tijdens de bezwaarschriftprocedure bestaat de mogelijkheid tot kostenveroordeling van het bestuursorgaan.
   b. Voordat iemand tegen een besluit beroep instelt bij een bestuursrechter, moet hij/zij tegen dat besluit in beginsel eerst een bezwaarschrift indienen.
   c. Administratief beroep houdt in dat het bestuursorgaan dat het besluit genomen heeft de beslissing heroverweegt en opnieuw een beslissing neemt.

2. Het bestuur van een welzijnsinstelling verneemt van het college van burgemeester en wethouders dat de subsidie, die de instelling sinds enkele jaren ontvangt, met ingang van het nieuwe jaar zal worden stopgezet. Als gevolg daarvan zullen waarschijnlijk enkele personeelsleden worden ontslagen. Het bestuur wil op zo kort mogelijke termijn een

voorlopig rechterlijk oordeel hebben. Welke van de onderstaande uitspraken is juist?

a. Het bestuur van de instelling moet eerst beroep op de gemeenteraad instellen; pas nadat de gemeenteraad op het beroep heeft beslist, kan het bestuur aan de voorzieningenrechter vragen een voorlopige voorziening te treffen.
b. Het bestuur van de instelling moet een bezwaarschrift indienen bij B en W; tegelijkertijd kan het bestuur bij de voorzieningenrechter vragen een voorlopige voorziening te treffen.
c. Het bestuur van de instelling moet beroep bij de gemeenteraad instellen; tegelijkertijd kan het bestuur aan de voorzieningenrechter vragen een voorlopige voorziening te treffen.

3. De termijn voor het indienen van een bezwaarschrift bedraagt:
   a. vier weken.
   b. altijd zes weken.
   c. soms zes weken, soms acht weken.

4. Het is volgens de wet niet mogelijk om degene die administratief beroep instelt of bezwaar maakt griffierecht in rekening te brengen.
   Deze stelling is:
   a. juist.
   b. onjuist.

5. Op het moment dat het besluit naar aanleiding van het bezwaar wordt herzien, kunnen de kosten die het bestuursorgaan heeft moeten maken voor de behandeling van het bezwaar verhaald worden op de bezwaarmaker.
   Deze stelling is:
   a. juist.
   b. onjuist.

6. De bezwaarschriftprocedure heeft *niet* als functie dat:
   a. het bestuursorgaan de kans krijgt om het besluit te verduidelijken.
   b. de rechter niet overspoeld wordt met zaken die in de voorfase makkelijk kunnen worden opgelost.
   c. rechtmatigheidstoetsing en doelmatigheidstoetsing in een democratische samenleving wordt gegarandeerd.

7. De korpschef besluit op grond van de Wet Wapens en Munitie over een wapenvergunning. Op grond van artikel 34 van deze wet kan iemand tegen de weigering van de korpschef hem een vergunning te geven, een rechtsmiddel aanwenden bij de minister. Wat is juist?
   a. Het gaat hier over het maken van bezwaar.
   b. Het gaat hier over disciplinaire maatregelen.
   c. Het gaat hier over administratief beroep.
   d. Het gaat hier over beroep op de bestuursrechter.

8. John vraagt het college om een vergunning om vis te verkopen vanaf een standplaats. De vergunning wordt verleend. Kim, die belanghebbende is, dient daartegen tijdig bezwaar in. Tussen het moment waarop de vergunning is verleend en het moment waarop op het bezwaar moet worden beslist, is het beleid gewijzigd. Volgens het nieuwe beleid is een standplaats voor de verkoop van vis niet meer toegestaan. Welke stelling is juist?
   a. De vergunning kan niet worden herroepen: er is sprake van reformatio in peius.
   b. De vergunning moet worden herroepen en alsnog geweigerd tenzij het college kan afwijken van het beleid.
   c. Als de vergunning rechtmatig is verleend, kan daar niet op worden teruggekomen: de vergunning was in overeenstemming met het beleid op dat moment.
   d. In bezwaar wordt alleen de rechtmatigheid beoordeeld. De vergunning blijft in stand.

9. De beslissing van het college van burgemeester en wethouders een vergunning te weigeren is aan mevrouw Gijsbertsen mondeling medegedeeld op 2 januari – de vergunning was door haar aangevraagd op 15 december van het vorige jaar. Zij vraagt zich af binnen welke termijn ze bezwaar moet aantekenen tegen dit besluit. Wat is de juiste termijn?
   a. Mevrouw Gijsbertsen moet bezwaar aantekenen tegen het besluit van het gemeentebestuur binnen zes weken na 2 januari, dus uiterlijk op 13 februari.
   b. Mevrouw Gijsbertsen moet bezwaar aantekenen tegen de fictieve weigering aan haar een vergunning af te geven op 27 januari. Zes weken na het aanvragen van de vergunning.
   c. Mevrouw Gijsbertsen dient het gemeentebestuur een redelijke termijn van tenminste acht weken na datum aanvraag te gunnen

voor het afgeven van een formele beschikking voordat zij nadere stappen kan ondernemen.

d. Mevrouw Gijsbertsen mag direct gaan bouwen omdat het gemeentebestuur bij de totstandkoming van het besluit zoveel fouten heeft gemaakt dat de vergunning fictief is verleend.

10. Stel dat een besluit op de voorgeschreven wijze aan de heer Renkema bekend wordt gemaakt. Door een vakantie van ruim drie maanden vindt hij pas bij terugkomst de brief van het gemeentebestuur tussen de post. Hij stelt meteen bezwaar in tegen het (reeds uitgevoerde) besluit van het college van burgemeester en wethouders van de gemeente Roderloo, dat het bezwaarschrift exact 13 weken na de bekendmaking ontvangt. Welk onderstaand alternatief is juist ten aanzien van het door de heer Renkema ingestelde bezwaar?

a. Het bezwaar van de heer Renkema is op tijd omdat een termijn van een bezwaarschrift automatisch wordt verlengd met de duur van een vakantie of verblijf in het buitenland.

b. Het bezwaar van de heer Renkema is nietig omdat tegen deze beslissing geen bezwaar of beroep mogelijk is.

c. Het bezwaar van de heer Renkema is door termijnoverschrijding niet-ontvankelijk.

d. Het bezwaar van de heer Renkema is op tijd op grond van het bepaalde in artikel 6:11 Awb.

11. Sem dient, via zijn advocaat, bezwaar in tegen de weigering van het college hem een vergunning te verlenen voor de verkoop van vis vanaf een standplaats op de markt. Het college vindt in het besluit op bezwaar dat de weigering wel terecht was. Maar inmiddels is het beleid veranderd, waardoor Sem toch in aanmerking komt voor de vergunning. De weigering wordt herroepen en Sem krijgt zijn vergunning. Welke stelling is juist als het gaat om de vergoeding van de kosten van bezwaar?

a. Omdat Sem alsnog vergunning heeft gekregen, heeft hij zonder meer recht op de vergoeding.

b. Sem krijgt alleen een vergoeding als de advocaat daarom gevraagd heeft.

c. Sem krijgt geen vergoeding; hier is sprake van een wijziging van beleid.

d. Sem krijgt alleen een vergoeding als hij aannemelijk kan maken dat de advocaat nodig was.

14 Beroep bij de bestuursrechter

14.1 Inleiding

In dit hoofdstuk staat het verloop van de procedure bij de rechtbank centraal. Behandeld worden onder andere de ontvankelijkheid van het beroep, de bevoegdheid van de rechter, de toetsing en de uitspraak.

14.2 Ontvankelijkheid

Artikel 8:1 lid 1 Awb bepaalt dat een belanghebbende tegen een besluit beroep kan instellen bij de bestuursrechter. Artikel 7:1 lid 1 Awb bepaalt dat pas beroep kan worden ingesteld bij de bestuursrechter nadat op een bezwaarschrift of administratief beroepschrift een besluit is genomen. De Awb kent enkele uitzonderingen hierop. Een belangrijke uitzondering is het besluit dat is voorbereid met toepassing van afdeling 3.4 Awb. Als een besluit is voorbereid met toepassing van afdeling 3.4 Awb, hebben belanghebbenden al de kans gehad om tegen het ontwerpbesluit een zienswijze in te dienen (art. 3:15 Awb). Nog een keer bezwaar maken tegen het definitieve besluit is dan overbodig. Daarom kan direct beroep worden ingesteld.

Een andere uitzondering betreft het niet tijdig nemen van een besluit: daartegen staat direct beroep open bij de bestuursrechter (art. 7:1 lid 1 sub f Awb). Ten slotte is het ook mogelijk om de bezwaarschriftprocedure over te slaan en direct in beroep te gaan (art. 7:1a Awb).

Om een ontvankelijk beroepschrift in te dienen moet je de volgende regels in acht nemen:

1. Het beroepschrift moet voldoen aan de formele vereisten (art. 6:5 Awb).
2. Je moet tijdig beroep instellen (art. 6:7 Awb).
3. Je moet belanghebbende zijn (art. 8:1 lid 1 Awb).
4. Je moet procesbelang hebben.
5. Je moet griffierecht betalen (art. 8:41 Awb).

6. Er moet sprake zijn van een besluit (art. 1:3 of 6:2 Awb).
7. Het besluit moet appellabel zijn (art. 8:2 tot en met 8:5 Awb).

Ad 1
Voldoet het beroepschrift niet aan de eisen van artikel 6:5 Awb, dan krijg je de kans om dit verzuim te herstellen binnen een bepaalde termijn (art. 6:6 Awb). Zie hoofdstuk 13 paragraaf 3.

Ad 2
Zie hoofdstuk 13 paragraaf 4. Ben je te laat met het instellen van beroep, dan zal een geslaagd beroep op artikel 6:11 Awb ervoor kunnen zorgen dat het beroep toch nog wordt behandeld. Het te laat indienen is dan verschoonbaar. Dat wil zeggen: het word je niet kwalijk genomen dat je te laat bent.

Ad 3
In welke gevallen je belanghebbende bent, is behandeld in hoofdstuk 3. Om te kunnen procederen bij de rechtbank, moet je in beginsel de bestuurlijke voorprocedure hebben gevolgd of tijdens de uitgebreide openbare voorbereidingsprocedure een zienswijze hebben ingediend (art. 6:13 Awb). Heb je dit niet gedaan en kan je dit redelijkerwijs niet worden verweten, omdat je het bijvoorbeeld met het primaire besluit eens was, dan krijg je in beroep alsnog de mogelijkheid om tegen het besluit op bezwaar of administratief beroep je standpunt duidelijk te maken.

Voorbeeld toepassing 6:13
Sander krijgt een drank- en horecavergunning voor zijn café De Stier. Buurvrouw Nelleke maakt bezwaar tegen de vergunning. Het college van burgemeester en wethouders besluit naar aanleiding van het bezwaar de vergunning te weigeren. Sander heeft in eerste instantie geen bezwaar gemaakt, omdat hij geen belang had: hij was het immers eens met de verlening van de vergunning. Nu de vergunning is geweigerd, heeft hij wel een belang om het besluit aan te vechten. Hij moet dan beroep instellen bij de rechtbank. Het beroep wordt dan, ervan uitgaande dat hij aan de overige ontvankelijkheidseisen voldaan heeft, ontvankelijk verklaard, omdat hem redelijkerwijze niet kan worden verweten geen bezwaar te hebben gemaakt.

Ad 4
Zie hoofdstuk 13 paragraaf 6.

Ad 5
Het betalen van griffierecht is een voorwaarde om te kunnen procederen bij de rechter. De wetgever heeft een financiële drempel ingebouwd om te voorkomen dat er te lichtvaardig wordt omgegaan met het instellen van beroep. Het griffierecht moet op tijd worden betaald. Een voorbeeld van het gevolg van het niet betalen van het griffierecht zie je hieronder.

Griffierecht te laat betaald: verzet tegen casino Waalwijk niet ontvankelijk

WAALWIJK – Na een lange juridische strijd eindigt het verzet tegen het casinocomplex in Waalwijk in een farce. Door het niet op tijd betalen van het griffierecht wordt de zaak niet inhoudelijk behandeld... Wrang genoeg voor de ondernemers wordt de zaak niet inhoudelijk behandeld, omdat het griffierecht niet op tijd is betaald.

Bron: www.bd.nl, 25 augustus 2018, ingezien op 7 januari 2021

Ad 6
In hoofdstuk 2 is het besluitbegrip uitvoerig behandeld. De wetgever heeft tevens beroep opengesteld tegen het niet tijdig nemen van een besluit en de schriftelijke weigering een besluit te nemen (art. 6:2 Awb).

Ad 7
Zie hoofdstuk 13 paragraaf 5.

14.3 Bevoegdheid rechter

Een rechter kan alleen oordelen over een bepaald geschil als de wet de rechter de bevoegdheid geeft om dat te doen. Je kunt onderscheid maken in absolute bevoegdheid en relatieve bevoegdheid.
Bij absolute competentie (competentie is bevoegdheid) wordt de vraag beantwoord bij welke rechter het geschil moet worden aangebracht.
De hoofdregel is dat de rechtbank de bevoegde bestuursrechter is; de absolute competentie berust dus bij de rechtbank. De wet kan afwijken van de hoofdregel door een andere rechter bevoegd te verklaren (art. 8:6 lid 1 Awb). Een voorbeeld daarvan zie je hierna.

Voorbeeld uitzondering absolute competentie

Artikel 2 van bijlage 2 bij de Awb (de Bevoegdheidsregeling bestuursrechtspraak) bepaalt dat een belanghebbende tegen een aantal besluiten op grond van de Wet milieubeheer beroep kan instellen bij de Afdeling bestuursrechtspraak van de Raad van State. De Afdeling bestuursrechtspraak van de Raad van State is dus absoluut bevoegd en niet de rechtbank.

Bij relatieve competentie stel je de vraag bij welke rechtbank de zaak moet dienen (art. 8:7 Awb).

Er zijn twee mogelijkheden:
1. er is sprake van zetelaanknoping (art. 8:7 lid 1 Awb);
2. er is sprake van woonplaatsaanknoping (art. 8:7 lid 2 Awb).

Bij zetelaanknoping is de rechtbank bevoegd binnen het rechtsgebied waar het bestuursorgaan zijn zetel heeft. Het gaat dan om beroep tegen een besluit van onder andere een bestuursorgaan van een gemeente, provincie of waterschap.

Bij woonplaatsaanknoping is de rechtbank bevoegd binnen het rechtsgebied waar de indiener van het beroepschrift zijn woonplaats in Nederland heeft. Het gaat dan om beroep tegen een besluit van een ander bestuursorgaan dan in artikel 8:7 lid 1 Awb is vermeld.

Voorbeeld woonplaatsaanknoping

Ilse heeft een bedrijf. Het bedrijf krijgt een controle van de Arbeidsinspectie op grond van de Arbeidsomstandighedenwet. Volgens de inspectie zijn er een paar overtredingen van de wet. De minister van Sociale Zaken en Werkgelegenheid legt haar daarom een boete op. Ilse is het daarmee niet eens. Ze dient bezwaar in, maar de minister blijft bij zijn besluit. Vervolgens stelt Ilse beroep in. De minister zetelt uiteraard in Den Haag, Ilse woont in Maastricht. Ze kan tegen het besluit in beroep bij de rechtbank Limburg, omdat hier sprake is van woonplaatsaanknoping; de minister is geen bestuursorgaan van gemeente, provincie of waterschap.

Voorbeeld zetelaanknoping

Johan heeft een café in Maastricht. Hij woont in Den Bosch. Het college van burgemeester en wethouders van Maastricht weigert een door hem gevraagde vergunning voor activiteiten in zijn café in Maastricht. Johan maakt bezwaar, maar het college blijft bij zijn besluit. Johan gaat in beroep bij de rechtbank. Dat is niet de rechtbank Oost-Brabant (waar Den Bosch onder valt) maar de rechtbank Limburg, omdat hier wordt aangeknoopt bij de zetel van het college van burgemeester en wethouders; dat is Maastricht.

Een benaderde onbevoegde rechter stuurt het beroepschrift door aan de bevoegde rechter (art. 6:15 Awb).

14.4 Het verloop van de procedure bij de rechtbank

14.4.1 Partijen

Degene die in beroep gaat, noem je de eiser. De eiser is in elk geval partij. Het bestuursorgaan dat het besluit heeft genomen, is ook partij. Het bestuursorgaan wordt verweerder genoemd. Op grond van het bepaalde in artikel 8:26 Awb kan de rechter andere belanghebbenden als partij toelaten. 203

Voorbeeld partijen

Op 3 juni neemt het college van burgemeester en wethouders een besluit op bezwaar waarbij de vergunning voor kap van een boom aan mevrouw Vreemann wordt gehandhaafd en het bezwaar van de Bomenvereniging ongegrond wordt verklaard. De Bomenvereniging verzet zich daartegen en stelt beroep in bij de rechtbank.

Partij zijn: het college van burgemeester en wethouders, mevrouw Vreemann en de Bomenvereniging.

Partijen kunnen zich laten bijstaan door iemand. Partijen kunnen zich ook door een gemachtigde laten vertegenwoordigen (art. 8:24 Awb). Er geldt echter geen verplichte procesvertegenwoordiging. Partijen mogen dus zelf optreden en hoeven niet per se een advocaat in te schakelen.

Partijen hebben processuele rechten zoals het recht op alle processtukken (art. 8:39 Awb), recht van repliek en dupliek (art. 8:43 Awb) en het recht om de zitting bij te wonen (art. 8:56 Awb).

Naast rechten hebben partijen tevens processuele verplichtingen. Voorbeelden van processuele verplichtingen zijn: de verplichting om te verschijnen als een partij is opgeroepen te verschijnen (art. 8:27 Awb), de verplichting om inlichtingen te geven (art. 8:28 Awb) en de verplichting mee te werken aan een onderzoek (art. 8:30 Awb).

14.4.2 *Het vooronderzoek*

Het onderzoek door de bestuursrechter bestaat uit twee delen: het vooronderzoek en het onderzoek ter zitting.

De bestuursrechter is niet lijdelijk. Dat wil zeggen: de bestuursrechter heeft een actieve rol. De bestuursrechter heeft de regie en heeft tal van mogelijkheden om onderzoek te doen.
Tijdens het vooronderzoek kan hij deskundigen inschakelen, bij partijen inlichtingen inwinnen en stukken opvragen.

14.4.3 *De zitting*

Tijdens het onderzoek ter zitting zal de bestuursrechter de partijen horen. Dat wil zeggen dat partijen worden uitgenodigd om inlichtingen te geven.

Partijen kunnen tot tien dagen voor de zitting nadere stukken indienen (art. 8:58 Awb). Als je pas tijdens de zitting of net daarvoor met nieuwe stukken komt, loop je het risico dat deze stukken niet (meer) in de beraadslaging worden betrokken. De bestuursrechter vindt dan de handelswijze in strijd met de regels van een goede procesorde. De bestuursrechter heeft echter de regie en kan ook besluiten om de stukken alsnog in de beraadslaging te betrekken. Dat kan hij onder meer doen als hij vindt dat de andere partij niet in zijn belangen is geschaad, bijvoorbeeld omdat die de stukken al kende.

Partijen hebben geen verschijningsplicht. Echter, als de bestuursrechter een partij heeft opgeroepen om in persoon of bij gemachtigde op de zitting te verschijnen, moet de partij hieraan voldoen (art. 8:27 en 8:59 Awb).

Op grond van artikel 8:52 Awb kan de bestuursrechter, als de zaak spoedeisend is, overgaan tot versnelde behandeling. Bepaalde termijnen, zoals de termijn voor het indienen van de op de zaak betrekking hebbende stukken (art. 8:42 Awb) worden dan verkort.

De bestuursrechter kan ook overgaan tot vereenvoudigde behandeling. Er is dan geen zitting. De bestuursrechter heeft op basis van de stukken al voldoende informatie om uitspraak te doen. Artikel 8:54 Awb bepaalt in welke gevallen vereenvoudigde behandeling kan plaatsvinden. Dit is als het beroep kennelijk (dat wil zeggen: zonder twijfel) niet-ontvankelijk, ongegrond of gegrond is of als de rechter kennelijk onbevoegd is.

Voorbeeld kennelijk niet-ontvankelijk

Op 3 juli wordt een evenementenvergunning verleend voor het WK tractor-pulling.
Op 31 december, een half jaar later dus, dient de heer Reinderink een beroepschrift in bij de rechtbank. Hij eist dat de vergunning aan strengere voorwaarden moet voldoen.
In dit geval zal de rechter het beroep vereenvoudigd afdoen (dat wil zeggen zonder dat er een zitting is geweest) en het beroep niet-ontvankelijk verklaren, omdat het beroep veel te laat is ingediend. De heer Reinderink kan dan niet tegen deze uitspraak in hoger beroep. Wel kan hij tegen deze uitspraak verzet aantekenen bij de bestuursrechter (art. 8:55 Awb).

14.4.4 *De grenzen van het geding*

De bestuursrechter zal zich moeten richten op hetgeen partijen hebben aangevoerd. De grenzen van het geding worden bepaald door wat partijen naar voren brengen.

Voorbeeld grenzen van het geding

Burgemeester en wethouders hebben een omgevingsvergunning verleend voor de bouw van een bedrijfshal. De buurman maakt bezwaar en stelt, nadat het bezwaar ongegrond is verklaard, beroep in. Hij voert aan dat de bedrijfshal niet voldoet aan redelijke eisen van welstand. De bestuursrechter beoordeelt in beroep of de buurman daarin kan worden gevolgd of niet. De bestuursrechter ziet ook nog dat de bedrijfshal in strijd met het bestemmingsplan is. Omdat de buurman daartegen geen gronden heeft ingediend, betrekt de bestuursrechter dat niet in zijn oordeel.

Naast de beoordeling van de beroepsgronden zal de bestuursrechter een beperkt ambtshalve onderzoek doen. Ambtshalve wil zeggen dat de bestuursrechter een aantal zaken toetst, ook al maken partijen er geen twistpunt van.

Het gaat om het toetsen van regels van openbare orde. De bestuursrechter zal onderzoeken of het bestuursorgaan bevoegd is. Daarnaast onderzoekt hij of de bestuursrechter bevoegd is. De bestuursrechter onderzoekt ook ambtshalve of er sprake is van een ontvankelijk beroep. Ten slotte onderzoekt hij ambtshalve of de eiser belanghebbend is, of sprake is van een voor beroep vatbaar besluit en of eiser tijdig (dan wel verschoonbaar te laat) bezwaar heeft ingediend.

Voorbeeld ambtshalve toetsing

De moeder van Kim, 8 jaar, heeft het college van B en W gevraagd haar hulp te verlenen op grond van de Jeugdwet. Kim heeft dyslexie en de moeder kan de behandeling daarvan niet betalen. Het college weigert de hulp. De moeder dient bezwaar en, als dat niet helpt, stelt ze beroep in. De bestuursrechter ziet dat het bezwaar te laat is ingesteld. Het college en de moeder van Kim maken daar beide geen punt van. Zij willen graag een oordeel over de vraag of de vergoeding voor de behandeling van dyslexie terecht geweigerd is. De bestuursrechter zal echter oordelen dat het bezwaar te laat is ingediend en dat het college het bezwaar niet-ontvankelijk had moeten verklaren. De regels van het indienen van bezwaar zijn van openbare orde. Daaraan zal de bestuursrechter altijd ambtshalve moeten toetsen, zelfs als partijen dat zelf niet willen.

De bestuursrechter heeft de bevoegdheid om de rechtsgronden aan te vullen (art. 8:69 lid 2 Awb). Daarmee wordt bedoeld dat de bestuursrechter de geschonden rechtsnorm moet aanwijzen waarop de indiener wordt geacht een beroep te hebben gedaan.

Voorbeeld aanvulling rechtsgronden

De heer Hovius heeft bezwaar ingediend tegen de vergunning voor de bouw van een schuur die aan de buurman is verleend. Het bezwaar is ongegrond verklaard en Hovius stelt beroep in. Hij zegt in zijn beroepschrift dat hij het gebouw lelijk vindt en bovendien veel te groot en te dicht bij het perceel van Vorkink. De bestuursrechter zal dit vertalen in juridische gronden: er is strijd met redelijke eisen van welstand (lelijk gebouw) en strijd met het bestemmingsplan (te groot en te dichtbij het perceel van Vorkink). Daarna zal de rechter toetsen of dat inderdaad het geval is.

Op grond van het bepaalde in artikel 8:69 lid 3 Awb kan de bestuursrechter de feiten aanvullen. Dit houdt in dat de bestuursrechter in het kader van bijvoorbeeld de bewijsvoering zelf een onderzoek kan instellen en niet afhankelijk is van de feiten die door partijen zijn ingebracht.

14.4.5 *Beroepsgronden*

Als je belanghebbend bij een besluit bent en je het niet eens bent met dat besluit, kun je daartegen bezwaar indienen. Ben je het niet eens met het besluit op bezwaar, dan kun je daartegen beroep instellen. Als je bezwaar indient, moet je ook duidelijk maken waarom je het niet eens bent met het besluit: je moet dan de gronden van bezwaar naar voren brengen. Er zit geen beperking in de gronden van bezwaar: je mag dus alle argumenten bedenken die je kunt aanvoeren tegen het besluit. Maar ga je in beroep, dan wordt dat anders. Het aantal beroepsgronden wordt dan beperkter. Dat komt doordat je dan moet voldoen aan het relativiteitsvereiste. Dat vereiste is vastgelegd in artikel 8:69a Awb.

Het gevolg van het relativiteitsvereiste is dat de bestuursrechter bepaalde beroepsgronden buiten beschouwing moet laten. Het relativiteitsvereiste houdt in dat de bestuursrechter een besluit niet vernietigt op grond van strijd met een regel of beginsel, wanneer die regel of dat beginsel kennelijk niet strekt tot bescherming van de belangen van degene die zich daarop beroept. Het komt er op neer dat een belanghebbende alleen maar gronden naar voren kan brengen die strekken tot bescherming van zijn belangen.

Voorbeeld relativiteitsvereiste

Het gemeentebestuur heeft een vergunning verleend voor de bouw van een woning tegenover de woning van Teun Bakker. Teun heeft bezwaar ingediend maar dat bezwaar is ongegrond verklaard. Tegen het besluit op bezwaar heeft Teun beroep ingesteld. Hij voert in beroep aan dat de vergunning ten onrechte een nokhoogte van de woning van 12 meter toestaat. Het is natuurlijk in het belang van Teun dat de juiste hoogte wordt aangehouden: Teun moet tenslotte tegen de woning aankijken. Deze grond is dus toegestaan. De bestuursrechter zal deze grond beoordelen.

Teun voert ook aan dat de vergunning ten onrechte is verleend omdat de geluidsnormen voor de nieuwe woning worden overschreden. De geluidsnormen zijn natuurlijk niet in het belang van Teun geschreven. Geluidsnormen zijn er ter bescherming van degene die in de nieuwe woning komt te wonen. Omdat de normen niet zijn geschreven in het belang van Teun, kan Teun ook niet aanvoeren dat niet aan de normen wordt voldaan. De bestuursrechter zal deze grond niet beoordelen omdat die in strijd met het relativiteitsvereiste is voorgedragen.

Beroepsgronden, die wel voldoen aan het relativiteitsvereiste, kunnen doeltreffend zijn of niet. Als ze niet doeltreffend zijn, leidt dat in principe tot een uitspraak van de bestuursrechter dat het beroep ongegrond is. In principe: want het zou kunnen zijn dat de rechter op grond van zijn ambtshalve onderzoek concludeert dat het besluit niet klopt. Hierna zie je een voorbeeld van beide mogelijkheden.

Voorbeeld van een niet-doeltreffende grond

Marcel Portier krijgt een brief van de burgemeester van Roomheze waarin hem de last wordt opgelegd te stoppen met zijn muziekwinkel onder bedreiging van een dwangsom. Tegen de last onder dwangsom dient Marcel een bezwaar in. Dat helpt hem niet. Tegen het besluit op bezwaar stelt hij beroep in. Marcel voert als beroepsgrond aan dat hij geen overtreder is omdat niet hij maar zijn vrouw de muziekwinkel exploiteert. De bestuursrechter is echter van oordeel dat Marcel wel degelijk de overtreder is omdat het pand waarin de winkel wordt geëxploiteerd van Marcel is. Hij verklaart het beroep ongegrond.

Voorbeeld van ambtshalve toetsing van een besluit

Marcel Portier krijgt een brief van de burgemeester van Roomheze waarin hem de last wordt opgelegd te stoppen met zijn muziekwinkel onder bedreiging van een dwangsom. Tegen de last onder dwangsom dient Marcel een bezwaar in. Dat helpt hem niet. Tegen het besluit op bezwaar stelt hij beroep in. De bestuursrechter doet ambtshalve onderzoek (zie par. 14.4.4) en komt tot de conclusie dat de burgemeester niet het bevoegde bestuursorgaan is. Het college van burgemeester en wethouders is het bevoegde bestuursorgaan. Ook al zijn de beroepsgronden van Marcel niet doeltreffend, de bestuursrechter zal het besluit toch vernietigen omdat de burgemeester niet bevoegd was om het besluit te nemen.

Als een beroepsgrond wel doeltreffend is, leidt dat niet altijd tot de conclusie dat het beroep gegrond is. Artikel 6:22 Awb bepaalt dat een besluit waartegen beroep is ingesteld ondanks schending van een geschreven of ongeschreven rechtsregel toch door de rechter in stand kan worden gelaten. Maar dat kan alleen maar als aannemelijk is dat belanghebbenden daardoor niet geschaad zijn. Een voorbeeld daarvan zie je hierna.

Voorbeeld van toepassing artikel 6:22 Awb

Tim Knol heeft (na tevergeefs bezwaar) beroep ingesteld tegen een verkeersbesluit van burgemeester en wethouders van Raalte met betrekking tot de Zwolseweg. Hij voert in beroep aan dat in de publicatie alleen is gesproken over het gedeelte van de Zwolseweg buiten de bebouwde kom terwijl de Zwolseweg ook nog voor enkele tientallen meters is gelegen binnen de bebouwde kom. De bestuursrechter is van oordeel dat de grond van Tim doel treft. Maar het is niet aannemelijk dat iemand daardoor in zijn of haar belangen is geschaad; het gaat maar om een paar meter binnen de bebouwde kom. De bestuursrechter laat het besluit, ondanks schending van een geschreven of ongeschreven rechtsregel, toch in stand.

Een beroepsgrond kan ook doeltreffend zijn en leiden tot een vernietiging van het besluit. Een voorbeeld daarvan zie je hierna.

Voorbeeld van een doeltreffende beroepsgrond

Marcel Portier krijgt een brief van het college van burgemeester en wethouders van Roomheze waarin hem de last wordt opgelegd te stoppen met zijn muziekwinkel onder bedreiging van een dwangsom. Tegen de last onder dwangsom dient Marcel een bezwaar in. Dat helpt hem niet. Tegen het besluit op bezwaar stelt hij beroep in. Marcel voert als beroepsgrond aan dat hij geen overtreder is. Hij overlegt een vergunning van het college van burgemeester en wethouders uit 1998. De bestuursrechter oordeelt dat de winkel met vergunning wordt geëxploiteerd en vernietigt het besluit van burgemeester en wethouders.

14.4.6 De toetsing

In hoofdstuk 13 hebben we gezien dat het bestuursorgaan een bezwaar *ex nunc* toetst. Dat wil zeggen dat het bestuursorgaan rekening houdt met feiten en omstandigheden zoals die er zijn op het moment dat het besluit op bezwaar wordt genomen. Wijzigingen die zich na het primaire besluit voordoen worden dus wel meegenomen in het besluit op bezwaar. Dat is anders dan bij de bestuursrechter: die toetst niet *ex nunc* maar *ex tunc*.
Ex tunc toetsing wil zeggen dat de bestuursrechter het besluit beoordeelt met inachtneming van de feiten en omstandigheden zoals ze op het moment dat

het besluit op bezwaar werd genomen van toepassing waren. De bestuursrechter houdt dus geen rekening met feiten en omstandigheden die zich na het nemen van het besluit op bezwaar hebben voorgedaan. Daar is wel een uitzondering op: als op het moment dat het besluit op bezwaar werd genomen al rekening had moeten worden gehouden met bepaalde omstandigheden, dan hadden die omstandigheden onderdeel moeten uitmaken van de besluitvorming.

Voorbeeld toetsing ex tunc

Op 3 juni 2017 neemt het college van burgemeester en wethouders het besluit op bezwaar om omgevingsvergunning te verlenen voor de kap van een boom.

De bomenvereniging verzet zich daartegen en stelt beroep in bij de rechtbank. Net voordat het beroep wordt behandeld, stelt het college van burgemeester en wethouders een bomenlijst vast waarop de boom voorkomt waarvoor een vergunning is verleend om de boom te mogen kappen.

De bestuursrechter hoeft dan vanwege de *ex tunc* toetsing geen rekening te houden met deze veranderende omstandigheid. Ten tijde van het nemen van het besluit op bezwaar bestond deze bomenlijst immers nog niet.

De bestuursrechter onderzoekt de rechtmatigheid van het besluit. Wat de belangenafweging van het bestuursorgaan betreft, moet de rechter uiterst terughoudend toetsen. Dit noem je marginale toetsing. De bestuursrechter vraagt zich bij die toetsing niet af welk besluit hij genomen zou hebben, maar of het besluit dat het bestuursorgaan heeft genomen redelijk is.

Voorbeeld marginale toetsing

Het besluit van de gemeenteraad van Arnhem om een nieuwbouwwijk tussen Arnhem en Nijmegen te bouwen kan door de rechter op rechtmatigheid worden getoetst. In de Wet ruimtelijke ordening is bepaald welke bestemmingsplanprocedure van toepassing is. Heeft het plan niet ter inzage gelegen, dit is een wettelijke eis, dan zijn er fouten gemaakt en kan de rechter het plan vernietigen. Omdat sprake is van een wettelijke eis die het bestuursorgaan geen ruimte laat, kan de rechter dit vol toetsen.

Als een belanghebbende echter aanvoert dat de nieuwbouwwijk op die plek minder geschikt is omdat er voldoende ruimte voor woningbouw is tussen Arnhem en Zevenaar, dan zal de rechter slechts marginaal (terughoudend) toetsen. Dat wil zeggen: de rechter zal zich beperken tot de vraag of er sprake is van een zodanige onevenwichtigheid van de afweging van de betrokken belangen, dat het bestuursorgaan niet in redelijkheid tot het besluit heeft kunnen komen. Deze terughoudende toetsing is er niet voor niets: het is niet aan de rechter om te bepalen welke locatie het geschiktst is. Dit is een politieke keuze.

Voor punitieve sancties (bijvoorbeeld een bestuurlijke boete) geldt dat de bestuursrechter niet terughoudend toetst. De rechter moet nu niet toetsen of het bestuursorgaan in redelijkheid deze sanctie heeft kunnen toepassen. De bestuursrechter moet beoordelen welke sanctie hij zou hebben opgelegd. Dit noem je volle toetsing. De bestuursrechter dient per geval vast te stellen of de straf in verhouding is met de ernst van de overtreding. Komt de bestuursrechter tot de conclusie dat de straf niet in verhouding staat tot de ernst van de overtreding, dan verklaart hij het beroep gegrond en neemt hij zelf een beslissing over het opleggen van de boete (art. 8:72a Awb).

Voorbeeld volle toetsing

De staatssecretaris legt aan de veehouder De Boer een boete op wegens overtreding van de Meststoffenwet: De Boer kan volgens de staatssecretaris 2.500 m³ mest niet verantwoorden. Volgens de beleidsregel, die de staatssecretaris hanteert, dient per kubieke meter mest die niet verantwoord is een boete te worden opgelegd van € 100. De staatssecretaris legt, gelet hierop, een boete op van € 250.000. In bezwaar handhaaft de staatssecretaris het primaire besluit. De rechtbank is van oordeel dat de staatssecretaris een onevenredig hoge boete oplegt, verklaart het beroep gegrond en bepaalt dat de boete € 75.000 bedraagt. De uitspraak van de rechtbank treedt in de plaats van het besluit op bezwaar van de staatssecretaris. De rechtbank vormt zich een eigen oordeel over de vraag hoe hoog de boete moet zijn; er is sprake van volle toetsing.

14.4.7 De bestuurlijke lus en de tussenuitspraak

Aan een geschil moet een einde komen. Als de bestuursrechter het beroep gegrond verklaart, vernietigt hij het besluit en moet het bestuursorgaan een nieuw besluit nemen. Tegen dat besluit staat opnieuw beroep open. Daarmee is het geschil niet ten einde. De Algemene wet bestuursrecht kent een mogelijkheid de zaak te versnellen: de bestuurlijke lus. Als de bestuursrechter bij de behandeling van het beroep een gebrek in het besluit ontdekt, kan hij de behandeling van het beroep aanhouden en het bestuursorgaan via een tussenuitspraak in de gelegenheid stellen het gebrek te herstellen.

De tussenuitspraak is niet voor beroep vatbaar. Het bestuursorgaan dient de rechtbank zo spoedig mogelijk mede te delen of gebruikgemaakt wordt van de gelegenheid om het gebrek te herstellen (art. 8:51b lid 1 Awb). Als het bestuursorgaan hiervan gebruikmaakt, dan moet het zo snel mogelijk schriftelijk laten weten op welke wijze het gebrek is hersteld (art. 8:51b lid 2 Awb).

De andere partijen krijgen dan de gelegenheid om daarover hun zienswijze naar voren te brengen (art. 8:51b lid 3 Awb). Daarna volgt een einduitspraak, waarbij rekening wordt gehouden met de wijze waarop het bestuursorgaan het gebrek hersteld heeft.

Voorbeeld bestuurlijke lus

Het college van burgemeester en wethouders heeft een vergunning verleend voor de aanleg van een weg langs de woning van Stijn de Heuvel. Deze dient bezwaar in. Het college handhaaft het besluit. Stijn gaat in beroep. Hij voert aan dat het college niet een onderzoek heeft gedaan naar de geluidsbelasting in zijn woning, een akoestisch onderzoek. Volgens De Heuvel voldoet de geluidbelasting, als gevolg van de aanleg van de weg, niet meer aan de normen. In bezwaar had hij daar ook al over geklaagd, maar het college heeft, zegt De Heuvel in beroep, daar niets mee gedaan. De rechter vindt dat het besluit op dit punt een gebrek vertoont: het college had een akoestisch onderzoek moeten uitvoeren. De rechter doet nog geen uitspraak op het beroep. Wel stelt hij het college in de gelegenheid alsnog het akoestisch onderzoek uit te voeren. Dat doet het college ook. Het college concludeert op grond van de berekeningen uit het akoestisch onderzoek dat de geluidswaarden in de woning van Stijn binnen de normen blijven. De rechter volgt die conclusie. Hij doet uitspraak op het beroep. Hij verklaart het beroep gegrond en vernietigt het besluit: het besluit was immers onvoldoende gemotiveerd als gevolg van het achterwege blijven van een akoestisch onderzoek.

Vervolgens laat de rechter de rechtsgevolgen van het vernietigde besluit in stand. Het college heeft in tweede instantie immers alsnog het onderzoek overgelegd en daaruit bleek dat aan de normen was voldaan. Het geschil is nu sneller geëindigd dan het geval zou zijn geweest als de rechter het besluit had vernietigd en het bestuursorgaan een nieuw besluit had moeten nemen waartegen Stijn dan weer was opgekomen in een volgende procedure.

De bestuurlijke lus biedt de rechter de mogelijkheid om bestuursorganen fouten te laten herstellen (art. 8:51a lid 1 Awb). Hij kan daarna het geschil definitief beslechten. Hij kan het besluit vernietigen (op formele gronden), maar de rechtsgevolgen in stand laten. Maar hij kan ook zelf in de zaak voorzien. Als hij dat doet, dan doet hij dat, in afwijking van de hoofdregel, wel ex nunc.

Voorbeeld zelf in de zaak voorzien

Stel dat, als reactie op het akoestisch onderzoek van het college, Stijn ook een akoestisch onderzoek door een deskundige heeft laten verrichten. Uit dat onderzoek blijkt dat het bureau dat door het college is ingeschakeld de verkeerde uitgangspunten voor de berekening van de geluidsbelasting heeft gehanteerd. De deskundige van Stijn heeft de goede uitgangspunten gehanteerd en is tot de conclusie gekomen dat de normen flink worden overschreden en dat er geen maatregelen kunnen worden getroffen om de geluidsbelasting binnen de normen te houden. De rechter volgt het rapport van de deskundige die door Stijn is ingeschakeld. Hij verklaart het beroep gegrond en vernietigt het bestreden besluit. Vervolgens voorziet hij zelf in de zaak door het primaire besluit te herroepen en de vergunning voor de aanleg van de weg te weigeren.

Als de rechter de bestuurlijke lus toepast, dan doet hij een tussenuitspraak (art. 8:80a Awb). De rechter kan via de tussenuitspraak een bestuurlijke lus toepassen, nadat de zaak op zitting is behandeld. De rechter kan echter de bestuurlijke lus ook toepassen als er nog geen zitting is geweest. Daar kan aanleiding voor zijn als de rechter in het vooronderzoek al gebreken constateert.

De rechter mag geen gebruikmaken van de bestuurlijke lus als belanghebbenden die niet als partij aan het geding deelnemen, daardoor onevenredig kunnen worden benadeeld (art. 8:51a lid 1 Awb). De rechter zal dus moeten beoordelen of de positie van derden/belanghebbenden die niet bij de procedure betrokken zijn, door toepassing van de bestuurlijk lus kan worden geschaad. In dat geval zal hij geen gebruik mogen maken van de regeling.

Deze regeling kan zowel toepassing vinden in de fase van beroep (bij de rechtbank) als in hoger beroep (de Centrale Raad van Beroep, het College van Beroep voor het bedrijfsleven, de Afdeling bestuursrechtspraak van de Raad van State of het gerechtshof en de Hoge Raad).

14.4.8 De uitspraak

Tenzij mondeling uitspraak wordt gedaan, doet de rechtbank binnen zes weken na de sluiting van het onderzoek schriftelijk uitspraak (art. 8:66 lid 1 Awb).

De uitspraak strekt tot een van de volgende vier dicta (uiteindelijke beslissing) (art. 8:70 Awb):

1. onbevoegdverklaring van de rechtbank;
2. niet-ontvankelijkverklaring van het beroep;
3. ongegrondverklaring van het beroep;
4. gegrondverklaring van het beroep.

Deze vier dicta worden wel de hoofddicta genoemd. De bestuursrechter kan slechts een van de hoofddicta uitspreken; ze kunnen in principe nooit in combinatie gebruikt worden. Uitzondering is dat soms een beroep voor een gedeelte gegrond is en voor het resterende deel ongegrond.

Naast de hoofddicta kennen we de nevendicta. Die zijn verwoord in artikel 8:72 Awb en doen zich alleen voor als het hoofddictum 'gegrondverklaring van het beroep' is. Nevendicta kunnen alleen in combinatie met het hoofddictum 'gegrond' voorkomen.

Als het beroep gegrond is, bepaalt artikel 8:72 Awb dat dit leidt tot gehele of gedeeltelijke vernietiging van het besluit. Bij gehele vernietiging bestaat het besluit op bezwaar niet meer. Het primaire besluit blijft dus nog wel bestaan. Het bezwaar dat daartegen werd ingediend, blijft ook bestaan. Het bestuursorgaan moet dan dus opnieuw een besluit op het bezwaar nemen.

De rechtbank kan bij de gegrondverklaring van het beroep en daarmee de vernietiging van het besluit het bestuursorgaan ook de opdracht geven om een nieuw (verbeterd) besluit te nemen. Hij kan daarbij ook aanwijzingen geven voor de inhoud van dat nieuwe besluit. De rechtbank kan verder de rechtsgevolgen van het besluit in stand laten of zelf in de zaak voorzien. Als de rechtbank bepaalt dat haar uitspraak in de plaats treedt van het vernietigde besluit, wordt tijd bespaard en eerder (rechts)zekerheid geboden (finale geschilbeslechting).

Aan het slot van de uitspraak wordt uitspraak gedaan over de vergoeding van proceskosten (art. 8:75 Awb). Als de rechtbank het beroep gegrond verklaart, houdt dat tevens in dat het betaalde griffierecht wordt vergoed door het bestuursorgaan (art. 8:74 Awb).

Artikel 8:119 Awb geeft de mogelijkheid dat een onherroepelijke uitspraak wordt herzien. Een voorbeeld daarvan zie je hierna.

Voorbeeld herziening van een uitspraak

In hoger beroep heeft de Afdeling bestuursrechtspraak van de Raad van State een besluit van het college van B en W van de gemeente Berkelland in stand gelaten. Het ging om een last onder dwangsom die het college had opgelegd aan een inwoner van het buitengebied omdat die ten onrechte bomen had gekapt. Via de last had het college de inwoner verplicht tot herplant van bomen. Een half jaar later heeft de inwoner de Afdeling verzocht om herziening van de uitspraak. Volgens hem was van een overtreding geen sprake omdat er helemaal geen vergunningsplicht gold voor de bomen die hij gekapt had. De rechtbank en de Afdeling zijn volgens hem door het college misleid; het college heeft onjuiste informatie gegeven. De Afdeling oordeelt dat deze stelling niet tot een herziening kan leiden; de informatie waarover de inwoner het had, was niet nieuw en was al betrokken in de uitspraak waarvan de inwoner herziening vroeg. Het herzieningsverzoek wordt afgewezen.

14.5 Samenvatting

De procedure bij de rechtbank is geregeld in hoofdstuk 6 en 8 Awb.
Het beroep moet ontvankelijk zijn. De indiener van het beroepschrift moet rekening houden met de indieningstermijn en de vorm van het beroepschrift. De indiener moet belanghebbende zijn en er moet sprake zijn van procesbelang. De indiener moet het griffierecht tijdig betalen en het besluit moet appellabel zijn.

Bij absolute competentie gaat het om de vraag of de rechtbank dan wel een andere gespecialiseerde bestuursrechter bevoegd is.
Bij relatieve competentie gaat het om de vraag welke van de elf rechtbanken bevoegd is.
Bij decentrale overheden (provincie, gemeente, waterschap) geldt zetelaanknoping. Bij de centrale overheid (het Rijk) geldt woonplaatsaanknoping.

De rechtbank heeft tal van onderzoeksbevoegdheden en vervult daarmee een actieve rol. Na het vooronderzoek vindt er een zitting plaats. Daarna wordt het onderzoek gesloten en doet de rechtbank uitspraak.
De bestuurlijke lus biedt de rechter mogelijkheden om bestuursorganen fouten te laten herstellen; daarmee kan hij het geschil definitief beslechten.
De rechtbank toetst het besluit op rechtmatigheid en toetst het besluit meestal *ex tunc*. De rechtbank toetst marginaal als het bestuursorgaan een bepaalde ruimte heeft om besluiten te nemen.

Tegen de uitspraak van de rechtbank is in beginsel hoger beroep mogelijk.

14.6 Kennisvragen

1. Op grond waarvan kan een beroep niet-ontvankelijk worden verklaard door de rechtbank?
2. Wat betekent absolute competentie?
3. Wat betekent relatieve competentie?
4. Wie kunnen er partij zijn in een bestuursrechtelijke procedure bij de rechtbank?
5. Moeten partijen zich in een bestuursrechtelijke procedure laten bijstaan door een advocaat?
6. De bestuursrechter is niet lijdelijk. Wat wordt hiermee bedoeld?
7. Wat houdt *ex tunc* toetsing in?
8. In welke gevallen zal de bestuursrechter een besluit vol toetsen?
9. Welke dicta zijn er?
10. Noem een aantal onderzoeksbevoegdheden van de rechtbank.

14.7 Open vragen

Lees het volgende krantenartikel en beantwoord de vragen.

Herzieningsverzoek naar Raad van State, KPN kan zendmast bij Zorgvlied nog altijd niet bouwen

De plaatsing van de enorme zendmast van KPN bij Zorgvlied is toch nog geen gelopen race. De Raad van State, die als hoogste bestuursrechter het licht al op groen zette voor het bouwwerk, heeft een zogenoemd herzieningsverzoek ontvangen.

Bron: www.dvhn.nl, 14 mei 2020, ingezien op 7 januari 2021

1. Wat houdt een herzieningsverzoek in?
2. Kan KPN de zendmast bouwen?
3. Wie is/zijn partij in deze zaak?

De uitwegvergunning van Karel de Rijk

Karel heeft een mooie woning gekocht. Hij heeft daarop nog een garage gebouwd (met vergunning uiteraard) en vraagt aan burgemeester en wethouders een vergunning om vanaf het perceel op de openbare weg te mogen komen met zijn auto. Dat heet een uitwegvergunning. Tot zijn verbazing wordt de vergunning geweigerd. Hij dient bezwaar in. In het besluit op bezwaar stellen burgemeester en wethouders dat de vergunning niet verleend moet worden omdat het veel te druk is op de weg waarop Karel wil uitwegen. De veiligheid van de weggebruiker komt in gevaar, zeggen burgemeester en wethouders. Karel is het niet eens met het college en gaat in beroep.

1. Bij welke rechter moet Karel in beroep, gesteld dat hij in Groningen woont?
2. Zal de rechter de vraag of de veiligheid van het verkeer in gevaar komt vol of marginaal toetsen?
3. Net voor de zitting nemen burgemeester en wethouders een verkeersbesluit waardoor de weg waarop Karel wilde uitwegen een eenrichtingsweg wordt. Kan Karel dit besluit gebruiken ter onderbouwing van zijn stelling dat het besluit tot weigering van de uitwegvergunning onjuist is?

Yilmaz en Koningsdag

Horecaondernemer Yilmaz heeft een café. Hij ligt voortdurend met de gemeente overhoop vanwege vergunningvoorschriften die hij niet zou naleven in zijn café. Ter gelegenheid van Koningsdag organiseert de gemeente op het plein voor het café van Yilmaz een groot festijn. Alle horecaondernemers kunnen daar een kraam plaatsen, uiteraard mits de burgemeester daarvoor een vergunning heeft verleend. Artikel 35 Drank- en Horecawet bepaalt in dat verband: 'de burgemeester kan ten aanzien van het verstrekken van zwakalcoholhoudende drank op aanvraag ontheffing verlenen van het in artikel 3 voor de uitoefening van het horecabedrijf gestelde verbod, bij een in de beschikking aangewezen bijzondere gelegenheid van zeer tijdelijke aard voor een aaneengesloten periode van ten hoogste twaalf dagen, mits de verstrekking geschiedt onder onmiddellijke leiding van een persoon die:

a. de leeftijd van eenentwintig jaar heeft bereikt;
b. niet in enig opzicht van slecht levensgedrag is.'

De burgemeester weigert de ontheffing van Yilmaz. Hij zegt in zijn besluit dat niet gebleken is van slecht levensgedrag van Yilmaz maar dat de weigering plaatsvindt omdat Yilmaz de vergunningen van zijn eigen café niet op orde heeft. Op grond daarvan betwijfelt de burgemeester of Yilmaz zich wel aan de voorschriften van de ontheffing zal houden. Yilmaz dient bezwaar in en als dat niet helpt komt hij in beroep bij de bestuursrechter. Yilmaz voert aan dat hij het niet eerlijk vindt dat hem een ontheffing wordt geweigerd voor het schenken van drank bij een bijzondere gelegenheid omdat hij elders (in zijn café) de boel niet op orde zou hebben.

1. De bestuursrechter zal deze beroepsgrond vertalen in een geschonden rechtsnorm. Op grond van welk artikel uit de Awb zal de bestuursrechter dit doen?
2. Op welke rechtsnorm heeft de grond van Yilmaz betrekking?
3. Zal die grond slagen?
4. Gesteld dat Yilmaz te laat bezwaar heeft ingediend bij de burgemeester. De burgemeester heeft daarover niets overwogen. De bestuursrechter ziet dat te laat bezwaar is ingediend. Moet hij daarmee rekening houden in zijn uitspraak?
5. Zo ja, wat zal de uitspraak van de bestuursrechter in dat geval zijn? Noem niet alleen het hoofddictum maar ook de nevendicta.

De motorcross

Het college van burgemeester en wethouders heeft vergunning verleend voor het houden van een motorcross in de polder. Een van de inwoners van de pol-

der van wie de woning gelegen is aan het circuit heeft bezwaar ingediend en toen dat niet hielp, beroep ingesteld bij de bestuursrechter.
Als beroepsgrond voert hij de te verwachten geluidsoverlast aan. Verder voert hij ook aan dat de polder een waardevol natuurgebied is waarin op dat moment de grauwe gans broedt, een beschermd dier. Door de cross zal de gans worden verstoord, wat gevolgen kan hebben voor het broeden van de dieren.

1. Stel dat het besluit op bezwaar niet genomen is door het college van burgemeester en wethouders maar door de wethouder in mandaat. Volgens vaste jurisprudentie is dit een verboden mandaat omdat het in strijd is met de aard van de bevoegdheid. Zal de bestuursrechter bij de beoordeling van het beroep hiermee rekening houden, ook als het niet wordt aangevoerd door een van de partijen?
2. Zo ja, wat zal de bestuursrechter dan beslissen?
3. Stel dat het besluit op bezwaar door het college is genomen. Hoe zal de bestuursrechter in dat geval de beroepsgrond met betrekking tot de verstoring van de grauwe gans beoordelen?

Verkoop van groen

Sophie wil een strook grond, gelegen aansluitend aan haar woning, kopen van de gemeente. De gemeente heeft voor verkoop van groenstroken als deze een beleidsregel vastgesteld en Sophie meent op grond daarvan in aanmerking te komen voor aankoop. Het college van burgemeester en wethouders antwoordt echter negatief op haar schriftelijke verzoek tot aankoop. Sophie dient bezwaar in. In het besluit op bezwaar handhaaft het college van burgemeester en wethouders het eerder ingenomen standpunt. Sophie stelt beroep in. Ter zitting erkent de vertegenwoordiger van het college van burgemeester en wethouders dat de beslissing van het college van burgemeester en wethouders op gespannen voet staat met de beleidsregel en daarmee wellicht in strijd is. De ambtenaar wijst verder op een formeel punt waarmee de rechter in de ambtshalve toets rekening zou moeten houden.

1. Op welk formeel punt doelt de gemeentelijke ambtenaar?
2. Moet de rechter hiermee rekening houden?
3. Wat zal de uitspraak van de rechter zijn?

Belanghebbende ouders

In een uitspraak van de Centrale Raad van Beroep (CRVB) is het volgende te lezen:
'De rechtbank heeft met juistheid geoordeeld dat bureau jeugdzorg appellante op goede gronden niet als belanghebbende in de zin van artikel 1:2, eerste lid,

van de Awb heeft aangemerkt. Het standpunt van appellante dat sprake is van bloedverwantschap in de eerste graad en dat zij daarom belanghebbende is in de zin van artikel 1:2 van de Awb, wordt niet gevolgd. ... In het geval van appellante is ten tijde hier van belang, ..., sprake van een ouder die is ontheven van het ouderlijk gezag over de jeugdige. Dit betekent dat appellante niet langer de plicht en het recht heeft om de jeugdige te verzorgen en op te voeden, daaronder begrepen de zorg en verantwoordelijkheid voor het geestelijk en lichamelijk welzijn van het kind en het bevorderen van de ontwikkeling van zijn persoonlijkheid. Nu de bij het besluit van 18 april 2014 geïndiceerde zorg ziet op de verzorging en opvoeding van de jeugdige is het belang van appellante hierbij niet rechtstreeks betrokken.'

1. De CRVB vindt dat appellante geen belanghebbende is. Welke beslissing had het bestuursorgaan op het bezwaar moeten nemen in dat geval?
2. Als het bestuursorgaan die beslissing niet had genomen, wat zal de bestuursrechter dan uitspreken?
3. Gesteld dat appellante op het moment van behandeling ter zitting niet meer ontheven zou zijn van het gezag over de jeugdige, zou dan het oordeel van de CRVB anders zijn geweest?

14.8 Meerkeuzevragen

1. A heeft een ernstig geschil met zijn belastinginspecteur. Nu ook het door hem ingediende bezwaarschrift geen oplossing heeft geboden, besluit hij om de zaak aan de rechter voor te leggen. Welk rechterlijk college is in eerste instantie bevoegd om van deze zaak kennis te nemen?
   a. De kantonrechter.
   b. De rechtbank.
   c. Het gerechtshof.

2. Aan mevrouw De Boer, die naar eigen zeggen te slecht ter been is om 100 meter te kunnen lopen, wordt door het college van burgemeester en wethouders een vervoersvergoeding geweigerd op grond van de Wet maatschappelijke ondersteuning. Deze wet kent geen administratief

beroep. Wat kan mevrouw De Boer doen om dit besluit in rechte aan te vechten?

a. Zij kan bezwaar maken bij het college van burgemeester en wethouders.
b. Zij kan bezwaar maken bij de burgemeester als hoofd van de gemeente.
c. Zij kan direct in beroep bij de Centrale Raad van Beroep. Het betreft een sociaal zekerheidsgeschil.

3. Bij welke vorm van rechtsbescherming in het bestuursrecht mag zowel de rechtmatigheid als de doelmatigheid van een besluit worden getoetst?
   a. Zowel bij bezwaar als bij administratief beroep bij een bestuursorgaan.
   b. Uitsluitend bij een procedure in het kader van bestuursrechtspraak.
   c. Uitsluitend bij een bezwaarschriftprocedure.

4. Welke stelling is *onjuist*?
   a. In het bestuursprocesrecht bestaat de mogelijkheid tot kostenveroordeling van het bestuursorgaan.
   b. Voordat iemand tegen een besluit beroep instelt bij een bestuursrechter moet hij tegen dat besluit in beginsel eerst een bezwaarschrift of administratief beroepschrift indienen.
   c. Als de rechtbank een beroepschrift niet-ontvankelijk verklaart, dient het beroepschrift tevens ongegrond te worden verklaard.

5. Karel van der Meer komt in beroep tegen een besluit van de gemeenteraad tot vaststelling van een bestemmingsplan. Het bestemmingsplan maakt de bouw mogelijk van 300 woningen. Welke beroepsgrond(en) van Karel is (zijn) in strijd met het relativiteitsvereiste (meerdere antwoorden zijn mogelijk)?
   a. De gemeenteraad heeft zijn belangen tot het hebben van een vrij uitzicht onvoldoende meegewogen in de besluitvorming.
   b. Als gevolg van de uitvoering van het bestemmingsplan worden 150 bomen gekapt. In de bomen zitten vleermuizen. Het bestemmingsplan is derhalve in strijd met de Flora- en Faunawet.
   c. Het bestemmingsplan maakt de aanleg van een weg mogelijk, die precies tegenover de woning van Karel uitkomt. Karel zal

daardoor in zijn woonkamer 's avonds voortdurend geconfronteerd worden met hinderlijk licht van auto's.
d. Ten onrechte is in het bestemmingsplan ook een gebied aangewezen voor woningen binnen een strook van 50 meter van een 380 kV hoogspanningsleiding.

6. Welk antwoord is juist? Als de bestuursrechter een beroep gegrond verklaart:
   a. wordt het bestreden besluit altijd vernietigd.
   b. moet de bestuursrechter een bestuurlijke lus toepassen.
   c. worden de proceskosten altijd vergoed.
   d. moet het bestuursorgaan altijd een nieuw besluit nemen.

7. In een bijlage bij de Awb is het volgende bepaald: 'Tegen een besluit op grond van artikel 2.3 van de Jeugdwet kan beroep worden ingesteld bij de kinderrechter binnen wiens rechtsgebied de betrokken gemeente is gelegen.' Hier is sprake van een voorbeeld van:
   a. het beginsel van woonplaatsaanknoping.
   b. absolute competentie.
   c. relatieve competentie.
   d. aanwijzing van een andere bestuursrechter.

8. De bestuursrechter overweegt in een uitspraak als volgt: 'De keuze tussen een stringent beleid waarbij in beginsel geen gereserveerde parkeerplaatsen worden toegekend en een minder stringent beleid valt binnen de beleidsruimte van het college.' Wat zegt deze passage over de wijze van toetsing van de bestuursrechter?
   a. de bestuursrechter toetst *ex tunc*.
   b. de bestuursrechter toetst *ex nunc*.
   c. de bestuursrechter toetst marginaal.
   d. de bestuursrechter toetst vol.

9. Onder relatieve competentie wordt verstaan: de vraag bij welke rechtbank de zaak moet dienen.
   Deze stelling is:
   a. juist.
   b. onjuist.

10. In het bestuursprocesrecht is het verplicht je bij te laten staan door een jurist.
    Deze stelling is:
    a. juist.
    b. onjuist.

15 Hoger beroep

15.1 Inleiding

In dit hoofdstuk wordt het hoger beroep behandeld. Nadat de rechtbank uitspraak heeft gedaan, is het in beginsel mogelijk dat een partij hoger beroep instelt. Er is een aantal rechterlijke instanties in bestuursrechtspraak belast met het hoger beroep. Dit zijn: de Centrale Raad van Beroep, het College van Beroep voor het bedrijfsleven, het gerechtshof, de Hoge Raad en de Afdeling bestuursrechtspraak van de Raad van State.

15.2 Bevoegdheid in hoger beroep

In principe is het mogelijk om tegen een uitspraak van de rechtbank hoger beroep in te stellen. Het hoger beroep heeft een aantal functies:

1. de controlefunctie: de rechtbank wordt door een hogere rechter gecontroleerd;
2. de herkansingsfunctie: partijen krijgen de kans om nogmaals de zaak aan een rechter voor te leggen;
3. de rechtseenheidsfunctie: doordat een hogere rechter de uitspraken van de elf rechtbanken controleert, wordt voorkomen dat er grote verschillen ontstaan tussen de rechtbanken onderling.

Hoger beroep is niet mogelijk als tegen de uitspraak van de rechtbank een verzetschrift kan worden ingediend (art. 8:54 en 8:55 Awb). Dat is het geval als sprake is geweest van een vereenvoudigde behandeling (zie par. 14.4.3).
Als je in hoger beroep gaat, is het van belang dat je weet bij welke instantie hoger beroep mogelijk is. De wet bepaalt dat hoger beroep wordt ingesteld bij de Afdeling bestuursrechtspraak van de Raad van State, tenzij een andere hogerberoepsrechter bevoegd is (art. 8:105 Awb). Of een andere hogerberoepsrechter bevoegd is, is geregeld in de Bevoegdheidsregeling bestuursrechtspraak of in een bijzondere wet.

In figuur 6 hierna zie je (in hoofdlijnen) hoe bezwaar, beroep, hoger beroep en cassatie in het bestuursrecht geregeld zijn. Onder CBb wordt verstaan het College van Beroep voor het bedrijfsleven. CRvB betekent Centrale Raad van Beroep. ABRvS betekent Afdeling bestuursrechtspraak van de Raad van State. Het gerechtshof is, in verband met de opmaak van de figuur hof genoemd.

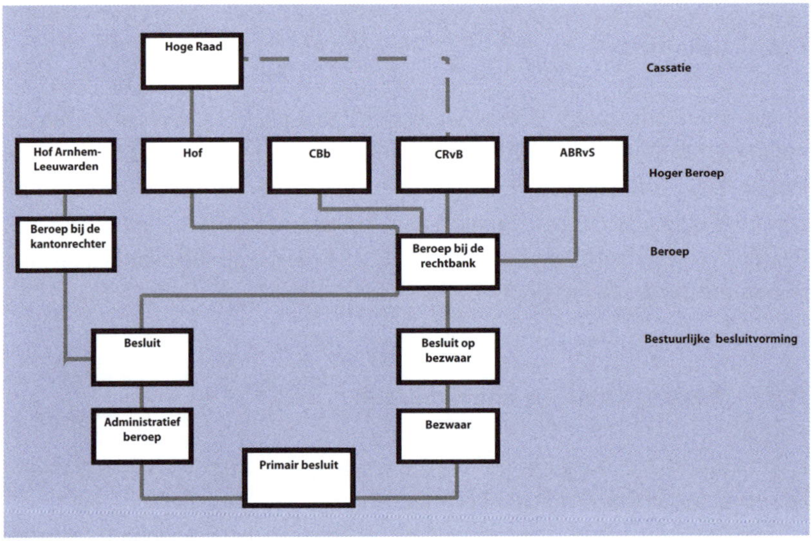

Figuur 6 Bezwaar, beroep, hoger beroep en cassatie

Toelichting op figuur 6.

1. Je ziet in figuur 6 de bestuurlijke besluitvormingsfase (primair besluit, besluit op bezwaar of besluit in administratief beroep). Vervolgens zie je de rechterlijke fase (beroep, hoger beroep en cassatie).
2. Aan de linkerkant van de figuur zie je de beroepsgang bij de Wet administratiefrechtelijke handhaving verkeersvoorschriften. Het gaat hier, kort gezegd, om verkeersboetes, bijvoorbeeld wegens door rood licht rijden. Het primaire besluit wordt genomen door de verbalisant (meestal de politieagent), het besluit in administratief beroep door de officier van justitie. Vervolgens kun je in beroep bij de kantonrechter (die organisatorisch is ondergebracht bij de rechtbank) en in hoger beroep bij een specifiek gerechtshof, namelijk dat van Arnhem-Leeuwarden.
3. Administratief beroep komt ook in andere gevallen voor, bijvoorbeeld als je auto niet APK wordt goedgekeurd. Je kunt dan in administratief beroep bij de Dienst Wegverkeer (RDW). Tegen het besluit in administratief beroep kun je in beroep bij de rechtbank en in hoger beroep bij de Afdeling bestuursrechtspraak van de Raad van State.

4. In belastingzaken is bezwaar mogelijk. In beroep kom je bij de rechtbank terecht. Hoger beroep is mogelijk bij het gerechtshof en cassatie bij de Hoge Raad. In Nederland zijn vier gerechtshoven met ieder hun eigen werkgebied. Deze bevinden zich in Amsterdam, Arnhem-Leeuwarden, Den Haag en Den Bosch. Het werkgebied van een gerechtshof heet ressort. Elk ressort is verdeeld in een aantal arrondissementen (werkgebied van een rechtbank). Hoger beroep moet worden ingesteld bij het gerechtshof van de plaats waar de indiener van het beroepschrift zijn woonplaats heeft (art. 8:7 Awb).
5. De Centrale Raad van Beroep behandelt in hoger beroep onder andere ambtenarenzaken en zaken op het gebied van de sociale zekerheid. Voorbeelden van zaken, die de Centrale Raad van Beroep behandelt, zijn: hoger beroepen tegen een uitspraak van de rechtbank over een bijstandsuitkering, de verlaging van een arbeidsongeschiktheidsuitkering, terugvordering van een werkloosheidsuitkering of het ontslag van een ambtenaar.
   De plaats waar de CRvB zijn uitspraken doet, is de stad Utrecht. Tegen sommige uitspraken van de Centrale Raad van Beroep kun je in cassatie bij de Hoge Raad. Dat zijn er niet veel; daarom is cassatie in figuur 6 met een stippellijntje aangegeven. Alleen als de bijzondere wet dat regelt, is cassatie mogelijk. Meestal gaat het dan om zaken waar belastingtechnische aspecten aan zitten. De Hoge Raad is (onder meer) de hoogste belastingrechter.
6. Het College van Beroep voor het bedrijfsleven behandelt in hoger beroep onder andere sociaaleconomische zaken en landbouwzaken. De plaats waar het CBb zijn uitspraken doet, is Den Haag.
7. De Afdeling bestuursrechtspraak van de Raad van State (afgekort: ABRvS) is, zoals reeds vermeld, in hoger beroep bevoegd om uitspraak te doen, tenzij een andere hogerberoepsrechter bevoegd is. De plaats waar de ABRvS haar uitspraken doet, is Den Haag.
8. Soms bepaalt de wet dat tegen een besluit van een bestuursorgaan rechtstreeks beroep op de rechter mogelijk is, die normaliter alleen zaken in hoger beroep behandelt. Dat is bijvoorbeeld het geval bij bestemmingsplannen. Die worden vastgesteld door de gemeenteraad. Als je het met het bestemmingsplan niet eens ben, kun je direct in beroep bij de Afdeling bestuursrechtspraak van de Raad van State. Dat is zo bepaald in artikel 2 van de Bevoegdheidsregeling bestuursrechtspraak. Omwille van de overzichtelijkheid is het rechtstreeks beroep niet opgenomen in figuur 6.

In de krantenartikelen hierna vind je een voorbeeld van een uitspraak van de CRvB en van het CBb.

Zorgkantoor mocht vrouw uit Deventer laten bespieden en fotograferen door detective

Mag je een privédetective inzetten om na te gaan of iemand onterecht zorggeld declareert? Volgens de Centrale Raad van Beroep, de hoogste rechter, mocht zorgkantoor Midden-IJssel een vrouw uit Deventer door een detective laten bespieden en fotograferen. Het zorgkantoor sluit niet uit in de toekomst vaker zo te werk te gaan. 'Maar alleen als we echt geen andere manieren hebben om op fraude te controleren.'

Bron: www.destentor.nl, 13 maart 2020, ingezien op 7 januari 2021

College van Beroep verlaagt boetes in zaak uienkartel

DEN HAAG – Twee telers en verwerkers van eerstejaars plantuien krijgen een lagere boete voor kartelafspraken in 2009. Kartelwaakhond ACM legde in 2013 zeven, overwegend Zeeuwse, bedrijven een totale boete op van bijna 4 miljoen euro.

Bron: www.pzc.nl, 6 oktober 2016, ingezien op 7 januari 2021

15.3 Het verloop van de procedure

15.3.1 Het instellen van hoger beroep

Je stelt hoger beroep in door een beroepschrift in te dienen bij de bevoegde rechter in hoger beroep. Het beroepschrift moet voldoen aan de eisen zoals gesteld in artikel 6:5 Awb. In het beroepschrift vermeld je naam en adres, de datum, de omschrijving van de uitspraak waarmee je het niet eens bent én waarom je het niet eens bent met die uitspraak. Je stuurt een kopie van deze uitspraak van de rechtbank met het beroepschrift mee en ondertekent het beroepschrift. Hoger beroep instellen per e-mail is niet mogelijk. Het is wel mogelijk via een apart digitaal loket hoger beroep in te stellen. Daarvoor is een digitaal formulier beschikbaar op www.rechtspraak.nl. In hoger beroep gaat het om de vraag of de rechtbank een correcte uitspraak heeft gedaan.

15.3.2 *De termijn*

De termijn voor het instellen van hoger beroep is zes weken (art. 6:7 Awb). De termijn start op de dag nadat de rechtbank de uitspraak heeft verzonden. Op de uitspraak staat een verzenddatum, zodat je zelf de termijn kunt uitrekenen. Deze termijn is heel belangrijk. Als je je niet aan de termijn houdt, verspeel je, in beginsel (zie art. 6:11 Awb), je recht om hoger beroep in te stellen. Let dus goed op wat er in de uitspraak staat vermeld. Je kunt ook binnen de termijn van zes weken een *pro forma* hoger beroepschrift indienen en de nadere gronden (de motivering van het beroep) later opsturen. Je krijgt daarvoor van de hogerberoepsrechter een termijn. Deze staat in de ontvangstbevestiging die je van de rechter krijgt.

De termijn voor het indienen van beroep of hoger beroep wordt strikt gehanteerd. Dat blijkt bijvoorbeeld uit onderstaande uitspraak van de Rechtbank Zeeland-West-Brabant.

Voorbeeld jurisprudentie niet-tijdige indiening beroep

De eiser heeft per fax op 13 november 2015 bij de rechtbank beroep ingesteld. Op het beroepschrift heeft de fax van de rechtbank de datum 14 november 2015 met het tijdstip 00:00:08 vermeld als ontvangsttijdstip. De fax is, blijkt uit de stukken, verzonden vanaf 23:47 uur, en is bij de rechtbank in zijn geheel binnengekomen op 8 seconden na middernacht, de volgende dag dus. De rechtbank overweegt: ‘Naar het oordeel van de rechtbank heeft de gemachtigde van belanghebbende onvoldoende aannemelijk gemaakt dat het beroepschrift tijdig is ingediend gelet op artikel 6:9, eerste lid, van de Awb. Het beroepschrift is immers pas op 14 november 2015 ontvangen. Dit is nadat de termijn op 13 november 2015 is verstreken. Belanghebbende is zelf verantwoordelijk voor het bewaken van de beroepstermijn. Het eerst op het laatste moment verzenden van een fax met het risico dat deze te laat zal worden ontvangen, komt dan ook voor rekening en risico van belanghebbende zelf.’ De rechtbank volgt hier oudere rechtspraak van de Afdeling bestuursrechtspraak van de Raad van State.

15.3.3 *Griffierecht*

Om je hoger beroep in behandeling te kunnen nemen, moet je een bedrag betalen. Dat bedrag wordt griffierecht genoemd. Voor individuele personen (natuurlijke personen) geldt een lager tarief dan voor niet-natuurlijke personen (verenigingen, stichtingen, bv's).

15.3.4 *De zitting*

In veel procedures wordt een rechtszitting gehouden. Tijdens een zitting kunnen partijen hun standpunten mondeling toelichten en kunnen de raadsheren (zo heten de rechters bij de CRvB, het CBb en het gerechtshof) en staatsraden (zo worden de rechters genoemd bij de Afdeling bestuursrechtspraak van de Raad van State) vragen stellen aan partijen. Er zijn meervoudige zittingen (met drie raadsheren of staatsraden) en enkelvoudige zittingen (met één raadsheer of staatsraad). Je bent niet verplicht een advocaat of een juridisch adviseur in te schakelen voor een procedure in hoger beroep (art. 8:24 Awb).

15.3.5 *De uitspraak*

De rechter streeft ernaar om binnen zes weken na een rechtszitting uitspraak te doen. Mocht er meer tijd nodig zijn, dan krijg je bericht dat deze termijn nog eens met zes weken wordt verlengd.

Verklaart de rechter het hoger beroep ongegrond, dan blijft de uitspraak van de rechtbank van kracht. Is het hoger beroep geheel of gedeeltelijk gegrond, dan blijft de uitspraak van de rechtbank niet in stand. De hogerberoepsrechter vernietigt dan de uitspraak van de rechtbank. Bovendien kan de hogerberoepsrechter dan in zijn uitspraak bepalen dat het bestuursorgaan een nieuw besluit (op bezwaar) moet nemen. Het bestuursorgaan is verplicht die opdracht uit te voeren. Tegen het nieuwe besluit op bezwaar staat in normale gevallen weer beroep open bij de rechtbank. De hogerberoepsrechter kan echter in zijn uitspraak, waarin hij de uitspraak van de rechtbank vernietigt en het bestuursorgaan opdraagt een nieuw besluit te nemen, van die regel afwijken. Hij kan dan namelijk bepalen dat tegen het nieuwe besluit op bezwaar direct hoger beroep openstaat bij de hogerberoepsrechter. Daarmee verloopt de procedure sneller. We noemen dit de 'judiciële lus'.

De rechter kan een hoger beroep ook niet-ontvankelijk verklaren als het hoger beroepschrift bijvoorbeeld te laat is ingediend of als het griffierecht niet of te laat is betaald. De rechter waar het hoger beroep is ingesteld, verklaart zich onbevoegd als blijkt dat het hoger beroepschrift bij een andere rechter had moeten worden ingediend (art. 8:70 Awb).

Bepaalde kosten die je gemaakt hebt tijdens de procedure (proceskosten en griffierecht), kun je vergoed krijgen als jouw hoger beroep gegrond wordt verklaard (zie art. 8:74 en 8:75 Awb).

15.4 Geen hoger beroep mogelijk tegen een uitspraak in hoger beroep

De Afdeling bestuursrechtspraak van de Raad van State, de Centrale Raad van Beroep en het College van Beroep voor het bedrijfsleven zijn de hoogste bestuursrechters van het land. Tegen de uitspraken van deze instanties is geen hoger beroep meer mogelijk, tenzij de wet anders bepaalt. Zo bepaalt artikel 31 van de Algemene Kinderbijslagwet dat tegen een uitspraak van de Centrale Raad van Beroep cassatie bij de Hoge Raad kan worden ingesteld. Dit soort uitzonderingen komt heel weinig voor.

Bij belastingzaken kan tegen de uitspraak van het gerechtshof in cassatie worden gegaan bij de Hoge Raad.

15.5 Verzoek om voorlopige voorziening

Een verzoek om voorlopige voorziening is te vergelijken met het kort geding bij de burgerlijke rechter. Een uitspraak op een hoger beroepschrift kan enige tijd op zich laten wachten. Om te voorkomen dat zich in de tussentijd onherstelbare gevolgen voordoen, kun je gedurende de hoger beroepsprocedure verzoeken een voorlopige voorziening te treffen. Je vraagt een voorlopige voorziening bij de voorzitter van het hogerberoepscollege. Voorwaarde voor toewijzing van zo'n verzoek is onder andere dat er 'onverwijlde spoed' is en dat er hoger beroep is ingesteld. Een uitspraak in een voorlopige voorziening is een voorlopige uitspraak, die meestal geldt totdat de bestuursrechter de definitieve uitspraak (in de hoofdzaak) heeft gedaan (art. 8:81 Awb). In hoofdstuk 16 wordt de voorlopige voorziening behandeld.

15.6 Samenvatting

In hoger beroep is het soort besluit bepalend om vast te stellen welke rechter bevoegd is. De hoger beroepsrechters in bestuursrechtelijke geschillen zijn: de Centrale Raad van Beroep, het College van Beroep voor het bedrijfsleven, het gerechtshof, de Hoge Raad en de Afdeling bestuursrechtspraak van de Raad van State.

Voor een groot deel zijn de bepalingen van hoofdstuk 6 en 8 Awb van toepassing.

De rechter in hoger beroep heeft met de toepassing van de Awb een groot aantal bevoegdheden die de rechtbank ook heeft.

Uitgangspunt van de rechtsbescherming is dat een besluit aan minimaal twee feitelijke instanties kan worden voorgelegd. De hoger beroepsrechter zorgt daarmee voor controle, herkansing en bewaakt de rechtseenheid.

In een aantal gevallen bepaalt de wet echter dat tegen een besluit rechtstreeks beroep openstaat bij de hoger beroepsrechter zonder dat tegen die uitspraak hoger beroep openstaat.

Bij belastingzaken is het mogelijk om drie keer je geschil aan een rechterlijke instantie voor te leggen.

15.7 Kennisvragen

1. Welke partijen kunnen in hoger beroep tegen een uitspraak van de rechtbank?
2. Welke bestuursrechters zijn bevoegd om in hoger beroep uitspraak te doen?
3. Welke rechter behandelt in hoger beroep belastingzaken?
4. In welke plaats zetelt de Centrale Raad van Beroep?
5. Binnen welke termijn moet je in hoger beroep gaan, wil je beroep ontvankelijk zijn?
6. Waarom moet de indiener van een beroepschrift griffierecht betalen?
7. Is tegen een uitspraak van de ABRvS cassatie mogelijk?
8. Wat is de reden om tijdens de hoger beroepsprocedure een voorlopige voorziening aan te vragen?

15.8 Open vragen

Lees het volgende krantenartikel en beantwoord de vragen.

Raad van State: 'Minister Wiebes en NAM moeten beter seismisch onderzoek doen naar kleine Drentse gasvelden'

De Raad van State geeft minister Eric Wiebes (EZK) en de NAM achttien weken de tijd om een rammelend onderzoek naar de aardbevingrisico's rond de Drentse gasvelden aan te passen, dan wel over te doen.

Bron: www.dvhn.nl 23 december 2020, ingezien op 7 januari 2021

1. Leg uit waarom de Afdeling bestuursrechtspraak van de Raad van State deze zaak behandelt en niet een andere hogerberoepsrechter.
2. De minister krijgt de tijd om beter onderzoek te doen. Van welk instrument maakt de Afdeling bestuursrechtspraak van de Raad van State in dit geval gebruik?
3. Wat gebeurt er nadat de minister en de NAM het onderzoek hebben aangepast of overgedaan?

Bezwaar tegen rood raam kerk afgewezen

AMSTERDAM – Het omstreden rode raam in de Oude Kerk in Amsterdam wordt niet vervangen. Het dagelijks bestuur van het stadsdeel Amsterdam-Centrum heeft de bezwaren afgewezen, meldde de Amsterdamse nieuwszender AT5. De Vereniging Vrienden van de Amsterdamse Binnenstad (VVAB) probeerde vergeefs de plaatsing van het rode raam tegen te houden. Zij ving in augustus bot bij de rechter, en nu ook bij het stadsdeel. De bezwaarschriftencommissie oordeelde dat de beleving

> van de kapel niet wordt aangetast door het binnenvallende rode licht.
>
> *Bron: www.nd.nl, 6 december 2018, ingezien op 12 januari 2021*

1. Is het dagelijks bestuur van het Stadsdeel Amsterdam-Centrum een bestuursorgaan?
2. Hoe is het mogelijk dat de Vereniging Vrienden van de Amsterdamse Binnenstad eerst bij de rechter bot ving en daarna pas bij de bezwaarschriftencommissie?
3. Welk rechtsmiddel kan de Vereniging aanwenden tegen de beslissing op haar bezwaar?

15.9 Meerkeuzevragen

1. Als een belanghebbende hoger beroep instelt bij de Centrale Raad van Beroep, maar hij verzuimt – niet verschoonbaar – tijdig het verschuldigde griffierecht te betalen, mondt de uitspraak van de rechter uit in:
   a. een niet-ontvankelijkverklaring van het hoger beroep.
   b. een onbevoegdverklaring van de Centrale Raad van Beroep.
   c. een ongegrondverklaring van het hoger beroep.

2. A heeft een ernstig geschil met zijn belastinginspecteur. Nu ook het door hem ingediende bezwaarschrift geen oplossing heeft geboden, besluit hij om de zaak aan de rechter voor te leggen. Welk rechterlijk college is in tweede instantie bevoegd om van deze zaak kennis te nemen?
   a. De rechtbank.
   b. Het gerechtshof.
   c. De Centrale Raad van Beroep.

3. Welke rechter is *geen* bestuursrechter?
   a. De rechtbank afdeling bestuur.
   b. De kantonrechter.
   c. De Afdeling bestuursrechtspraak van de Raad van State.

4. De Afdeling bestuursrechtspraak van de Raad van State is niet bevoegd om toepassing te geven aan het bepaalde in artikel 8:51a Awb.
Deze stelling is:
a. juist.
b. onjuist.

5. De termijn voor het indienen van een hoger beroepschrift bij de Centrale Raad van Beroep bedraagt:
a. vier weken.
b. altijd zes weken.
c. soms zes weken, soms acht weken.

6. In hoger beroep kunnen door partijen gronden worden aangevoerd tegen:
a. de uitspraak van de rechtbank.
b. het besluit op bezwaar.
c. het primaire besluit.
d. alle onder a, b en c genoemde beslissingen.

7. Jan de Groot heeft bezwaar tegen een door de gemeentelijke heffingsambtenaar vastgestelde beleidsregel over onroerendzaakbelastingen. Bij welke rechter kan hij, in hoger beroep, terecht?
a. De belastingkamer van het gerechtshof.
b. De Afdeling bestuursrechtspraak van de Raad van State.
c. Het College van beroep voor het bedrijfsleven.
d. De burgerlijke rechter van het gerechtshof.

8. De Afdeling bestuursrechtspraak van de Raad van State verklaart een hoger beroep gegrond en vernietigt de uitspraak van de rechtbank en ook het besluit op bezwaar. De Afdeling bestuursrechtspraak van de Raad van State past de judiciële lus toe. Tegen het nieuwe besluit op bezwaar moet het volgende rechtsmiddel worden aangewend:
a. administratief beroep.
b. beroep bij de rechtbank.
c. beroep bij de Afdeling bestuursrechtspraak van de Raad van State.

9. De hogerberoepsrechters hebben niet de bevoegdheid om een bestuurlijke lus toe te passen omdat zij de judiciële lus kunnen toepassen. Deze stelling is:
   a. onjuist.
   b. juist.
   c. afhankelijk van de bijzondere wet juist of onjuist.

16 Voorlopige voorziening

16.1 Inleiding

In dit hoofdstuk wordt de voorlopige voorziening behandeld. De voorlopige voorziening is geregeld in de artikelen 8:81 tot en met 8:87 Awb.
Naast de procedure in de hoofdzaak (de bodemprocedure) is het mogelijk om een procedure te starten bij de voorzieningenrechter van de rechtbank of de hogerberoepsrechter met als doel de werking van een besluit waartegen je bezwaar hebt gemaakt of (hoger) beroep hebt ingesteld te schorsen. Het is ook mogelijk dat je een verzoek doet om een tijdelijke maatregel te treffen, zoals het geven van een voorschot op een uitkering (die is afgewezen). In de volgende paragrafen worden de voorwaarden voor het aanvragen van een voorziening, de bevoegdheid van de voorzieningenrechter, het vervallen van de voorziening en de rechtsbescherming behandeld.

16.2 Bevoegdheid voorzieningenrechter

De voorzieningenrechter van de rechtbank zal eerst onderzoeken of hij bevoegd is. Als de rechtbank bevoegd is of kan worden het bestreden besluit te behandelen, dan is zij ook bevoegd het verzoek om voorlopige voorziening te behandelen.

Voorbeeld voorlopige voorziening

Marieke heeft een illegale drankkeet achter haar woning staan. Het college van burgemeester en wethouders gaat over tot handhaving, maar wacht met de uitvoering totdat de rechtbank uitspraak heeft gedaan. Als de rechtbank het beroep ongegrond verklaart, gaat Marieke in hoger beroep bij de Afdeling bestuursrechtspraak van de Raad van State. Om te voorkomen dat bestuursdwang wordt toegepast, wil Marieke dat de werking van het besluit wordt geschorst. Zij dient zich dan te wenden tot de voorzieningenrechter van de Afdeling bestuursrechtspraak van de Raad van State. De voorzieningenrechter van de rechtbank is niet meer bevoegd, omdat al hoger beroep is ingesteld.

16.3 Ontvankelijkheid

Er moet, wil het verzoek in behandeling worden genomen, onder andere sprake zijn van connexiteit (art. 8:81 lid 1 Awb).

De eis van connexiteit houdt in dat een voorlopige voorziening slechts getroffen kan worden als sprake is van een rechtsgeldig aanhangig gemaakt bezwaar, administratief beroep, beroep bij de rechtbank of hoger beroep bij een hogerberoepsrechter. Daardoor is de mogelijkheid van het verkrijgen van een voorlopige voorziening altijd gekoppeld aan een bodemprocedure: er moet een bezwarenprocedure, een beroepsprocedure of een hogerberoepsprocedure lopen. Geen connexiteit leidt tot niet-ontvankelijkheid van het verzoek.

Voorbeeld van een verzoek om voorlopige voorziening zonder connexiteit

Marieke heeft een illegale drankkeet achter haar woning staan. Het college van B en W gaat over tot handhaving. Marieke dient geen bezwaar in maar dient wel een verzoek om voorlopige voorziening in tegen de opgelegde last onder bestuursdwang. De voorzieningenrechter van de rechtbank zal het verzoek om voorlopige voorziening niet-ontvankelijk verklaren omdat er geen bezwaar is ingediend tegen het besluit van het college.

Naast de in artikel 8:81 Awb genoemde eisen geldt nog een aantal eisen voor het indienen van een ontvankelijk verzoek om een voorlopige voorziening. Zo moet het verzoekschrift aan dezelfde eisen voldoen als de eisen die gelden voor een bezwaar- en beroepschrift (zie art. 6:5 Awb), moet de verzoeker belanghebbende zijn, moet er sprake zijn van procesbelang en moet de verzoeker griffierecht betalen (art. 8:82 Awb).

Let op: je kunt lopende de bodemprocedure op elk moment een verzoek om een voorziening indienen. Er geldt dus geen indieningstermijn. Pas op het moment dat er een spoedeisend belang ontstaat, wordt het noodzakelijk om een voorziening aan te vragen. Als de voorzieningenrechter vaststelt dat er geen spoedeisend belang is, wordt het verzoek afgewezen.

Voorbeeld indiening verzoek op elk moment
De buurman van de heer Van Delft maakt bezwaar tegen de aan de heer Van Delft verleende omgevingsvergunning voor de bouw van een kippenhok. De heer Van Delft zegt dat hij voorlopig nog niet start met de bouw omdat hij eerst de uitkomst van de bezwarenprocedure wil afwachten. Pas op het moment dat de heer Van Delft begint met de bouw heeft de buurman een spoedeisend belang. Mocht de buurman al voordat de bouw begonnen is een verzoek om voorlopige voorziening indienen, dan zal de voorzieningenrechter zijn verzoek waarschijnlijk afwijzen omdat er geen sprake is van onverwijlde spoed. Van Delft had immers gezegd nog niet te gaan bouwen.

16.4 Bij de voorzieningenrechter

Als de voorzieningenrechter geconstateerd heeft dat het verzoek ontvankelijk is en hij bevoegd is, zal hij de zaak inhoudelijk gaan behandelen. De voorzieningenrechter zal het bestuursorgaan gelegenheid geven om te reageren op het verzoek. Tot één dag voor de zitting kunnen nadere stukken worden ingediend (art. 8:83 lid 1 Awb).

De voorzieningenrechter zal vervolgens het spoedeisende belang onderzoeken (art. 8:81 lid 1 Awb). Als het niet schorsen van het besluit leidt tot grote schade of onherstelbare gevolgen, dan is er sprake van een spoedeisend belang.

Voorbeeld spoedeisend belang
Als je een bezwaarschrift indient of beroep aantekent tegen het besluit dat je je studieschuld moet terugbetalen, blijft in eerste instantie de oorspronkelijke beslissing van kracht. Dat betekent dat je de schuld nog steeds moet terugbetalen. Wanneer je hierdoor in grote financiële problemen komt, kun je bij de voorzieningenrechter van de rechtbank een voorlopige voorziening aanvragen. Je kunt dan vragen dat niet wordt overgegaan tot invordering van de schuld voor de duur van de bezwaar- of beroepsprocedure.

In het krantenartikel hierna vind je een voorbeeld van een uitspraak van de voorzieningenrechter.

Carbidschieten rond Emmen mag van rechter

De gemeente Emmen hoeft van de voorzieningenrechter niet extra op te treden tegen mogelijke geluidsoverlast van het carbidschieten. Bewoners van de wijk Noordbarge en het dorp Zwartemeer hadden daarom gevraagd, maar de rechter van de rechtbank in Groningen ziet daar geen aanknopingspunten voor.

Bron: www.nd.nl, 31 december 2020, ingezien op 7 januari 2021

Als er een spoedeisend belang is, maar het besluit naar het (voorlopige) oordeel van de rechter rechtmatig is, zal het verzoek niet worden toegewezen.

Het voorlopige rechtmatigheidsoordeel van de voorzieningenrechter heeft geen consequenties voor de uitspraak in de bodemprocedure.

Als de voorzieningenrechter een omgevingsvergunning schorst, omdat hij twijfelt of het besluit tijdens de bodemprocedure in stand kan blijven, dan heeft dit oordeel geen gevolgen voor de uitspraak die de rechtbank of hogerberoepsrechter doet. De rechtbank of hogerberoepsrechter is dus niet gebonden aan het oordeel van de voorzieningenrechter.

16.5 De uitspraak

De voorzieningenrechter kan de volgende vier uitspraken doen (art. 8:84 Awb). Hij kan:

1. zich onbevoegd verklaren;
2. het verzoek niet-ontvankelijk verklaren;
3. het verzoek afwijzen;
4. het verzoek geheel of gedeeltelijk toewijzen.

De rechter kan aan de voorziening voorwaarden, termijnen en beperkingen verbinden.
De lengte en duur van de voorlopige voorziening is geregeld in de artikelen 8:85 en 8:87 Awb.

Tegen de uitspraak van de voorzieningenrechter is geen hoger beroep mogelijk. Je kunt wel (onbeperkt) opnieuw voorziening vragen bij de voorzieningenrechter. Bijvoorbeeld wanneer in eerste instantie het verzoek werd afgewezen wegens het ontbreken van een spoedeisend belang en er zich daarna een omstandigheid voordoet waardoor er wel een spoedeisend belang is. Je kunt ook aan de voorzieningenrechter vragen om de voorlopige voorziening op te heffen. Dit zou je bijvoorbeeld kunnen doen als er geen belang (noodzaak) meer is om de voorlopige voorziening in stand te houden (omdat je bijvoorbeeld een financiële regeling hebt getroffen).

16.6 Kortsluiting

Als je een verzoek om een voorlopige voorziening hebt ingediend terwijl er tegelijk (of al eerder) een beroepschrift is ingediend tegen hetzelfde besluit, kan de voorzieningenrechter tegelijk uitspraak doen in het verzoek om een voorlopige voorziening en in de beroepszaak (art. 8:86 Awb). Dit wordt 'kortsluiting' genoemd.

De beroepszaak en het verzoek om een voorlopige voorziening worden kortgesloten als de voorzieningenrechter na de behandeling van de zaak op zitting van oordeel is dat nader onderzoek redelijkerwijs niets nieuws meer zal toevoegen voor de beoordeling van de zaak. Kortsluiting is niet mogelijk tijdens de bezwaarprocedure of tijdens administratief beroep.

Als het verzoek om een voorlopige voorziening en de beroepszaak in één uitspraak worden kortgesloten, kun je wel in hoger beroep gaan voor zover het gaat om de beslissing in de beroepszaak, maar niet van de beslissing over de voorlopige voorziening.

Voorbeeld van kortsluiting

Het college van burgemeester en wethouders legt Jaap de Vries een last onder dwangsom op. Hij moet het gebruik van zijn woning als winkel voor 1 januari staken. Jaap dient bezwaar in, maar dat brengt hem niet verder. Hij gaat in beroep bij de rechtbank. Omdat 1 januari nadert, vraagt hij ook een voorlopige voorziening. Daarmee wil hij voorkomen dat hij dwangsommen gaat verbeuren als hij zijn winkel na 1 januari nog open heeft. De voorzieningenrechter van de rechtbank die het verzoek om voorlopige voorziening behandelt, heeft voldoende informatie om ook over het beroep te beslissen. Nader onderzoek zal niet meer informatie opleveren dan hij al heeft. De voorzieningenrechter vindt dat de last in strijd met de wet is opgelegd. Hij doet onmiddellijk uitspraak op het beroep. Dat beroep verklaart hij gegrond en hij vernietigt het bestreden besluit. Het verzoek om voorziening wijst hij af, omdat al op het beroep is beslist. Tegen de uitspraak van de voorzieningenrechter op het beroep kan het college van burgemeester en wethouders hoger beroep aantekenen; tegen de uitspraak op het verzoek om voorlopige voorziening niet.

16.7 Samenvatting

Een belanghebbende kan bij de voorzieningenrechter voorziening vragen op het moment dat hij de werking van een besluit wil schorsen of om een bepaalde maatregel wil verzoeken.

De voorzieningenrechter zal onderzoeken of hij bevoegd is en beoordelen of het verzoek ontvankelijk is. Is de voorzieningenrechter bevoegd en het verzoek ontvankelijk, dan zal hij de belangen van partijen tegen elkaar afwegen. Het spoedeisende belang van de verzoeker en de rechtmatigheid van het besluit spelen daarbij een grote rol. Zonder spoedeisend belang zal het verzoek worden afgewezen. Als de voorzieningenrechter van mening is dat het besluit rechtmatig is, zal hij het verzoek eveneens afwijzen.

Als de voorzieningenrechter overgaat tot toekenning van het verzoek, heeft dit geen consequenties voor de procedure in de hoofdzaak.
Tegen de uitspraak van de voorzieningenrechter is geen hoger beroep mogelijk. Als de voorzieningenrechter op basis van artikel 8:86 Awb onmiddellijk uitspraak doet in de hoofdzaak (kortsluiting), is tegen die uitspraak wel hoger beroep mogelijk.

De voorzieningenrechter of de wet bepaalt de duur van de voorlopige voorziening.

16.8 Kennisvragen

1. Welke rechter is bevoegd om een voorlopige voorziening te behandelen?
2. Wat kan het verzoek om voorziening inhouden?
3. Geef een voorbeeld wanneer de voorzieningenrechter zich niet bevoegd acht.
4. Geef een voorbeeld wanneer de voorzieningenrechter een verzoek niet-ontvankelijk verklaart.
5. Waarom geldt er geen indieningstermijn om een voorziening aan te vragen?
6. Wat houdt 'kortsluiting' in?
7. Kan tegen een uitspraak van de voorzieningenrechter hoger beroep worden ingesteld?
8. Welke uitspraken kan de voorzieningenrechter doen?
9. Wat is het gevolg als de voorzieningenrechter constateert dat er geen spoedeisend belang is?

16.9 Open vragen

Marco heeft bezwaar gemaakt tegen de beslissing van het college van burgemeester en wethouders om de straat voor zijn woning opnieuw te asfalteren. Hij maakt tijdig bezwaar en verzoekt de voorzieningenrechter de beslissing te schorsen, totdat er op zijn bezwaar is beslist. Zijn spoedeisend belang is dat hij op het moment dat er wordt geasfalteerd zijn huis wil verbouwen. De afspraken met het aannemersbedrijf kunnen onmogelijk worden verzet. Hij moet bij niet-nakoming van de afspraak een boete van € 50.000 betalen.

1. Aan welke voorwaarden moet Marco voldoen wil er sprake zijn van een ontvankelijk verzoek?
2. Welke uitspraak zal de voorzieningenrechter doen?

Bouw Zwanenhof Zenderen stilgelegd

Buren van De Zwanenhof vechten bij de Raad van State de bouw van een zorghotel aan. Zwanenhof legt zelf de bouw stil tot de uitspraak.

Retraitecentrum De Zwanenhof zegde de Raad van State toe voorlopig niet te gaan bouwen aan het nieuwe revalidatiecentrum achter het voormalige kloostergebouw en retraitecentrum in Zenderen. Daar vroegen twee buren van het retraitecentrum om onmiddellijke stillegging van alle werkzaamheden die de bouw van het nieuwe zorghotel mogelijk maken.

Bron: www.tubantia.nl, 13 oktober 2016, ingezien op 12 januari 2021

1. Wat zal de uitspraak van de voorzitter van de Afdeling bestuursrechtspraak van de Raad van State zijn als blijkt dat er nog geen uitspraak van de rechtbank is gedaan?
2. Wat zal de uitspraak van de voorzitter van de Afdeling bestuursrechtspraak van de Raad van State zijn als blijkt dat de rechtbank uitspraak heeft gedaan maar nog geen hoger beroep is ingesteld?
3. Wat zal de uitspraak van de voorzitter van de Afdeling bestuursrechtspraak van de Raad van State zijn als blijkt dat de rechtbank uitspraak heeft gedaan en hoger beroep is ingesteld?

Harderwijks afhaalrestaurant met succes naar de rechter: sluiting van twee weken voor overtreding coronaregels was te rigoureus

Blij, maar vooral heel erg opgelucht is eigenaar Jort Brink van eettent Burgerzaken in hartje Harderwijk. Zijn zaak aan de Vijhestraat moest van Veiligheidsregio Noord- en Oost-Gelderland (VNOG), net als twee andere horecazaken, twee weken dicht omdat hij zich niet aan de aangescherpte bezorgregels had gehouden. Ten onrechte, besloot vrijdagmiddag de voorzieningenrechter in Zutphen. 'We kunnen weer aan het werk!'

Bron: www.destentor.nl, 21 november 2020, ingezien op 7 januari 2021

1. In welk geval zou de voorzieningenrechter kunnen kortsluiten?
2. Wat betekent deze uitspraak voor twee andere horecazaken die (zie het krantenartikel) eveneens dicht moesten?

16.10 Meerkeuzevragen

1. Als een belanghebbende tegen een besluit nog geen bezwaar of beroep heeft ingediend bij het bevoegde orgaan, zal zijn verzoek om een voorlopige voorziening worden afgewezen vanwege een gebrek aan connexiteit.
   Deze stelling is:
   a. juist.
   b. onjuist.

2. Een verzoeker om een voorlopige voorziening moet het verzoek indienen bij het bevoegde bestuursorgaan.
   Deze stelling is:
   a. juist.
   b. onjuist.

3. Indien een verzoek om een voorlopige voorziening door de voorzieningenrechter op een zitting wordt behandeld, krijgt alleen de verzoeker de gelegenheid om te reageren op het verzoek.
   Deze stelling is:
   a. juist.
   b. onjuist.

4. Een voorzieningenrechter kan verschillende uitspraken doen. Geef aan welk alternatief onjuist is.
   a. De voorzieningenrechter kan zich onbevoegd verklaren.
   b. De voorzieningenrechter kan het verzoek vernietigen.
   c. De voorzieningenrechter kan het verzoek niet-ontvankelijk verklaren.
   d. De voorzieningenrechter kan het verzoek geheel of gedeeltelijk toewijzen.

5. 'Kortsluiting' houdt in dat de voorzieningenrechter zowel uitspraak doet in de beroepszaak als op het verzoek om een voorlopige voorziening.
   Deze stelling is:
   a. juist.
   b. onjuist.

6. Het bestuur van een welzijnsinstelling verneemt van het college van burgemeester en wethouders dat de subsidie, die de instelling sinds

enkele jaren ontvangt, met ingang van het nieuwe jaar zal worden stopgezet. Als gevolg daarvan zullen waarschijnlijk enkele personeelsleden worden ontslagen. Het bestuur wil op zo kort mogelijke termijn een voorlopig rechterlijk oordeel hebben. Welke van de onderstaande uitspraken is juist?

a. Het bestuur van de instelling moet eerst beroep bij de gemeenteraad instellen; pas nadat de gemeenteraad op het beroep heeft beslist, kan het bestuur aan de voorzieningenrechter vragen een voorlopige voorziening te treffen.
b. Het bestuur van de instelling moet een bezwaarschrift indienen bij burgemeester en wethouders; tegelijkertijd kan het bestuur bij de voorzieningenrechter vragen een voorlopige voorziening te treffen.
c. Het bestuur van de instelling moet beroep bij de gemeenteraad instellen; tegelijkertijd kan het bestuur aan de voorzieningenrechter vragen een voorlopige voorziening te treffen.
d. Geen van deze uitspraken is juist.

7. Joost heeft een vergunning gevraagd om bloemen te mogen verkopen vanaf een standplaats in het winkelcentrum. De vergunning is geweigerd door het college. Hij dient bezwaar in tegen het besluit en vraagt de voorzieningenrechter van de bevoegde rechtbank een voorlopige voorziening te treffen die inhoudt dat het college wordt opgedragen de vergunning alsnog te verlenen. Welke van de volgende antwoorden is juist?

a. De voorzieningenrechter is niet bevoegd om een uitspraak te doen omdat het college nog geen besluit op bezwaar heeft genomen.
b. De voorzieningenrechter zal het verzoek afwijzen omdat de voorzieningenrechter geen opdracht aan het college kan geven.
c. De voorzieningenrechter zal het verzoek toewijzen omdat Joost een spoedeisend belang (zijn broodwinning) heeft.
d. Geen van deze antwoorden is juist.

8. In een uitspraak van de voorzitter van de Afdeling bestuursrechtspraak van de Raad van State op een verzoek om een voorlopige voorziening is het volgende te lezen: 'In dit geval kan nader onderzoek redelijkerwijs niet bijdragen aan de beoordeling van de zaak en bestaat ook overigens geen beletsel om met toepassing van artikel 8:86, eerste lid, van de Awb

onmiddellijk uitspraak te doen in de hoofdzaak.' Wat is hier aan de hand?

a. De voorzitter van de Afdeling bestuusrechtspraak is onbevoegd en doet onmiddellijk uitspraak op het beroep.
b. De voorzitter van de Afdeling bestuursrechtspraak is van oordeel dat er geen spoedeisend belang is en wijst daarom het verzoek om voorlopige voorziening af.
c. De voorzitter van de Afdeling bestuursrechtspraak van de Raad van State wijst het verzoek om voorlopige voorziening af en doet uitspraak in de bodemzaak.
d. De voorzitter van de Afdeling bestuursrechtspraak van de Raad van State doet onmiddellijk mondeling uitspraak.

9. Het college van burgemeester en wethouders heeft een aanvraag tot het verlenen van een bijstandsuitkering afgewezen. De aanvrager dient bezwaar in en verzoekt tevens de voorzieningenrechter van de rechtbank een voorlopige voorziening te treffen. De voorzieningenrechter wijst het verzoek toe en gelast het college van burgemeester en wethouder de uitkering te verstrekken. Welke van de volgende beweringen is juist?

a. De aanvrager kan de aanvraag intrekken nu de rechter de uitkering heeft toegekend.
b. Het college dient nog wel een besluit op het bezwaar te nemen maar moet, gelet op de uitspraak van de voorzieningenrechter, het bezwaar gegrond verklaren.
c. Het college kan, ondanks de uitspraak van de voorzieningenrechter, in bezwaar de weigering in stand laten.
d. Het college kan tegen de uitspraak van de voorzieningenrechter in beroep gaan bij de rechtbank.

10. Welke van de onderstaande beweringen ten aanzien van de voorlopige voorziening is onjuist?

a. Een voorlopige voorziening moet worden aangevraagd bij de voorzieningenrechter van de rechtbank.
b. Een voorlopige voorziening moet binnen zes weken nadat het besluit op voorgeschreven wijze is bekendgemaakt worden aangevraagd.

c. Een voorlopige voorziening kan de schorsing van een besluit of een andere maatregel inhouden.
d. In een voorlopige voorzieningsprocedure kan de voorzieningenrechter van de rechtbank onder omstandigheden onmiddellijk uitspraak doen in de hoofdzaak.

17 Schadevergoeding

17.1 Inleiding

Stel je studeert aan een hogeschool en de minister van Onderwijs, Cultuur en Wetenschap heeft besloten om jou geen aanvullende studiebeurs toe te kennen. Dan heb je de mogelijkheid om dit besluit aan te vechten. Als achteraf blijkt dat de minister een fout heeft gemaakt, dan heb je de mogelijkheid om de schade die je door het onrechtmatige besluit hebt geleden vergoed te krijgen.

In dit voorbeeld is sprake van schade als gevolg van een onrechtmatig besluit. Soms ontstaat ook schade terwijl geen sprake is van een onrechtmatig besluit. Stel dat de gemeenteraad een bestemmingsplan vaststelt ten behoeve van de aanleg van een bedrijventerrein. De aanwonende gaat daartegen in beroep maar krijgt ongelijk. Als uiteindelijk het bedrijventerrein wordt aangelegd, zal de aanwonende schade lijden: zijn woning zal minder waard worden omdat de woning eerder prachtig in het buitengebied lag, maar nu naast een bedrijventerrein met alle overlast van dien. Hier is sprake van schade. Maar die schade is niet een gevolg van een onrechtmatig besluit van het bestuursorgaan maar van een rechtmatig besluit.

In beide gevallen kan de burger een schadevergoeding krijgen. Hierna zal eerst de schadevergoeding als gevolg van een onrechtmatig besluit worden behandeld. Daarna zal de schadevergoeding als gevolg van een rechtmatig besluit aan de orde komen.

17.2 Verzoekschriftprocedure bij een onrechtmatig besluit

Om aanspraak te kunnen maken op schadevergoeding moet je in beginsel eerst bij het bestuursorgaan dat het onrechtmatige besluit genomen heeft een verzoek indienen tot vergoeding van de schade. De beslissing op het verzoek is een besluit in de zin van artikel 1:3 Awb. Het besluit is echter niet voor beroep vatbaar. Ben je het niet eens met de beslissing op je verzoek of heb je na acht weken nadat je het verzoek bij het bestuursorgaan hebt ingediend nog geen reactie van het bestuursorgaan ontvangen, dan pas kun je een verzoekschrift tot vergoeding van schade indienen bij de bestuursrechter (art. 8:90 e.v. Awb).

Het verzoekschrift moet voldoen aan een aantal eisen. Je moet bijvoorbeeld je naam en je adres vermelden. Je moet in het verzoekschrift ook de aard van de geleden of de te lijden schade vermelden en voor zover dat redelijkerwijs mogelijk is het bedrag van de schade bijvoegen (art. 8:92 Awb).

Als je niet hebt voldaan aan de eisen die de wet stelt aan het verzoekschrift, krijg je de mogelijkheid om het verzuim te herstellen binnen een door de bestuursrechter te bepalen termijn. Als je niet binnen die termijn het verzuim herstelt, wordt het verzoek om schadevergoeding niet-ontvankelijk verklaard (= niet in behandeling genomen).

Het verzoek om schadevergoeding kun je al doen tijdens het (hoger) beroep tegen het schadeveroorzakende besluit (= onzelfstandig schadevergoedingsverzoek) maar ook nadat de bezwaar- of beroepsprocedure is afgerond (= zelfstandig schadevergoedingsverzoek).

Als je los van een (hoger)beroepsprocedure een verzoek om schadevergoeding indient, moet je griffierecht betalen (art. 8:41 Awb). Dien je het verzoek om schadevergoeding tijdens (hoger) beroep in, dan heb je in die zaak al griffierecht betaald en hoef je dit niet nogmaals te doen.

Het niet tijdig betalen van het griffierecht zal leiden tot het niet-ontvankelijk verklaren van je schadeverzoek. Daarnaast zal het verzoek ook niet-ontvankelijk worden verklaard als je geen belanghebbende bent.

17.3 Schade(vergoeding)

Schade is het verschil tussen de (nadeliger) positie die je hebt door het schadeveroorzakende besluit en de positie die je anders zou hebben gehad. Onder schade wordt volgens de wet verstaan vermogensschade en immateriele schade (art. 6:95-6:126 Burgerlijk Wetboek).

Vermogensschade is bijvoorbeeld het geleden verlies of de gederfde winst. Onder immateriële schade wordt ander nadeel dan vermogensschade verstaan.

Zowel de reeds geleden schade als de schade die nog zal optreden, komt voor vergoeding in aanmerking.

De schade moet in zodanig verband staan met het schadeveroorzakende besluit, dat zij het bestuursorgaan kan worden toegerekend (= causaliteitseis).

Voorbeeld causaliteitseis
Tim Knopper heeft een vergunning aangevraagd voor de bouw van zijn bedrijfshal. De vergunning is geweigerd. Tim gaat in bezwaar en, als dat niet helpt, in beroep. De bestuursrechter vernietigt het besluit op bezwaar en voorziet zelf in de zaak door alsnog de vergunning te verlenen. Tim verzoekt het college van burgemeester en wethouders om vergoeding van de schade die hij heeft geleden als gevolg van de weigering van de vergunning. Dat kan alleen voor schade die veroorzaakt is door het besluit tot weigering. Zo kan Tim bijvoorbeeld vragen om vergoeding van schade als gevolg van hogere bouwkosten. Hadden burgemeester en wethouders immers meteen een vergunning verleend, dan zou Tim niet geconfronteerd worden met hogere bouwkosten. Tim kan niet de kosten van de architect vergoed krijgen. Deze kosten zijn niet veroorzaakt door het weigeringsbesluit. Hadden burgemeester en wethouders immers direct de vergunning verleend, dan had Tim dezelfde kosten van de architect gehad.

De kosten die je hebt moeten betalen voor griffierecht en het procederen kennen een afzonderlijke vergoedingsregeling (zie art. 8:74 en 8:75 Awb). Deze schade kun je dus niet met succes (ook nog) middels een verzoek om schadevergoeding vorderen.

17.4 Schadeveroorzakende onrechtmatige handelingen

Onder schadeveroorzakende onrechtmatige handelingen worden verstaan:
1. schade als gevolg van een onrechtmatig besluit;
2. schade als gevolg van onrechtmatige voorbereidingshandelingen;
3. schade door het niet tijdig nemen van het besluit. Onder het niet tijdig nemen van het besluit valt ook het niet nemen van het besluit.

Ad 1
Van een onrechtmatig besluit kan sprake zijn als de rechter een besluit vernietigt, of als in bezwaar een besluit wordt herroepen waarbij het bestuursorgaan geheel of gedeeltelijk aan de belangen van de benadeelde tegemoet is gekomen, of als het bestuursorgaan de onrechtmatigheid van een (primair) besluit erkent.

Voorbeeld schade door onrechtmatig besluit
Een winkelier vraagt een vergunning aan voor de uitbreiding van zijn winkel. Het college weigert de verguninng, waarop de winkelier bezwaar indient. Bij de behandeling van het bezwaar komt het college tot de conclusie dat een verkeerd besluit genomen is: de vergunning had moeten worden verleend. Het college verklaart het bezwaar gegrond, herroept de weigering en verleent de vergunning alsnog. De winkelier heeft uiteindelijk een half jaar later dan verwacht de vergunning alsnog gekregen. Als het college direct het goede besluit had genomen, was de winkel allang geopend geweest. De winkelier heeft nu dus omzetschade geleden. De omzetschade die de winkelier lijdt doordat in eerste instantie de vergunning voor de uitbreiding van zijn winkel (ten onrechte) werd geweigerd door het college van burgemeester en wethouders is dus geleden als gevolg van een onrechtmatig (primair) besluit.

Let op: de herroeping van een besluit wil niet altijd zeggen dat het primaire besluit ook onrechtmatig was. Als bijvoorbeeld herroeping van het besluit plaatsvindt op grond van een wetswijziging, dan is een herroeping van het bestreden besluit niet onrechtmatig, maar zelfs verplicht. Voor het antwoord op de vraag of het besluit onrechtmatig was, is dus bepalend welke gronden aan de herroeping ten grondslag hebben gelegen.

Voorbeeld geen onrechtmatig besluit
Tijdens een bezwaarprocedure tegen de weigering van een vergunning om een gebouw te mogen vergroten wordt het door een wijziging van het bestemmingsplan mogelijk gemaakt om een gebouw met 20% te mogen vergroten. In het oorspronkelijke bestemmingsplan was slechts een vergroting van 5% mogelijk. Burgemeester en wethouders moeten in het besluit op bezwaar het dan geldende recht toepassen, dus het nieuwe bestemmingsplan. Daardoor zal het oorspronkelijke besluit moeten worden herroepen en alsnog vergunning moeten worden verleend. In dit geval is echter geen sprake van een onrechtmatig besluit,

omdat in eerste instantie de vergunning terecht geweigerd is. Een ander besluit was noodzakelijk als gevolg van gewijzigde wetgeving.

Ad 2

Bij schade ten gevolge van onrechtmatige voorbereidingshandelingen kan bijvoorbeeld worden gedacht aan de situatie dat de benadeelde met het oog op het verkrijgen van een bepaald besluit heeft voldaan aan door het bestuursorgaan gestelde eisen. Als de benadeelde later tegen het besluit opkomt en het besluit wordt vernietigd, kan hij ook de schade vergoed krijgen die hij heeft geleden doordat de eisen ten onrechte zijn gesteld.

Voorbeeld onrechtmatige voorbereidingshandeling

John de Boer wil zijn agrarisch bedrijf uitbreiden. Hij treedt in overleg met het gemeentebestuur. Hij krijgt te horen dat uitbreiding mogelijk is, mits hij bepaalde rechten van agrariërs die stoppen opkoopt. Het gaat dan om rechten om varkens te houden. John is het daar niet mee eens, maar het gemeentebestuur is onvermurwbaar. John koopt van enkele stoppende agrariërs de rechten op en vraagt de vergunning aan 'onder voorbehoud van rechten'. Het gemeentebestuur verleent de vergunning. John gaat tegen de vergunning in beroep (bij dit soort zaken is er geen bezwarenprocedure) omdat hij vindt dat het gemeentebestuur ten onrechte de eis heeft gesteld dat John rechten moest opkopen. De hoogste bestuursrechter stelt hem in het gelijk en vernietigt in zoverre de vergunning. John dient vervolgens een verzoek in tot vergoeding van de schade. Daar zit niet alleen de vergoeding van de schade in die hij heeft geleden nadat de vergunning is verleend, maar ook de vergoeding van de schade die hij daarvoor al geleden heeft: de aankoop van de rechten.

Hierna zie je een krantenartikel over een schadevergoedingszaak nadat een besluit is vernietigd

Raad van State: vergunning voor De Lekkerbek in Veere was onrechtmatig

DEN HAAG/VEERE – De gemeente Veere komt er haast niet meer onderuit om een flinke schadevergoeding te betalen aan fritesverkoper Tonnie van den Ameele op het Oranjeplein. Dit blijkt uit een uitspraak van de Raad van State.

Daarin besliste de hoogste bestuursrechter dat Veere in 2017 en 2018 geen vergunningen had mogen verlenen aan concurrent De Lekkerbek van J. Soolsma. Van den Ameele merkte de gevolgen pas echt toen De Lekkerbek in 2019 niet meer op het plein stond. Toen had hij plots 40.000 euro meer omzet. Hij wilde daarom van de gemeente een schadevergoeding, maar die weigerde dat.

Bron: www.pzc.nl, 24 juni 2020, ingezien op 7 januari 2021

17.4.1 *De rechtsmachtverdeling*

In deze paragraaf wordt uitgelegd welke rechter bevoegd is of kan zijn om schadeverzoeken bij onrechtmatig bestuurshandelen als bedoeld in artikel 8:88 Awb te beoordelen.

In artikel 8:89 Awb is een competentieverdeling (= bevoegdheidsverdeling) tussen de bestuursrechter en de burgerlijke rechter (= civiele rechter) opgenomen. Het gaat dan om de vraag welke rechter absoluut competent is.

17.4.2 *Absolute competentie*

De bestuursrechter is exclusief (dat wil zeggen dat je je alleen tot de bestuursrechter en niet tot een andere rechter kunt wenden) bevoegd op het gebied van:
- het ambtenarenrecht;
- het socialezekerheidsrecht;
- het belastingrecht;
- enkele kleinere wetten, zoals de Wet op de studiefinanciering.

Het gaat dan om schade die is veroorzaakt door of in verband met een besluit waarover de Centrale Raad van Beroep of de belastingkamer van de Hoge Raad in enige of hoogste instantie oordeelt (art. 8:89 lid 1 Awb).

Voorbeeld verzoekschrift bij de bestuursrechter

Teun van Koten heeft een uitkering op grond van de Participatiewet. Het college besluit om de bijstand in te trekken en terug te vorderen, omdat Teun zou hebben gefraudeerd. Hij dient bezwaar in tegen het besluit. Dat helpt niet. Vervolgens gaat hij in beroep bij de rechtbank. Die vernietigt het ontslag. Burgemeester en wethouders bieden hun excuses aan en Teun krijgt weer een uitkering.

Teun vindt dat hij schade (materieel en immaterieel) heeft geleden; hij denkt aan een bedrag van € 100.000. Vaststaat dat het besluit onrechtmatig was; het is immers vernietigd door de bestuursrechter. Omdat tegen die beslissing hoger beroep open stond bij de Centrale Raad van Beroep (het ging immers om een uitkeringszaak), moet hij het verzoek om schadevergoeding indienen bij de bestuursrechter (te beginnen bij de rechtbank en daarna hoger beroep bij de Centrale Raad van Beroep).

Betreft het een besluit waarover de ABRvS of CBb mag oordelen dan geldt bij een procedure over schadevergoeding als gevolg van dat besluit het volgende:

- is de gevraagde schadevergoeding (incl. rente) lager dan € 25.000 dan is zowel de bestuursrechter als de burgerlijke rechter bevoegd. Je mag dan dus kiezen waar je het verzoek om schadevergoeding indient;
- is de gevraagde schadevergoeding (incl. rente) hoger dan € 25.000 dan is alleen de burgerlijke rechter bevoegd.

Voorbeeld verzoekschrift bij burgerlijke of bestuursrechter

Burgemeester en wethouders hebben een aanvraag van vishandelaar De Schipper voor een standplaats voor het verkopen van vis op de markt afgewezen. De bestuursrechter heeft weigering van de vergunning vernietigd. Tegen die uitspraak stond hoger beroep open bij de Afdeling bestuursrechtspraak van de Raad van State. Als de gevorderde schadevergoeding niet hoger is dan € 25.000 kan De Schipper het verzoek tot vergoeding indienen bij de bestuursrechter. Hij kan er ook voor kiezen om op grond van artikel 6:162 BW de zaak voor te leggen aan de burgerlijke rechter.

Is de gevorderde schadevergoeding hoger dan € 25.000 dan zal De Schipper de zaak moeten voorleggen aan de burgerlijke rechter. Doet hij dat niet en brengt hij de zaak aan bij de bestuursrechter, dan zal deze zich onbevoegd verklaren.

Heb je gekozen voor de bestuursrechter en het werkelijke schadebedrag valt hoger uit dan € 25.000, dan kan je voor de schade die uitstijgt boven de € 25.000 alsnog een vordering instellen bij de burgerlijke rechter.

Om te voorkomen dat over dezelfde schade tegelijkertijd een procedure bij twee verschillende rechters aanhangig is, heeft de wetgever geregeld dat de keuze voor een bepaalde rechter definitief is.

Wanneer je hebt gekozen voor de burgerlijke rechter, kun je dus niet meer tijdens de procedure of na de uitspraak van de burgerlijke rechter de zaak aanhangig maken bij de bestuursrechter (art. 8:89 lid 3 en 4 Awb).

De bestuursrechter is niet bevoegd om schadeverzoeken te beoordelen als de schade is veroorzaakt door een niet appellabel Awb-besluit (= connexiteitseis). Deze besluiten worden genoemd in de artikelen 8:3 tot en met 8:5 Awb. Als je bijvoorbeeld door de vaststelling van een beleidsregel schade lijdt en je wilt deze schade vergoed krijgen, dan moet je je wenden tot de burgerlijke rechter, omdat artikel 8:3 lid 1 sub a Awb geen beroep bij de bestuursrechter toelaat.

17.4.3 Relatieve competentie

Als je weet welke bestuursrechter bevoegd is, dan volgt uit artikel 8:90 lid 1 en artikel 8:91 Awb welke bestuursrechter relatief competent is.
Bij een zelfstandig schadeverzoek is de bestuursrechter bevoegd kennis te nemen van het verzoek als hij ook in beroep bevoegd is om kennis te nemen van het beroep tegen het besluit dat de schade heeft veroorzaakt.

Bij een onzelfstandig schadeverzoek wordt het verzoek gedaan gedurende het beroep of het hoger beroep tegen het schadeveroorzakende besluit en is de bestuursrechter bevoegd bij wie het beroep of het hoger beroep aanhangig is.

Voorbeeld relatieve competentie
Mevrouw Geerts heeft een beroepschrift ingediend bij de rechtbank Amsterdam. Als zij tijdens deze procedure ook een schadeverzoek wil indienen, is de rechtbank Amsterdam eveneens bevoegd om over deze vordering te oordelen.

17.4.4 Uitspraak

Indien de bestuursrechter het verzoek geheel of gedeeltelijk toewijst, veroordeelt hij het bestuursorgaan tot vergoeding van de schade (art. 8:95 Awb).

17.4.5 Hoger beroep

Tegen de uitspraak van de bestuursrechter staat hoger beroep open (art. 8:104 Awb).

Voor het geval er tegen een schadeveroorzakend besluit beroep in twee instanties openstaat, is de hogerberoepsrechter die bevoegd is te oordelen over een uitspraak van de rechtbank omtrent het schadeveroorzakende besluit, ook bevoegd in hoger beroep te oordelen over een uitspraak op een verzoek om schadevergoeding (art. 8:105 Awb).

17.4.6 *Verjaring*

Een verzoek tot schadevergoeding bij de bestuursrechter kan verjaren. Een verzoek tot schadevergoeding verjaart na vijf jaar na bekendheid met de schade en de daarvoor aansprakelijk te stellen 'persoon' of twintig jaar na de veroorzakende gebeurtenis (art. 8:93 Awb). Wat verjaring is, is besproken in paragraaf 12.6.

17.5 Schadevergoeding bij een rechtmatig besluit: nadeelcompensatie

In de vorige paragrafen is de schadevergoeding bij een onrechtmatig besluit behandeld. Maar schade kan ook ontstaan door rechtmatig handelen. In het volgende krantenbericht zie je daarvan een voorbeeld.

Vuurwerkverbod nu definitief: compensatiepakket van 40 miljoen voor handelaren

Handelaren in vuurwerk krijgen een vergoeding vanwege hun onverkochte voorraden door het totaalverbod deze jaarwisseling. In totaal gaat het om een bedrag van ongeveer 40 miljoen euro. Staatssecretaris Stientje van Veldhoven kondigde vanmiddag na de ministerraad officieel aan dat de verkoop van bijna al het vuurwerk met oud en nieuw in de ban gaat. Ook afsteken wordt deze jaarwisseling verboden.

Bron: www.ad.nl, 13 november 2020, ingezien op 8 januari 2021

Het krantenbericht gaat over het vuurwerkverbod waartoe de regering eind 2020 heeft besloten. Het is duidelijk dat de verkopers van vuurwerk daardoor schade geleden hebben. Ze konden immers geen vuurwerk verkopen terwijl ze al wel een voorraad hadden aangelegd. De rechter heeft het vuurwerkverbod rechtmatig gevonden. Het bedrag van 40 miljoen is bedoeld als vergoeding van de schade die vuurwerkverkopers als gevolg van een rechtmatig besluit (het vuurwerkverbod) hebben geleden.

Schadevergoeding als gevolg van rechtmatig overheidshandelen wordt ook wel nadeelcompensatie genoemd. Het nadeel dat de vuurwerkverkopers lijden, wordt gecompenseerd. Er is nog geen algemene wettelijke regeling voor nadeelcompensatie. Maar sinds 2013 is er wel een aanpassingsvoorstel van de Awb. Die is nog steeds niet in werking getreden. Dat houdt verband met de Omgevingswet, die naar verwachting in 2022 in werking zal treden. Dan zal ook de regeling van de nadeelcompensatie in de Awb in werking treden. Omdat dat al binnenkort is, zal hierna aandacht worden besteed aan de bepalingen over nadeelcompensatie die in de Awb zijn opgenomen en die dus naar verwachting in 2022 in werking treden.

17.5.1 *Het verzoek om nadeelcompensatie*

De procedure met betrekking tot nadeelcompensatie wordt geregeld in hoofdstuk 4, titel 5 van de Awb. Let wel: totdat de wet daadwerkelijk in werking treedt (vermoedelijk in 2022) zijn de hierna opgenomen artikelen ontwerpartikelen. Het eerste artikel is artikel 4:126 Awb. Om aanspraak te kunnen maken op nadeelcompensatie moet je volgens dit artikel eerst bij het bestuursorgaan dat het nadeel heeft veroorzaakt een verzoek indienen tot vergoeding van de schade. De beslissing op het verzoek is een besluit in de zin van artikel 1:3 Awb. Ben je het niet eens met de beslissing op je verzoek, dan kun je daartegen bezwaar en, daarna, beroep (en eventueel nog hoger beroep) indienen. Dat is dus anders dan bij het verzoek om vergoeding van schade wegens onrechtmatige besluiten.

In een aanvraag om nadeelcompensatie moet de aanvrager een aanduiding geven van de schadeveroorzakende gebeurtenis. Die schadeveroorzakende gebeurtenis hoeft niet per se een besluit te zijn. Ook schade als gevolg van feitelijk handelen kan aanleiding zijn tot het indienen van een verzoek om nadeelcompensatie. Ook dat is dus anders dan bij de vergoeding van schade als gevolg van onrechtmatige besluiten. Een voorbeeld van schade als gevolg van feitelijk handelen is het volgende nieuwsbericht.

Ruimhartige compensatie voor schade aan ondernemers door Apeldoornseweg

ARNHEM – Als ondernemers schade lijden door de werkzaamheden aan de Apeldoornseweg in Arnhem, dan moet die ruimhartig worden gecompenseerd. Dat vindt de Arnhemse Ouderen Partij (AOP). Dat bedrijven langdurig moeilijk of zelfs niet bereikbaar zijn, valt niet onder de normale bedrijfsrisico's.

Bron: www.gelderlander.nl, 5 augustus 2019, ingezien op 8 januari 2021

In dit nieuwsbericht wordt de Apeldoornseweg afgesloten, omdat daaraan onderhoud gepleegd moet worden. De ondernemers kunnen daardoor schade lijden, bijvoorbeeld omdat ze een tijd niet bereikbaar zijn voor klanten. In de nieuwe wet zouden de ondernemers het college kunnen vragen een besluit te nemen om het nadeel dat ze lijden te compenseren.

Naast de aanduiding van de schadeveroorzakende gebeurtenis moet in de aanvraag om nadeelcompensatie ook een opgave worden gedaan van de geleden of te lijden schade en, als dat mogelijk is, het bedrag van de schade en de specificatie daarvan. Dat zie je in artikel 4:127 Awb.

Het bestuursorgaan moet binnen acht weken op de aanvraag beslissen. Die termijn is zes maanden als een adviescommissie met een onafhankelijk voorzitter is ingesteld. De termijn kan worden verlengd met maximaal acht weken als geen adviescommissie is ingeschakeld, of zes maanden als wel een adviescommissie is ingeschakeld. In de praktijk wordt vaak een adviescommissie ingeschakeld.

Het bestuursorgaan kan de aanvraag afwijzen als die te laat is gedaan: artikel 4:131 Awb. De termijn waarbinnen de aanvraag moet worden gedaan begint te lopen op de dag na de dag waarop de benadeelde bekend is geworden met de schade en met het bestuursorgaan dat de schade heeft veroorzaakt. De termijn eindigt vijf jaar daarna. De termijn is in ieder geval verstreken na 20 jaar. Dus, als je na 18 jaar met de schade bekend raakt en weet welk bestuursorgaan verantwoordelijk is, heb je nog maar twee jaar om de nadeelcompensatie te claimen.

De beslissing van een bestuursorgaan op een verzoek om nadeelcompensatie is een besluit. Dat betekent dat je er bezwaar tegen kunt indienen. Als je het met het besluit op bezwaar niet eens bent, kun je beroep aantekenen bij de rechtbank en hoger beroep bij de bevoegde hogerberoepsrechter.

17.5.2 *De eisen voor nadeelcompensatie*

De achtergrond bij de vergoeding van schade is bij nadeelcompensatie anders dan bij schadevergoeding als gevolg van een onrechtmatig besluit. Als de overheid onrechtmatig handelt, is het redelijk en logisch dat die schade geheel vergoed wordt: de burger hoeft er niet de dupe van te worden als de overheid in strijd met de regels schade toebrengt aan die burger. Maar bij rechtmatig handelen ligt dat toch iets anders. Want de overheid doet immers niets fout: aan een weg moet nu eenmaal af en toe onderhoud gepleegd worden. Soms is handelen van de overheid in het algemeen belang ook echt nodig. Denk bijvoorbeeld aan de gaswinning in Groningen. Dat handelen in het algemeen belang zorgt ervoor dat burgers, in dit geval de Groningers, schade lijden. Dan is het ook redelijk dat die (materiële en immateriële) schade vergoed wordt.

Aan de vergoeding van schade ligt bij nadeelcompensatie het beginsel van de 'gelijkheid van de openbare lasten' ten grondslag. In het Frans wordt dit beginsel het beginsel van de 'égalité devant les charges publiques' genoemd. Het beginsel gaat ervan uit dat het algemeen belang nu eenmaal met zich meebrengt dat de burger een zekere last moet dragen. De aanleg van een weg, een vliegveld, een industrieterrein zorgt nu eenmaal voor overlast en de burger moet dat maar, in het algemeen belang, dulden. Maar die last moet wel ongeveer gelijk over de burgers worden verdeeld. Als een burger, een groep burgers of een bedrijf of groep bedrijven een meer dan normale last moeten dragen, is het redelijk die last te compenseren, bijvoorbeeld in de vorm van een vergoeding.

Om in aanmerking te komen voor nadeelcompensatie moet aan een aantal vereisten worden voldaan.

1. Er moet sprake zijn van schade. Wat schade is, is hiervoor al besproken in de paragraaf over schadevergoeding als gevolg van onrechtmatig handelen.
2. De schade moet een gevolg zijn van een handeling van een bestuursorgaan in de uitoefening van zijn publiekrechtelijke bevoegdheid of taak.

3. De schade moet hoger zijn dan wat maatschappelijk aanvaardbaar is. Men noemt dit wel de abnormale last: de burger is, meer dan wat je van een burger mag verwachten, benadeeld door het handelen.
4. De burger moet ten opzichte van andere burgers extra zwaar (onevenredig) getroffen worden. Dit noemt men wel de speciale last.
5. Er is geen sprake van een situatie waarin de schade voor rekening van de burger moet blijven: die situaties worden genoemd in artikel 4:126 lid 2 Awb.

Als aan deze eisen is voldaan, dan heeft de burger in principe recht op vergoeding van de schade. Maar die vergoeding is (anders dan bij schadevergoeding bij onrechtmatige besluiten) nooit 100% van de geleden schade. Iedere burger moet immers zelf opdraaien voor wat normaal maatschappelijk risico is. De vergoeding is de geleden schade minus datgene wat volgens het normaal maatschappelijk risico voor rekening van de burger blijft. Daarom heet het ook *compensatie* van het nadeel en niet *vergoeding* van de schade. In het voorbeeld hierna wordt dit verduidelijkt.

Voorbeeld nadeelcompensatie

Siem heeft al jarenlang een standplaats voor de verkoop van vis aan het strand bij Noordwijk. Elk jaar krijgt hij daarvoor een vergunning. Zijn jaarlijkse omzet is € 100.000, de winst is meestal ongeveer € 50.000 per jaar. Hij heeft een vaste plek. Er zijn nog vier andere visverkopers met een vergunning en die hebben elders ook een vaste plek. Omdat de kust bij Noordwijk niet sterk genoeg is, moet de dijk versterkt worden. De minister verleent daarvoor een vergunning. Maar als gevolg van de dijkversterking vervalt de standplaats die Siem al jarenlang heeft. Daarmee vervalt ook zijn broodwinning. Siem lijdt dus schade. De versterking van de dijk is in het algemeen belang en Siem snapt ook wel dat dit voorgaat boven zijn belang om een inkomen te verwerven. Maar ja, als gevolg van de versterking van de dijk, heeft hij geen inkomen meer. Hij heeft laten uitrekenen dat hij op een andere plaats (in Katwijk) ook vis kan verkopen, maar het duurt gemiddeld vijf jaar voordat hij weer een inkomen van € 50.000 kan verdienen. De accountant heeft de schade berekend op € 25.000 in totaal. De minister besluit om het nadeel van Siem te compenseren. Er is sprake van een speciale last: andere standplaatshouders kunnen hun standplaats na de dijkversterking behouden. Er is bovendien sprake van een abnormale last: de schade die Siem lijdt, is groter dan wat je normaal mag verwachten. Maar er is wel een zeker maatschappelijk risico. Dat stelt

> de minister vast op 20%. Siem krijgt zijn nadeel dus gecompenseerd voor 80%, oftewel € 20.000.

Als Siem het er niet mee eens is, kan hij natuurlijk een bezwaarschrift indienen. Daarna volgt beroep bij de rechtbank en hoger beroep bij de Afdeling bestuursrechtspraak van de Raad van State.

17.6 Samenvatting

Voor de vergoeding van schade als gevolg van een onrechtmatig besluit, kent de Awb een verzoekschriftprocedure. Welke bestuursrechter bevoegd is een oordeel te geven over vergoeding van schade is afhankelijk van de vraag bij wie je terechtkomt als je hoger beroep instelt tegen het schadeveroorzakende besluit. Als dat is bij de Centrale Raad van Beroep of bij de Hoge Raad, dan is de bestuursrechter altijd bevoegd in de procedure van schadevergoeding, ongeacht de hoogte van de schadevergoeding. De burgerlijke rechter is niet bevoegd. Als je hoger beroep moest instellen bij de Afdeling bestuursrechtspraak van de Raad van State of het College van Beroep voor het bedrijfsleven dan is de bestuursrechter alleen bevoegd als de gevorderde schadevergoeding niet meer bedraagt dan € 25.000. De burgerlijke rechter is in die gevallen altijd bevoegd.

Voor vergoeding van schade als gevolg van rechtmatig handelen kent de Awb een regeling vanaf het moment dat de Omgevingswet in werking treedt; mogelijk is dat op 1 januari 2022. Als de schade wordt veroorzaakt als gevolg van rechtmatig handelen ter uitoefening van een publiekrechtelijke taak of bevoegdheid, dan kan het nadeel worden gecompenseerd. Iedereen die schade lijdt, kan daartoe een aanvraag doen en het bestuursorgaan moet vervolgens een besluit nemen. Er moet in ieder geval sprake zijn van een abnormale last en een speciale last. De wet gaat ervan uit dat een deel van de schade voor de burger blijft. Van de burger mag immers verwacht worden dat die binnen de grenzen van de redelijkheid zelf de lasten van de overheid draagt.

17.7 Kennisvragen

1. Aan welke eisen dient een verzoekschrift om schadevergoeding bij onrechtmatig bestuurshandelen te voldoen? En bij een aanvraag nadeelcompensatie?
2. Wanneer is er sprake van onrechtmatig bestuurshandelen?
3. Wat is het verschil tussen een zelfstandig schadevergoedingsverzoek en een onzelfstandig schadevergoedingsverzoek?
4. Wat wordt verstaan onder vermogensschade? En wat onder immateriële schade?
5. Wat houdt de causaliteitseis in bij schadevergoeding wegens onrechtmatig handelen en bij nadeelcompensatie?
6. Wat wordt verstaan onder een schadeveroorzakende onrechtmatige handeling?
7. Geef aan in welke gevallen de bestuursrechter exclusief bevoegd is als het gaat om schadeverzoeken als gevolg van onrechtmatig bestuurshandelen.
8. Wat houdt de connexiteitseis in bij schadeverzoeken?
9. Welke bepaling van de Awb regelt de relatieve competentie van de bestuursrechter als het gaat om schadeverzoeken als gevolg van onrechtmatig bestuurshandelen?
10. Aan welke eisen moet worden voldaan om in aanmerking te komen voor nadeelcompensatie?

17.8 Open vragen

Burgemeester en wethouders leggen een last onder bestuursdwang op aan John de Mier. De last houdt in dat John binnen een maand zijn, volgens burgemeester en wethouders, illegaal gebouwde schuur moet afbreken. John breekt de schuur niet af, hij dient bezwaar in tegen het besluit. Burgemeester en wethouders willen de behandeling van het bezwaar niet afwachten. Zij passen na twee maanden bestuursdwang toe en slopen de schuur. Het bezwaar van John wordt een week later ongegrond verklaard. John stelt beroep in bij de rechtbank. Die stelt John in het gelijk. Burgemeester en wethouders gaan niet in hoger beroep. Volgens John kost het € 15.000 om de schuur weer op te bouwen. Hij wil dat burgemeester en wethouders hem de schade vergoeden.

1. Wat moet John doen om de schade die hij heeft geleden vergoed te krijgen?
2. Gesteld dat burgemeester en wethouders John geen schadevergoeding willen aanbieden, aan welke rechter kan John de schadeclaim dan voorleggen? En aan welke hogerberoepsrechter?

Een kermisexploitant krijgt bij brief van 15 mei van de gemeente te horen dat zijn draaimolen niet meer aan de Europese regels voldoet. Hij zal voor de volgende kermis alleen een vergunning krijgen als hij de draaimolen aanpast. De exploitant doet dat; kosten: € 10.000. Vervolgens vraagt hij een vergunning aan, die hij ook krijgt. Achteraf hoort hij dat de gemeente zich vergist heeft; de Europese regels hadden betrekking op een andere kermisattractie en golden niet voor draaimolens.

1. Is de brief van 15 mei een besluit?
2. Bij welke rechter kan de kermisexploitant terecht voor vergoeding van de door hem geleden schade?

In het Eindhovens Dagblad van 24 december 2018 (www.ed.nl, ingezien op 6 januari 2019) is het volgende te lezen: 'Eersel heeft de oud-uitbater van hotel 't Hint onterecht dwangsommen laten betalen voor illegale bijgebouwen achter dit hotel, zo oordeelde de rechtbank in Den Bosch. De gemeente moet de exploitant ruim 22.000 euro aan schadevergoeding betalen. De meervoudige kamer van bestuursrechters heeft het besluit van de gemeente om de dwangsommen op te leggen vernietigd, omdat oud-uitbater Hans Lamers ten tijde van het dwangsombesluit (in 2014) al een vergunning voor het bouwsel had aangevraagd. In 2017 is die vergunning verleend.'

1. Wat is het besluit dat de schade heeft veroorzaakt?
2. Wat is in dit geval de 'meervoudige kamer van bestuursrechters'?
3. Waarom is de bestuursrechter in dit geval bevoegd?
4. Was dat anders geweest als de gevraagde schadevergoeding € 32.000 was geweest?
5. Is hier sprake van een zelfstandig of van een onzelfstandig schadevergoedingsverzoek?

De burgemeester besluit vanwege de openbare orde dat cafés in de buitenste ring van Roomheze om middernacht moeten sluiten, de ring daarbinnen sluit om 01.00 uur en de binnenste ring om 03.00 uur. Daardoor zal, aldus de burgemeester, de overlast van het uitgaansleven voor de bewoners, die thuis blijven, een stuk minder worden. Café de Wortel is het enige café in de buitenste ring. Het is een populair café waarin het normaliter elk weekend tot 03.00 uur stampvol is, vooral vanaf 23.30 uur. De eigenaar van het café vreest dat hij het hoofd niet meer boven water kan houden. Zijn accountant becijfert de schade per weekend op € 5.000.

1. Is hier sprake van een verzoek om vergoeding van schade als gevolg van rechtmatig of onrechtmatig handelen?
2. Welke eisen gelden voor de beoordeling van het verzoek?
3. Wordt aan die eisen voldaan?
4. Als de schade juist berekend is, betekent dit dan dat die voor 100% moet worden vergoed?

17.9 Meerkeuzevragen

1. Tegen een uitspraak van de rechtbank (afdeling bestuursrecht) op een schadeverzoek staat geen hoger beroep open.
   Deze stelling is:
   a. juist.
   b. onjuist.

2. Wat is onjuist? Onder een schadeveroorzakende onrechtmatige handeling wordt verstaan:
   a. schade als gevolg van een onrechtmatig besluit.
   b. schade ten gevolge van onrechtmatige voorbereidingshandelingen.
   c. schade door het niet tijdig nemen van het besluit.
   d. schade als gevolg van een rechtmatig besluit.

3. De burgerlijke rechter is exclusief bevoegd om schadevorderingen als gevolg van een onrechtmatig besluit hoger dan € 25.000 te beoordelen, indien het gaat om een:
   a. ambtenarenzaak.
   b. socialezekerheidszaak.
   c. omgevingsrechtelijke zaak.
   d. belastingzaak.

4. Zowel de burgerlijke rechter als de bestuursrechter zijn bevoegd om schadevorderingen als gevolg van een onrechtmatig besluit beneden de € 25.000 te beoordelen.

Deze stelling is:
a. juist.
b. onjuist.

5. Het verzoek om schadevergoeding kun je al doen tijdens het (hoger) beroep tegen het schadeveroorzakende besluit, maar ook nadat de bezwaar- of beroepsprocedure is afgerond.
Deze stelling is:
a. juist.
b. onjuist.

18 Klachtbehandeling

18.1 Inleiding

In hoofdstuk 9 van de Awb wordt het klachtrecht behandeld. De burger die zich onheus door de overheid bejegend voelt, moet de mogelijkheid hebben dit kenbaar te maken. De klachtenregeling is bedoeld om ervoor te zorgen dat klachten serieus worden genomen, zorgvuldig worden afgedaan en in de toekomst kunnen worden voorkomen.
Er zijn drie soorten klachtrecht: het intern klachtrecht, het extern klachtrecht en het beklagrecht.

18.2 Intern klachtrecht

Als het bestuursorgaan zelf de klacht afdoet, spreek je van intern klachtrecht.

18.2.1 De vorm

Voor het mondelinge klachtrecht gelden geen vormvereisten.

Voor schriftelijke klachten (art. 9:4 lid 2 Awb) geldt dat het klaagschrift:
1. moet worden ondertekend;
2. voorzien is van de naam en het adres van de indiener;
3. voorzien is van een dagtekening;
4. en er een omschrijving van de gedraging waartegen de klacht is gericht, is opgenomen.

Als het klaagschrift niet voldoet aan de hiervoor gestelde eisen, krijg je de kans om het verzuim binnen een bepaalde tijd te herstellen (art. 9:4 lid 3 Awb).

18.2.2 *Wie kan een klacht indienen?*

Iedereen kan een klacht indienen (art. 9:1 lid 1 Awb). Zowel natuurlijke personen als rechtspersonen zijn bevoegd.

Een klacht van een ambtenaar over zijn werkgever valt ook onder de werking van hoofdstuk 9 Awb.

18.2.3 *Waarover kan een klacht worden ingediend?*

Je kunt geen klacht indienen over algemene aangelegenheden, zoals klachten over de uitvoering van beleid. Een klacht dient betrekking te hebben op een specifieke kwestie.

De klacht kan betrekking hebben op een gedraging die niet jegens de klager zelf is begaan. Je kunt dus een klacht indienen als je van mening bent dat een ander onheus door een bestuursorgaan is bejegend.

De gedraging kan elk handelen of nalaten van het bestuursorgaan zijn. Het klachtrecht richt zich dus niet alleen op publiekrechtelijke rechtshandelingen. Ook feitelijk handelen of privaatrechtelijke rechtshandelingen vallen onder het klachtrecht.

18.2.4 *De behandeling van klaagschriften*

Het bestuursorgaan bevestigt de ontvangst van het klaagschrift schriftelijk en onderzoekt vervolgens of het klaagschrift voldoet aan de formele vereisten. Blijft de klager in verzuim, dan is het bestuursorgaan niet verplicht de klacht te behandelen.

Daarnaast is het bestuursorgaan niet verplicht de klacht te behandelen indien de klacht onder andere betrekking heeft op een gedraging die langer dan een jaar voor indiening van de klacht heeft plaatsgevonden of waartegen door de klager bezwaar gemaakt had kunnen worden. Indien het belang van de klager dan wel het gewicht van de gedraging kennelijk onvoldoende is, hoeft het bestuursorgaan de klacht ook niet in behandeling te nemen (art. 9:8 Awb).

Zodra echter het bestuursorgaan naar tevredenheid van de klager aan diens klacht tegemoet is gekomen, vervalt de verplichting tot het verder behandelen van de klacht (art. 9:5 Awb).

Het bestuursorgaan stelt de klager en degene op wiens gedraging de klacht betrekking heeft, in de gelegenheid te worden gehoord.
Van het horen van de klager kan worden afgezien indien de klacht kennelijk ongegrond is dan wel indien de klager heeft verklaard geen gebruik te willen maken van het recht te worden gehoord.
Van het horen wordt een verslag gemaakt (art. 9:10 Awb).

De termijn waarbinnen de klacht moet worden afgehandeld, is zes weken. Als de klachtadviesprocedure van toepassing is, moet binnen tien weken na ontvangst van het klaagschrift de klacht worden afgehandeld. Het is mogelijk de afhandeling voor ten hoogste vier weken te verdagen. Van de verdaging wordt schriftelijk mededeling gedaan aan de klager en aan degene op wiens gedraging de klacht betrekking heeft.

Verder uitstel is mogelijk voor zover de klager daarmee schriftelijk instemt (art. 9:11 Awb).

18.2.5 Het oordeel

Het bestuursorgaan stelt de klager schriftelijk en gemotiveerd in kennis van de bevindingen van het onderzoek naar de klacht, zijn oordeel daarover, alsmede van de eventuele conclusies die het daaraan verbindt.
Bij de kennisgeving wordt vermeld bij welke ombudsman en binnen welke termijn de klager vervolgens een verzoekschrift kan indienen (art. 9:12 Awb).

18.3 Extern klachtrecht

Bij extern klachtrecht is de klacht geheel in handen van een onafhankelijke instantie, zoals de Nationale ombudsman, een ombudsman of ombudscommissie ingesteld krachtens de Gemeentewet, de Provinciewet, de Waterschapswet of de Wet gemeenschappelijke regelingen.

18.3.1 Wie kan een klacht indienen?

Volgens het bepaalde in artikel 9:18 Awb heeft iedereen het recht de ombudsman schriftelijk te verzoeken een onderzoek in te stellen naar de wijze waarop een bestuursorgaan zich in een bepaalde aangelegenheid jegens hem of een ander heeft gedragen.

18.3.2 Hoe moet een klacht worden ingediend?

Een klacht kan alleen schriftelijk worden ingediend.
Het verzoekschrift wordt ondertekend en bevat ten minste (art. 9:28 Awb):

1. de naam en het adres van de verzoeker;
2. de dagtekening;
3. een omschrijving van de gedraging waartegen het verzoek is gericht, een aanduiding van degene die zich aldus heeft gedragen en een aanduiding van degene jegens wie de gedraging heeft plaatsgevonden, indien deze niet de verzoeker is;
4. de gronden van het verzoek;
5. de wijze waarop een klacht bij het bestuursorgaan is ingediend, en zo mogelijk de bevindingen van het onderzoek naar de klacht door het bestuursorgaan, zijn oordeel daarover, alsmede de eventuele conclusies die het bestuursorgaan hieraan verbonden heeft.

Indien niet is voldaan aan de in dit artikel gestelde vereisten, stelt de ombudsman de verzoeker in de gelegenheid het verzuim binnen een door hem daartoe gestelde termijn te herstellen.

18.3.3 Doorzendplicht

Indien het verzoekschrift bij een onbevoegde ombudsman wordt ingediend, wordt het, nadat daarop de datum van ontvangst is aangetekend, zo spoedig mogelijk doorgezonden aan de bevoegde ombudsman, onder gelijktijdige mededeling hiervan aan de verzoeker (art. 9:18 Awb).
Als tegen de gedraging de mogelijkheid van bezwaar, beroep of beklag openstaat, zal de verzoeker daarop wijzen en het verzoekschrift doorsturen naar de bevoegde instantie (art. 9:19 Awb).

18.3.4 De behandeling

Alvorens het verzoek aan een ombudsman te doen, dient de verzoeker over de gedraging een klacht in bij het betrokken bestuursorgaan, tenzij dit redelijkerwijs niet van hem kan worden gevergd.

De bevoegdheid om van de klacht kennis te nemen is geregeld in artikel 9:22 Awb. De ombudsman zal zich bijvoorbeeld onbevoegd verklaren als het een gedraging betreft waarop de rechterlijke macht toeziet of als tegen de gedraging beklag kan worden gedaan.

De ombudsman is niet verplicht om onderzoek in te stellen als het bijvoorbeeld gaat om een aangelegenheid die behoort tot het algemeen regeringsbeleid of als het gaat om een algemeen verbindend voorschrift (art. 9:22 Awb).

Ook is de ombudsman niet verplicht een onderzoek in te stellen of voort te zetten als blijkt dat het verzoekschrift niet voldoet aan de formele vereisten, als het verzoek kennelijk ongegrond is (art. 9:23 Awb), als het verzoek wordt ingediend later dan een jaar na de kennisgeving door het bestuursorgaan van de bevindingen van het onderzoek of nadat de klachtbehandeling door het bestuursorgaan op andere wijze is geëindigd dan wel ingevolge artikel 9:11 Awb beëindigd had moeten zijn.

Als de ombudsman bevoegd is en onderzoek instelt, zal hij het bestuursorgaan, degene op wiens gedraging het verzoek betrekking heeft en de verzoeker in de gelegenheid stellen hun standpunt toe te lichten (art. 9:30 Awb).
De ombudsman beslist of de toelichting schriftelijk of mondeling en al dan niet in elkaars tegenwoordigheid wordt gegeven.

De ombudsman heeft een groot aantal onderzoeksbevoegdheden. Hij kan getuigen oproepen, stukken opvragen, onderzoek laten doen door deskundigen en in het belang van het onderzoek deskundigen en tolken oproepen. De ombudsman kan besluiten een onderzoek ter plaatse in te stellen (art. 9:32 en 9:33 Awb).

De ombudsman deelt, alvorens het onderzoek te beëindigen, zijn bevindingen schriftelijk mee aan: het betrokken bestuursorgaan, degene op wiens gedraging het verzoek betrekking heeft en de verzoeker en geeft hun de gelegenheid zich binnen een door hem te stellen termijn omtrent de bevindingen te uiten (art. 9:35 Awb).

18.3.5 Het oordeel

Wanneer een onderzoek is afgesloten, stelt de ombudsman een rapport op, waarin hij zijn bevindingen en zijn oordeel weergeeft.

Als naar het oordeel van de ombudsman de gedraging niet behoorlijk is, vermeldt hij in het rapport welk vereiste van behoorlijkheid geschonden is (art. 9:35 Awb).

De ombudsman zendt zijn rapport aan het betrokken bestuursorgaan, alsmede aan de verzoeker en aan degene op wiens gedraging het verzoek betrekking heeft.

Als de ombudsman aan het bestuursorgaan een aanbeveling doet, deelt het bestuursorgaan binnen een redelijke termijn aan de ombudsman mee op welke wijze aan de aanbeveling gevolg zal worden gegeven. Indien het bestuursorgaan overweegt de aanbeveling niet op te volgen, deelt het dat met redenen omkleed aan de ombudsman mee (art. 9:36 Awb).

Een voorbeeld van een rapport, opgesteld door de nationale ombudsman, zie je hieronder.

Ombudsman: toegang tot zorg nog steeds niet op orde

Het huidige zorgstelsel werkt nog steeds niet goed. Daardoor hebben sommige groepen mensen niet genoeg toegang tot de juiste zorg. Die conclusie trekt de Nationale Ombudsman Reinier van Zutphen donderdag, twee jaar na het verschijnen van twee kritische rapporten over het Nederlandse zorgstelsel.

Bron: www.nrc.nl, 17 september 2020, ingezien op 7 januari 2021

18.4 Het beklagrecht

Het beklagrecht valt niet onder de werking van hoofdstuk 9 van de Awb. Het verschil met het klachtrecht is dat de uitspraak in een beklagrechtprocedure rechtens bindend is.

18.5 Samenvatting

De burger die zich onheus door de overheid bejegend voelt, heeft de mogelijkheid om dit kenbaar te maken. Er zijn drie soorten klachtrecht: het intern klachtrecht, het extern klachtrecht en het beklagrecht.

Als het bestuursorgaan zelf de klacht afdoet, spreek je van intern klachtrecht. Tegen de bevindingen en conclusies van het bestuursorgaan bestaat de mogelijkheid voor de klager om de klacht voor te leggen aan een onafhankelijke instantie.

Bij extern klachtrecht is de klacht geheel in handen van een onafhankelijke instantie.

Zowel bij het interne als externe klachtrecht kan eenieder een klacht indienen. In bepaalde gevallen zal er geen onderzoek worden ingesteld, omdat de klacht bijvoorbeeld kennelijk ongegrond is of als bijvoorbeeld het klaagschrift niet aan de formele vereisten voldoet.

Zowel bij het interne als externe klachtrecht geldt dat de bevindingen en conclusies niet gericht zijn op rechtsgevolg.

18.6 Kennisvragen

1. Om welke reden is de regeling over klachtbehandeling in de Awb opgenomen?
2. Welke soorten klachtrecht zijn er?
3. Wie kan een klacht indienen?
4. Wat houdt het interne klachtrecht in?
5. Wat houdt het externe klachtrecht in?
6. Wat houdt het beklagrecht in?
7. Is het oordeel van het bestuursorgaan over een klacht een voor beroep vatbare beslissing?
8. In welke gevallen zal de ombudsman zich onbevoegd verklaren?
9. In welke gevallen is de ombudsman niet verplicht een onderzoek in te stellen?
10. Moet het bestuursorgaan de aanbeveling als bedoeld in artikel 9:23 lid 3 Awb opvolgen?

18.7 Meerkeuzevragen

1. Tegen het oordeel van een bestuursorgaan over een klacht kan de klager beroep instellen bij de bestuursrechter.

Deze stelling is:
a. juist.
b. onjuist.

2. Tegen een besluit inzake de behandeling van een klacht over een gedraging van een bestuursorgaan kan beroep worden ingesteld.
Deze stelling is:
a. juist.
b. onjuist.

3. Iedereen heeft het recht om de ombudsman te verzoeken om een onderzoek in te stellen naar de wijze waarop een bestuursorgaan zich jegens hem heeft gedragen, mits dit verzoek schriftelijk wordt ingediend.
Deze stelling is:
a. juist.
b. onjuist.

19 Bestuurlijk toezicht

19.1 Inleiding

In dit hoofdstuk wordt ingegaan op de verschillende vormen van bestuurlijk toezicht.
Bestuurlijk toezicht houdt in dat een 'hoger' bestuursorgaan kan ingrijpen in het handelen van een 'lager' bestuursorgaan.

> **Voorbeeld ingrijpen in het algemeen belang**
> Op het moment dat een gemeentebestuur een cellencomplex sluit en de regering wil dit voorkomen, dan kan de regering in het kader van het algemeen belang ingrijpen.

Een van de redenen dat een ander bestuursorgaan bevoegd is om toezicht uit te oefenen, is dat een 'lager' bestuursorgaan niet het beleid van de 'hogere' bestuursorganen kan frustreren.

19.2 Bestuurlijk toezicht

Het volgende figuur laat zien welke vormen van bestuurlijk toezicht er zijn.

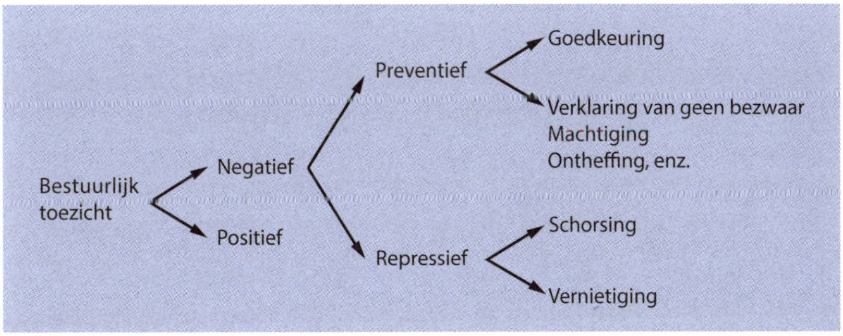

Figuur 7 Vormen van bestuurlijk toezicht

In titel 10.2 van de Awb wordt het negatieve toezicht behandeld. Deze vorm van toezicht houdt in dat een bepaald handelen van een bestuursorgaan wordt belet of ongedaan wordt gemaakt. Dit toezicht kan zowel repressief (achteraf) als preventief (vooraf) zijn.

Positief toezicht is niet in de Awb geregeld. Als door middel van een bevel of aanwijzing een 'hoger' bestuursorgaan een 'lager' bestuursorgaan verplicht tot een bepaald (positief) handelen, spreek je van positief toezicht.

19.3 Preventief toezicht

Bij preventief toezicht wordt er toezicht vooraf gepleegd. Het besluit van het 'lagere' bestuursorgaan treedt dan pas in werking, nadat een 'hoger' orgaan een positief besluit (goedkeuring) heeft genomen (art. 10.25 Awb) of de wet bepaalt dat het 'hogere' bestuursorgaan eerst een positief besluit (toestemming) moet nemen, wil het 'lagere' bestuursorgaan bevoegd zijn een besluit te nemen (art. 10.32 lid 1 Awb). Besluiten kunnen slechts aan goedkeuring en toestemming worden onderworpen als de wet dit heeft bepaald.

Artikel 10.27 Awb bepaalt dat de goedkeuring of toestemming slechts kan worden onthouden wegens strijd met het recht of op een grond genoemd in de wet.

Hierna zie je een krantenartikel over preventief financieel toezicht.

Assen onder preventief toezicht provincie (en moet voor elke uitgave eerst toestemming vragen)

De gemeente Assen heeft de begroting niet op orde en komt in 2020 onder preventief toezicht van de provincie te staan. De komende periode moet Assen voor elke nieuwe uitgave toestemming vragen aan de provincie.

Assen kampt met een tekort van 11 miljoen euro, en doet daarvoor een grote greep uit de reserves van 8 miljoen.

Bron: www.dvhn.nl, 17 december 2019, ingezien op 7 januari 2021

19.4 Repressief toezicht

Bij repressief toezicht wordt er toezicht achteraf gepleegd. Het gaat bij repressief toezicht om het schorsen dan wel vernietigen van een in werking getreden besluit. De gronden om tot vernietiging van een besluit over te gaan, zijn strijd met het recht en het algemeen belang (art. 10:35 Awb).

Bij vernietiging wordt de werking van een besluit ontnomen. Vernietiging heeft terugwerkende kracht, tenzij anders bepaald (art. 10:42 Awb). De bevoegdheid om tot vernietiging van een besluit over te kunnen gaan, moet zijn vastgelegd in de wet (art. 10:34 Awb).

Schorsing stelt een besluit tijdelijk buiten werking. Met schorsing krijgt het bestuursorgaan de tijd om onderzoek te doen of er een reden is om tot vernietiging over te gaan (art. 10:43 Awb).

In de gevallen dat er gesproken wordt van 'spontane' schorsing of 'spontane' vernietiging wordt daarmee bedoeld dat het bestuursorgaan dat tot schorsing of vernietiging is overgegaan dit uit eigen beweging heeft gedaan. Dus zonder verzoek van een belanghebbende.

19.5 Samenvatting

Bestuurlijk toezicht is toezicht op bestuursorganen. Toezicht kun je onderscheiden in positief en negatief toezicht.
Negatief toezicht kun je onderverdelen in repressief en preventief toezicht.
Het besluit van een 'hoger' bestuursorgaan om een besluit te schorsen of te vernietigen valt onder het repressief toezicht.

Een besluit waarbij een besluit pas inwerking treedt na goedkeuring door een 'hoger' orgaan of het besluit waarbij het 'lagere' bestuursorgaan bevoegd wordt een bepaald besluit te nemen valt onder het preventief toezicht.

19.6 Kennisvragen

1. Wat houdt bestuurlijk toezicht in?
2. Wat is het verschil tussen negatief en positief toezicht?
3. Wat is repressief toezicht?

4. Wat is preventief toezicht?
5. Leg uit wanneer je spreekt van 'spontane' vernietiging.

19.7 Open vragen

Lees het volgende krantenartikel en beantwoord de vragen.

Kroon vernietigt zondagsopening winkels Westland

De Kroon heeft het gemeenteraadsbesluit van de gemeente Westland om de winkels elke zondag te mogen openen, vernietigd.
Van der Hoeven wees vanmorgen in een reactie op het belang van het naleven van de regels. 'We hebben in het coalitieakkoord afgesproken dat het oneigenlijke gebruik van de toerismebepaling in de Winkeltijdenwet ter verruiming van het aantal koopzondagen wordt tegengegaan. Daar is hier duidelijk sprake van', aldus de CDA-bewindsvrouw.

Bron: www.refdag.nl, 24 maart 2010, ingezien op 12 januari 2021

1. Is er sprake van repressief of preventief toezicht?
2. Is aan deze vernietiging een schorsing voorafgegaan?
3. Om welke reden(en) kan overgegaan worden tot vernietiging?
4. Wat is in dit geval de oorzaak van de vernietiging geweest?

19.8 Meerkeuzevragen

1. Goedkeuring is een vorm van repressief toezicht.
   Deze stelling is:
   a. juist.
   b. onjuist.

2. Goedkeuring onder voorwaarde is mogelijk.
   Deze stelling is:
   a. juist.
   b. onjuist.

3. Gedeeltelijke goedkeuring is mogelijk als gedeeltelijke inwerkingtreding strookt met de aard en de inhoud van het besluit.
   Deze stelling is:
   a. juist.
   b. onjuist.

4. Besluiten kunnen slechts aan goedkeuring worden onderworpen in, bij of krachtens de wet bepaalde gevallen.
   Deze stelling is:
   a. juist.
   b. onjuist.

5. De schorsing van een besluit kan niet worden verlengd.
   Deze stelling is:
   a. juist.
   b. onjuist.

6. De schorsing van een besluit mag niet langer duren dan een jaar.
   Deze stelling is:
   a. juist.
   b. onjuist.

20 Europees bestuursrecht

20.1 Inleiding

In dit hoofdstuk wordt de invloed van het Europese recht op het nationale bestuursprocesrecht besproken. Het Europese recht kan van invloed zijn op de besluitvormingsprocedure op nationaal niveau. Het Europese recht kan ook van invloed zijn op de procedure bij de bestuursrechter.

20.2 De instellingen van de Europese Unie

De landen die deel uitmaken van de Europese Unie (hierna: EU) zijn onafhankelijk en soeverein. Door het bundelen van hun soevereiniteit verwerven ze macht en invloed in de wereld die ze afzonderlijk niet zouden hebben.
De instellingen van de EU zijn onder andere (art. 13 EU-Verdrag):

- Europees Parlement;
- Europese Raad;
- Raad van de Europese Unie (ook genoemd: de Raad);
- Europese Commissie;
- Hof van Justitie van de EU.

Het Europees Parlement bestaat uit vertegenwoordigers van de burgers van de EU (art. 14 lid 1 en 2 EU-Verdrag). Enerzijds oefent het Europees Parlement samen met de Raad de wetgevingstaak en de begrotingstaak uit, anderzijds oefent het onder de bij de Verdragen bepaalde voorwaarden politieke controle en adviserende taken uit.

De Europese Raad bestaat uit de staatshoofden en regeringsleiders van de lidstaten, zijn voorzitter en de voorzitter van de Commissie (art. 15 lid 1 en 2 EU-Verdrag). De Europese Raad geeft de nodige impulsen voor de ontwikkeling van de Unie en bepaalt de algemene politieke beleidslijnen en prioriteiten. Hij oefent geen wetgevingstaak uit.

De Raad bestaat uit vertegenwoordigers van de lidstaten (van iedere lidstaat één) op ministerieel niveau. Zo'n vertegenwoordiger op ministerieel niveau is gemachtigd om de regering van zijn lidstaat te binden en om het stemrecht uit te oefenen (art. 16 lid 1 en 2 EU-Verdrag).

De Raad oefent samen met het Europees Parlement de wetgevingstaak en de begrotingstaak uit. Hij oefent onder de bij de Verdragen bepaalde voorwaarden beleidsbepalende en coördinerende taken uit.

De Commissie bestaat uit zo veel commissarissen als er lidstaten zijn (op dit moment 28), elk land levert één commissaris. De Europese Raad draagt een kandidaat-voorzitter voor de Commissie voor die door het Europees Parlement moet worden goedgekeurd. Heeft het Parlement de voorzitter goedgekeurd, dan hij of zij zijn Commissie gaan samenstellen. Daarvoor kiest hij uit de kandidaten die de lidstaten voordragen. Vervolgens moeten de Raad en het Europees Parlement allebei hun goedkeuring geven aan de volledige Commissie.
De Commissie bevordert het algemeen belang van de Unie en neemt daartoe passende initiatieven. Zij ziet toe op de toepassing van zowel de Verdragen als de maatregelen die de instellingen krachtens deze Verdragen vaststellen. Onder de controle van het Hof van Justitie van de Europese Unie ziet de Commissie toe op de toepassing van het recht van de Unie. Zij voert de begroting uit en beheert de programma's (art. 17 lid 1 en 2 EU-Verdrag). De commissarissen hebben ieder ook hun eigen portefeuille, bijvoorbeeld Handel of Vervoer.

Het Hof van Justitie van de Europese Unie doet uitspraak overeenkomstig de Verdragen inzake:
- door een lidstaat, een instelling of een natuurlijke of rechtspersoon ingesteld beroep;
- op verzoek van de nationale rechterlijke instanties bij wijze van prejudiciele beslissing over de uitlegging van het recht van de Unie en over de geldigheid van de door de instellingen vastgestelde handelingen;
- in de overige bij de Verdragen bepaalde gevallen (art. 19 lid 1 en 2 EU-Verdrag).

20.3 De bevoegdheden van de EU

Teneinde de bevoegdheden van de EU te kunnen uitoefenen, stellen de instellingen verordeningen, richtlijnen, besluiten, aanbevelingen en adviezen vast (art. 288 Verdrag betreffende de werking van de EU).

Een verordening heeft een algemene strekking. Zij is verbindend in al haar onderdelen en is rechtstreeks toepasselijk in elke lidstaat, wat betekent dat zij rechtstreeks van toepassing is. De verordening heeft in alle EU-lidstaten dezelfde kracht als het nationale recht. Nationale instanties hoeven voor de werking van de verordening niets te doen.

Een richtlijn is verbindend ten aanzien van het te bereiken resultaat voor elke lidstaat waarvoor zij bestemd is, maar aan de nationale instanties wordt de bevoegdheid gelaten vorm en middelen te kiezen. Een richtlijn die in werking is getreden, dient vervolgens door elke bedoelde lidstaat geïmplementeerd te worden in haar nationale rechtsorde.

Een besluit is verbindend in al zijn onderdelen. Indien de adressaten (een lidstaat, een EU-burger of een bepaalde groep EU-burgers) worden vermeld, is het besluit alleen voor hen verbindend.

Aanbevelingen en adviezen zijn niet verbindend.

20.4 Bronnen van Europees bestuursrecht

Het recht van de Europese Unie (EU-recht) en het Verdrag tot bescherming van de rechten van de mens en de fundamentele vrijheden (EVRM) spelen een belangrijke rol in het bestuurs(proces)recht op nationaal niveau. De jurisprudentie van het Hof van Justitie en het ongeschreven zijn tevens een belangrijke bronnen.

20.5 Rechtsbescherming op Europees en internationaal niveau

De uitspraken van het Hof van Justitie van de Europese Unie zijn van belang voor het nationale bestuurs(proces)recht. Los van het recht van de Europese Unie, zijn er de uitspraken van het Europees Hof voor de Rechten van de

Mens (EHRM) waarmee ook rekening moet worden gehouden in de nationale rechtsorde.

20.5.1 *Het Hof van Justitie van de Europese Unie*

De nationale (bestuurs)rechter moet ervoor zorgen dat de EU-wetgeving in zijn land juist wordt toegepast. Het gevaar bestaat echter dat de rechters de EU-wetgeving verschillend uitleggen.

Prejudiciële beslissingen moeten dergelijke problemen voorkomen. Dit houdt in dat lagere nationale rechters bij de vraag over de uitleg van een bepaling van het EU-recht het Hof van Justitie van de Europese Unie, gevestigd te Luxemburg, om advies vragen als er twijfel bestaat over de interpretatie of geldigheid van bepaalde EU-regels.

Als tegen de uitspraak van de nationale bestuursrechter geen hoger beroep mogelijk is, moet in beginsel advies worden gevraagd over de uitleg van een bepaling van het EU-recht. Het advies heet een prejudiciële beslissing.

Alleen het Hof van Justitie van de Europese Unie mag een handeling van een instelling van de Europese Unie (verordening, richtlijn, beschikking) (on)geldig verklaren. Deze bevoegdheid heeft de nationale bestuursrechter niet. De nationale bestuursrechter zal een vraag over de geldigheid van een handeling van een instelling van de Europese Unie moeten voorleggen aan het Hof van Justitie van de Europese Unie. Dit noem je het stellen van de prejudiciële vraag. De behandeling van de zaak wordt opgeschort totdat het Hof van Justitie van de Europese Unie de vraag heeft beantwoord. De prejudiciële beslissing is bindend.

20.5.2 *Het Europees Hof voor de Rechten van de Mens*

Het Europees Hof voor de Rechten van de Mens, gevestigd te Straatsburg, is bevoegd om verzoeken van burgers te behandelen inzake schending van de in het EVRM opgenomen rechten (art. 34 EVRM). Het Europees Hof voor de Rechten van de Mens is niet een instelling van de Europese Unie. Het Europees Hof voor de Rechten van de Mens is ingesteld op grond van een in 1950 ondertekend internationaal verdrag, het Verdrag tot bescherming van de Rechten van de Mens en de fundamentele vrijheden, afgekort EVRM. Aan dat internationale verdrag neemt ook Nederland deel.

Het Europees Hof voor de Rechten van de Mens kan een zaak pas in behandeling nemen:

1. nadat alle nationale rechtsmiddelen zijn uitgeput;
2. overeenkomstig de algemeen erkende regels van internationaal recht;
3. binnen een termijn van zes maanden na de datum van de definitieve nationale beslissing (art. 35 EVRM).

Het EHRM behandelt onder andere klachten van Nederlandse burgers over de onafhankelijkheid en onpartijdigheid van de (bestuurs)rechter. Artikel 6 EVRM stelt onder meer dat iedereen recht heeft op een eerlijke en openbare behandeling van zijn zaak, binnen een redelijke termijn, door een onafhankelijk en onpartijdig gerecht dat bij de wet is ingesteld. De nationale rechter moet rekening houden met de jurisprudentie van het EHRM.

20.6 De invloed van het Europese recht

De Nederlandse wetgever mag zelf bepalen op welke wijze het recht van de Europese Unie (Unierecht) ten uitvoer wordt gelegd. De nationale wetgever mag dus zelf de inhoud, de vorm en de gevolgen van de rechtsbescherming bepalen (procedurele autonomie). Men dient daarbij wel rekening te houden met de beginselen van gelijkwaardigheid en van effectiviteit.

Het beginsel van gelijkwaardigheid (ook wel het non-discriminatievereiste genoemd) stelt de voorwaarde dat de regels die van toepassing zijn op geschillen die binnen de werkingssfeer van het recht van de Europese Unie vallen niet ongunstiger mogen zijn dan die voor soortgelijke nationale vorderingen gelden.
De nationale wetgever mag bijvoorbeeld geen hoger griffierecht in rekening brengen voor rechtsvorderingen die burgers instellen met een beroep op het EU-recht dan het griffierecht dat voor soortgelijke nationale vorderingen geldt.

Het beginsel van effectiviteit houdt in dat de uitoefening van de rechten van de Europese Unie niet door de nationale regels praktisch onmogelijk wordt gemaakt.

20.7 Samenvatting

In dit hoofdstuk is de invloed van het Europese recht op het nationale bestuursprocesrecht besproken. Het Europese recht kan van invloed zijn op de besluitvormingsprocedure op nationaal niveau. Het Europese recht kan ook van invloed zijn op de procedure bij de bestuursrechter.

De instellingen van de Unie zijn onder andere het Europees Parlement, de Europese Raad, de Raad van de Europese Unie (de Raad), de Europese Commissie en het Hof van Justitie van de EU.

Teneinde de bevoegdheden van de Unie te kunnen uitoefenen, stellen de instellingen verordeningen, richtlijnen, besluiten, aanbevelingen en adviezen vast.

Belangrijke bronnen van internationaal bestuursrecht zijn het recht van de Europese Unie en van het EVRM. Die bronnen spelen een belangrijke rol in het bestuurs(proces)recht op nationaal niveau. De jurisprudentie van het Hof van Justitie en het ongeschreven recht zijn ook belangrijke bronnen.
De uitspraken van het Hof van Justitie van de EU en de uitspraken van het Europees Hof voor de Rechten van de Mens zijn vormen van rechtsbescherming op internationaal niveau die van belang zijn voor het nationale bestuurs(proces)recht.

Prejudiciële beslissingen moeten voorkomen dat de rechters de EU-wetgeving verschillend uitleggen. Het stellen van de prejudiciële vraag houdt in dat de nationale bestuursrechter een vraag over de geldigheid van een handeling van een instelling van de Europese Unie voorlegt aan het Hof van Justitie van de Europese Unie (art. 19 lid 3 sub b EU-Verdrag).

Het Europees Hof voor de Rechten van de Mens is bevoegd om verzoeken van burgers te behandelen inzake schending van de in het EVRM opgenomen rechten.

Het beginsel van gelijkwaardigheid (ook wel het non-discriminatievereiste genoemd) stelt de voorwaarde dat de regels die van toepassing zijn op geschillen die binnen de werkingssfeer van het recht van de Europese Unie vallen, niet ongunstiger mogen zijn dan die voor soortgelijke nationale vorderingen gelden.

Het beginsel van effectiviteit houdt in dat de uitoefening van de rechten van de Europese Unie niet door de nationale regels praktisch onmogelijk wordt gemaakt.

20.8 Kennisvragen

1. Welke instellingen heeft de Europese Unie?
2. Leg uit wat de taak is van de volgende instellingen:
   a. het Europees Parlement.
   b. de Europese Raad.
   c. de Raad van de Europese Unie (de Raad).
   d. de Europese Commissie.
   e. het Hof van Justitie van de EU.
3. Welke rechtsbronnen spelen een belangrijke rol in het Europees bestuursrecht?
4. Wat is de taak van het Hof van Justitie van de EU?
5. Wat is de taak van het Europees Hof voor de Rechten van de Mens?
6. Wat houdt het non-discriminatievereiste in?
7. Leg het beginsel van effectiviteit uit.
8. Leg uit wat een prejudiciële beslissing inhoudt.

20.9 Meerkeuzevragen

1. Het Europees Parlement behandelt onder andere de EU-begroting en keurt deze goed.
   Deze stelling is:
   a. juist.
   b. onjuist.

2. De Europese Raad heeft geen wetgevende bevoegdheid.
   Deze stelling is:
   a. juist.
   b. onjuist.

3. De Raad van de Europese Unie stelt EU-wetgeving vast.
   Deze stelling is:
   a. juist.
   b. onjuist.

4. De Europese Commissie vormt en handhaaft het EU-beleid door wetsvoorstellen in te dienen bij het Parlement en bij de Raad.
   Deze stelling is:
   a. juist.
   b. onjuist.

5. Het Hof van Justitie ziet erop toe dat de EU-wetgeving in alle landen van de EU op dezelfde wijze wordt geïnterpreteerd en toegepast.
   Deze stelling is:
   a. juist.
   b. onjuist.

6. Het Europees Hof voor de Rechten van de Mens kan een zaak pas in behandeling nemen nadat alle nationale rechtsmiddelen zijn uitgeput.
   Deze stelling is:
   a. juist.
   b. onjuist.

7. Een verordening die in werking is getreden, dient vervolgens door elke bedoelde lidstaat geïmplementeerd te worden in haar nationale rechtsorde.
   Deze stelling is:
   a. juist.
   b. onjuist.

8. De nationale bestuursrechter zal een vraag over de geldigheid van een handeling van een instelling van de Europese Unie moeten voorleggen aan het Europees Hof voor de Rechten van de Mens.
   Deze stelling is:
   a. juist.
   b. onjuist.

9. Vóórdat een richtlijn in een lidstaat kan worden toegepast, geldt dat:
   a. deze lidstaat een wet moet aannemen waarin deze richtlijn is verwerkt.
   b. deze lidstaat in ieder geval zijn toestemming moet geven.
   c. er niets meer hoeft te gebeuren.
   d. het Europese Hof van Justitie hiervoor toestemming moet geven.

10. Het Europees Hof van Justitie in Luxemburg kent een aantal bevoegdheden. Een van deze bevoegdheden is het nemen van prejudiciële beslissingen. Hieronder volgen vier stellingen over deze bevoegdheid. Geef aan welke stelling juist is.
   a. Bij het nemen van een prejudiciële beslissing doet het Hof uitspraak op een hoger beroep dat is ingesteld door een EU-burger tegen een beslissing van een nationale rechtbank.
   b. Bij het nemen van een prejudiciële beslissing doet het Hof een uitspraak in een conflict tussen een lidstaat en de Europese commissie.
   c. Bij het nemen van een prejudiciële beslissing doet het Hof een uitspraak in een conflict tussen een derde staat (geen EU-lidstaat) en de Europese commissie, mits deze derde staat de bevoegdheid tot het doen van beslissingen door het Hof uitdrukkelijk heeft aanvaard.
   d. Bij het nemen van een prejudiciële beslissing geeft het Hof een antwoord op een rechtsvraag van een rechter van een van de lidstaten van de EU.

11. Op welke wijze wordt de Europese Commissie aangesteld?
   a. De nieuwe commissie wordt door de regeringsleiders van de lidstaten van de EU samengesteld, waarna de nieuwe leden gezamenlijk de voorzitter kiezen.
   b. De regeringen van de lidstaten stellen gezamenlijk een nieuwe voorzitter voor en na goedkeuring door de nationale parlementen kiest deze zijn commissieleden uit een lijst van mogelijke commissieleden die is opgesteld door het Europees Hof van Justitie.
   c. De regeringen van de lidstaten stellen gezamenlijk een nieuwe voorzitter voor en na goedkeuring door het Europees parlement kiest deze in overleg met de regeringen van de lidstaten de overige leden van de commissie. Nadat de hele commissie het vertrouwen van het Europees parlement heeft gekregen, kan zij met haar werk beginnen.
   d. De nationale parlementen van de lidstaten en het Europees parlement kiezen in een gezamenlijke vergadering (de grote raad) een nieuwe commissievoorzitter, die vervolgens de leden van zijn commissie op basis van deskundigheid uitzoekt. Zodra deze lijst klaar is, worden de afzonderlijke commissieleden beoordeeld door een gezamenlijke vergadering van de EU-raad en het EU-

parlement. Pas zodra alle geselecteerde commissieleden zijn goedgekeurd, kan de commissie met haar werk beginnen.

21 Oefenvragen

Hoofdstuk 1 Inleiding bestuursrecht

1. Het specialiteitsbeginsel houdt in dat de bevoegdheid van de overheid alleen kan worden aangewend voor het specifieke doel waarvoor die wet is bedoeld.
   Deze stelling is:
   a. juist.
   b. onjuist.

2. Jan vraagt een omgevingsvergunning aan bij het college van burgemeester en wethouders in zijn woonplaats Arnhem. Hij wil namelijk zijn huis drastisch verbouwen, omdat hij de woonkamer en de slaapkamers in verband met gezinsuitbreiding te klein vindt. Zijn buurman Klaas is woedend en gaat over tot actie.
   Deze casus ligt op het terrein van het:
   a. bestuursrecht.
   b. huurrecht.
   c. strafrecht.
   d. burenrecht.

3. Een auto van de gemeentelijke plantsoenendienst veroorzaakt een ongeluk. De gemeente besluit een schadevergoeding toe te kennen aan de gedupeerden. De gemeente handelt op basis van het:
   a. strafrecht.
   b. bestuursrecht.
   c. burgerlijk recht.

4. Wanneer de gemeente Amersfoort een aantal nieuwe computers aanschaft om op het gemeentehuis de oude computers te vervangen, is sprake van een:
   a. privaatrechtelijke rechtshandeling.
   b. publiekrechtelijke rechtshandeling.

c. besluit.
d. feitelijke handeling.

5. Het bestuursrecht maakt deel uit van het:
   a. publiekrecht.
   b. staatsrecht.
   c. strafrecht.
   d. privaatrecht.

6. Wat is de betekenis van het specialiteitsbeginsel?
   a. Dat de overheid haar bevoegdheden niet mag misbruiken om daarmee oneigenlijke doeleinden na te streven.
   b. Dat de overheid alleen haar bevoegdheden mag gebruiken om die belangen te behartigen waarvoor de regeling waarop de bevoegdheid berust is vastgesteld.
   c. Dat de overheid de bijzondere belangen van burgers in haar besluitvorming dient mee te wegen.
   d. Dat de overheid haar bevoegdheden slechts mag gebruiken na het doorlopen van de speciale, op het besluit toegespitste besluitvormingsprocedures die de Awb voorschrijft.

7. Welke van de onderstaande stellingen is juist?
   a. Een burger mag zich door elke advocaat laten bijstaan.
   b. Een burger mag zich laten bijstaan als de overheid daarmee instemt.
   c. Een burger mag zich nooit laten bijstaan, alleen vertegenwoordiging is mogelijk.
   d. Een advocaat mag alleen als vertegenwoordiger niet worden geweigerd.

8. Welke van onderstaande stellingen is juist?
   a. Appcontact met het gemeentebestuur is altijd mogelijk.
   b. Appcontact met het gemeentebestuur is alleen rechtsgeldig als de gemeente daarmee instemt.
   c. Alleen een advocaat kan rechtsgeldig gebruikmaken van communicatie via de fax.
   d. Elektronische verzending van berichten door het gemeentebestuur is altijd rechtsgeldig.

9. Het gemeentebestuur van Arnhem besluit, om zijn gemeentekas te spekken, dat uitsluitend een rijbewijs wordt afgegeven indien hiervoor een vergoeding van € 1.500 wordt betaald.
Stelling: Het besluit om aan de uitgifte van een rijbewijs een financiële bijdrage van € 1.500 te koppelen is in strijd met het specialiteitsbeginsel.
Deze stelling is:
a. juist.
b. onjuist.

10. De gemeente Arnhem geeft opdracht aan Bouwbedrijf Middendorp om het gemeentehuis te verbouwen.
Deze opdracht is:
a. privaatrechtelijk van aard.
b. publiekrechtelijk van aard.

11. In welke van de volgende situaties is *geen* sprake van publiekrechtelijk handelen?
a. De gemeente Arnhem koopt een dienstauto voor de burgemeester.
b. Jan-Willem wordt wegens diefstal veroordeeld tot een werkstraf van twee maanden.
c. Het gemeentebestuur van Nijmegen verleent Robert een vergunning voor het bouwen van een dakkapel.

12. De provincie Utrecht bestelt bij cateringsbedrijf Meezen een maaltijd voor het college van Gedeputeerde Staten. Wat is juist? De koopovereenkomst is een:
a. privaatrechtelijke rechtshandeling.
b. publiekrechtelijke rechtshandeling.
c. besluit.
d. feitelijke handeling.

13. Huurder Sander wil van verhuurder Martin toestemming hebben voor een kleine verbouwing van de slaapkamer.
Deze vraag ligt op het terrein van bestuursrecht. Deze bewering is:
a. juist.
b. onjuist.

14. Kan een gemachtigde (niet zijnde een advocaat) worden geweigerd door een bestuursorgaan?
    a. Ja, dat kan als er ernstige bezwaren bestaan tegen de gemachtigde.
    b. Nee, dit kan niet. Dit zou in strijd zijn met het beginsel van fair play.

15. Welke bewering is juist? De Algemene wet bestuursrecht maakt deel uit van
    a. alleen het publiekrecht.
    b. zowel het privaatrecht als publiekrecht.
    c. alleen het privaatrecht.

Hoofdstuk 2 Bevoegdheidsverkrijging

1. Attributie geschiedt doorgaans aan bestuursorganen, maar soms ook aan ambtenaren.
   Deze stelling is:
   a. juist.
   b. onjuist.

2. Bestuursorganen kunnen alleen hun bevoegdheden geheel, gedeeltelijk of tijdelijk overdragen aan een ander orgaan indien de wet in die mogelijkheid voorziet.
   Deze stelling is:
   a. juist.
   b. onjuist.

3. Onder delegatie wordt verstaan dat bestuursorganen hun bevoegdheden geheel, gedeeltelijk of tijdelijk overdragen aan een ander orgaan.
   Deze stelling is:
   a. juist.
   b. onjuist.

4. Als een ambtenaar een geattribueerde bevoegdheid uitoefent, is de ambtenaar bestuursorgaan.
   Deze stelling is:
   a. juist.
   b. onjuist.

5. Als een ambtenaar een gemandateerde bevoegdheid uitoefent, is de ambtenaar bestuursorgaan.
Deze stelling is:
a. juist.
b. onjuist.

6. Het verlenen van mandaat is slechts toegestaan indien de wettelijke regeling waarop de te mandateren bevoegdheid berust daarin voorziet.
Deze stelling is:
a. juist.
b. onjuist.

7. Indien een bevoegdheid door een bepaald bestuursorgaan gedelegeerd wordt, kan dit orgaan de betreffende bevoegdheid altijd nog zelf uitoefenen.
Deze stelling is:
a. juist.
b. onjuist.

8. Een gedelegeerde bevoegdheid kan door het bestuursorgaan waaraan de bevoegdheid is gedelegeerd niet worden gemandateerd aan een ondergeschikte.
Deze stelling is:
a. juist.
b. onjuist.

9. Attributie van een bestuursbevoegdheid kan ook plaatsvinden aan ambtenaren die hiërarchisch ondergeschikt zijn aan een bestuursorgaan.
Deze stelling is:
a. juist.
b. onjuist.

10. De Algemene wet bestuursrecht stelt geen eisen aan het verlenen van mandaat door een bestuursorgaan.
Deze stelling is:
a. juist.
b. onjuist.

11. De vereniging 'Het Friesche paard' houdt een stamboek bij. Op grond van artikel 3 van het Fokkerijbesluit is de vereniging aan te merken als een erkende organisatie die een stamboek mag bijhouden.
Stelling: De vereniging heeft op basis van het Fokkerijbesluit een geattribueerde bevoegdheid verkregen.
Deze stelling is:
    a. juist.
    b. onjuist.

12. Van attributie is sprake als de Wegenverkeerswet aan het Centraal Bureau voor de Rijvaardigheidsbewijzen de bevoegdheid toekent om rijexamens af te nemen.
Deze stelling is:
    a. juist.
    b. onjuist.

13. Van mandaat is sprake als bijstandsuitkeringen worden vastgesteld door de directeur van de gemeentelijke sociale dienst namens de wethouder van sociale zaken.
Deze stelling is:
    a. juist.
    b. onjuist.

14. Degene die een bevoegdheid heeft gekregen op basis van delegatie is volgens de wet verantwoordelijk voor zijn beslissingen.
Deze stelling is:
    a. juist.
    b. onjuist.

Hoofdstuk 3 Belanghebbende

1. De Afdeling bestuursrechtspraak van de Raad van State oordeelde over een beroepschrift dat was ingediend tegen het verlenen van een vergunning voor de verbouwing van het Amsterdamse Concertgebouw. De indieners van het beroepschrift waren het niet eens met de verleende toestemming voor een ingrijpende verbouwing en modernisering van het Concertgebouw, onder meer omdat zij meenden dat het monumentale karakter van het gebouw ernstig zou worden aangetast. Een van de indieners van het beroepschrift, mevrouw R. Stotijn, bracht in dit ver-

band onder meer naar voren dat haar vader als een van de bekende orkestleden van het Concertgebouworkest een exceptionele verbondenheid had met het Concertgebouw en als blijk daarvan vanuit dat gebouw is begraven. Zij stelde dat de verbouwing voor haar een architectonische breuk met het verleden zou betekenen en een aantasting van de gaafheid van het gebouw waaraan de herinnering van haar vader was verbonden. Zij achtte daarom de verbouwing een persoonlijke krenking. De Afdeling bestuursrechtspraak kwam tot het oordeel dat het beroep van mevrouw Stotijn niet-ontvankelijk was. Deze mevrouw kon namelijk niet als belanghebbende bij het besluit tot verlening van de vergunning worden aangemerkt. Aan welk van de onderstaande criteria met betrekking tot het zijn van belanghebbende voldeed mevrouw Stotijn niet?
Zij had geen:
a. eigen belang.
b. objectief belang.
c. actueel belang.
d. persoonlijk belang.

2. De gemeente Haarlem is van mening dat er met name ten behoeve van studenten een centrum van moderne muziek moet komen. Het college van burgemeester en wethouders geeft een omgevingsvergunning af aan bouwbedrijf ABC voor de bouw van een concertgebouw en voor het kappen van een lindeboom, waaraan het voorschrift wordt verbonden dat de vergunninghouder een lindeboom moet planten in de wijk Pathmos.
De direct-omwonenden komen tegen de twee besluiten op. De stichting 'Bomenbehoud Haarlem' die als statutaire doelstelling heeft zo veel mogelijk bomen in Haarlem te behouden maakt ook bezwaar tegen beide besluiten. De werknemers van het reeds bestaande muziekcentrum in de stad maken eveneens bezwaar, aangezien zij vrezen dat door de bouw van het nieuwe concertgebouw zij hun baan zullen verliezen. De vergunninghouder maakt alleen bezwaar tegen het voorschrift dat hij een boom moet planten.
Wie van de volgende (rechts)personen dient/dienen *niet* als belanghebbende(n) in de zin van de Algemene wet bestuursrecht te worden beschouwd?
a. De direct-omwonenden.
b. De stichting 'Bomenbehoud Haarlem'.

c. De werknemers van het reeds bestaande muziekcentrum.
d. De vergunninghouder.

3. Studente Florence wil de kapvergunning van het college van de gemeente Den Haag aanvechten. Haar bezwaar wordt niet-ontvankelijk verklaard omdat ze geen belanghebbende is. Ze voldoet namelijk niet aan het zicht-criterium. Aan welk van de onderstaande criteria met betrekking tot het zijn van belanghebbende voldeed Florence niet?
Zij had geen:
a. eigen belang.
b. objectief belang.
c. actueel belang.
d. persoonlijk belang.

4. Rechtspersonen kunnen volgens de Awb geen belanghebbende zijn.
Deze stelling is:
a. juist.
b. onjuist.

Hoofdstuk 4 Het besluit

1. Welk orgaan is geen bestuursorgaan in de zin van artikel 1:1 Awb?
a. Het dagelijks bestuur van het Productschap voor Vee en Vlees.
b. De minister van Economische Zaken.
c. De Centrale Raad van Beroep.

2. Welke van de onderstaande beslissingen is een besluit in de zin van artikel 1:3 van de Algemene wet bestuursrecht?
a. De ontslagbrief van een APK-keurmeester.
b. Burgemeester en wethouders van Nijmegen leggen het besluit om drie bestelbussen te kopen schriftelijk vast.
c. De brief aan de heer Borger waarin het college van burgemeester en wethouders zijn aanvraag van een vergunning voor een door hem te bouwen garage afwijst.
d. De schriftelijke beslissing van het college van burgemeester en wethouders om een verkeersdrempel aan te leggen.

3. Welke van de onderstaande beslissingen is een besluit in de zin van artikel 1:3 van de Algemene wet bestuursrecht?
   a. De mondelinge toezegging van de wethouder Financiën van de gemeente Nijmegen aan een voetbalclub uit Nijmegen om de club subsidie te verlenen voor de bouw van een tribune.
   b. Het gemeentebestuur van Nijmegen legt zijn besluit om drie bestelbussen te kopen schriftelijk vast.
   c. De brief aan de heer Visser waarin het college van burgemeester en wethouders zijn aanvraag van een vergunning voor een door hem te bouwen huis afwijst.
   d. De schriftelijke beslissing van het college van burgemeester en wethouders om een verkeersdrempel aan te leggen.

4. Welke van de onderstaande personen, colleges of organen is een bestuursorgaan?
   a. De Raad van State.
   b. De Algemene Rekenkamer.
   c. De Raad voor de rechtspraak.
   d. De Nederlandsche Bank N.V.

5. Zelfstandige bestuursorganen kunnen nooit als a-organen als bedoeld in artikel 1:1 van de Algemene wet bestuursrecht worden aangemerkt.
   Deze stelling is:
   a. juist.
   b. onjuist.

6. De provincie Gelderland koopt bij cateringsbedrijf Dirk een aantal broodjes.
   Stelling: De koopovereenkomst is een besluit in de zin van artikel 1:3 lid 1 Awb.
   Deze stelling is:
   a. juist.
   b. onjuist.

7. Een bestuursorgaan kan deel uitmaken van een privaatrechtelijke rechtspersoon.
   Deze stelling is:
   a. juist.
   b. onjuist.

Hoofdstuk 5 De beschikking

1. Artikel 28 lid 1 van de Arbowet luidt als volgt:
   'Een daartoe aangewezen toezichthouder is bevoegd mondeling of bij gedagtekend schrijven te bevelen, dat personen niet mogen blijven in door hem aangewezen plaatsen, of dat door hem aangewezen werkzaamheden worden gestaakt dan wel niet mogen worden aangevangen, indien naar zijn redelijk oordeel dat verblijf of die werkzaamheden ernstig gevaar opleveren voor personen.'
   Een op grond van dit artikel door de toezichthouder gegeven mondeling bevel aan een afvalinzamelingsbedrijf om bepaalde werkzaamheden te staken vanwege direct gevaar voor het personeel is een besluit in de zin van de Algemene wet bestuursrecht niet zijnde een beschikking.
   Deze stelling is:
   a. juist.
   b. onjuist.

2. Artikel 28 lid 1 van de Arbowet luidt als volgt:
   'Een daartoe aangewezen toezichthouder is bevoegd mondeling of bij gedagtekend schrijven te bevelen, dat personen niet mogen blijven in door hem aangewezen plaatsen, of dat door hem aangewezen werkzaamheden worden gestaakt dan wel niet mogen worden aangevangen, indien naar zijn redelijk oordeel dat verblijf of die werkzaamheden ernstig gevaar opleveren voor personen.'
   Een op grond van dit artikel door de toezichthouder gegeven mondeling bevel aan een afvalinzamelingsbedrijf om bepaalde werkzaamheden te staken vanwege direct gevaar voor het personeel is een publiekrechtelijke rechtshandeling.
   Deze stelling is:
   a. juist.
   b. onjuist.

3. Een op grond van dit artikel door de toezichthouder gegeven mondeling bevel aan een afvalinzamelingsbedrijf om bepaalde werkzaamheden te staken vanwege direct gevaar voor het personeel is een publiekrechtelijke rechtshandeling.
   Deze stelling is:
   a. juist.
   b. onjuist.

4. Een vergunning is altijd een beschikking.
Deze stelling is:
   a. juist.
   b. onjuist.

5. Welk van de volgende beslissingen is een beschikking in de zin van de Awb?
   a. Het stopteken van een politieagent.
   b. De algemene plaatselijke verordening van Haarlem.
   c. De beslissing op een bezwaarschrift, ingesteld tegen een weigering een bijstandsuitkering te verlenen.

6. Wat hoort *niet* in het onderstaande rijtje thuis?
   a. Een bestemmingsplan.
   b. De beleidsregel aanpak illegale gokhallen.
   c. Een omgevingsvergunning.

7. Wat is een beschikking in de zin van de Awb?
   a. Een schriftelijke beslissing van de gemeenteraad om een verordening vast te stellen.
   b. De schriftelijke beslissing van het college van gedeputeerde staten om een bestemmingsplan goed te keuren.
   c. De schriftelijke beslissing van de burgemeester om aan vereniging Z toestemming te verlenen tot het houden van een collecte.

8. Een kenmerk van een beschikking is *niet*:
   a. dat het gericht is op een rechtsgevolg.
   b. dat het zowel op basis van een publiekrechtelijke als een privaatrechtelijke bevoegdheid tot stand kan komen.
   c. dat het van een bevoegd overheidsorgaan afkomstig is

9. In de gemeente Roderloo heeft men problemen met de afvoer van het rioolwater. Bij regenachtig weer loopt het rioolwater over hetgeen veel overlast veroorzaakt bij bewoners van de gemeente. Het gemeentebestuur heeft, om de overlast te beperken, een besluit genomen om de eigenaar van een lager gelegen perceel te verplichten het rioolwater tijdelijk op te vangen.

Deze beschikking wordt aangemerkt als een:
a. aflopende beschikking.
b. duurzame beschikking.
c. gebonden beschikking.
d. ambtshalve en belastende beschikking.

10. Welk besluit hoort *niet* in het onderstaande rijtje thuis?
a. Een wettelijke regeling.
b. Een gemeentelijke verordening.
c. Een beleidsnotitie van B en W.
d. Een beschikking.

Hoofdstuk 6 Besluit van algemene strekking

1. Een voorbeeld van een besluit van algemene strekking is:
a. de afwijzing door de gemeenteraad van een aanvraag omgevingsvergunning.
b. het schriftelijke besluit van een gemeenteraad tot verhoging van de onroerendezaakbelasting.
c. het schriftelijke besluit van de gemeenteraad een stuk grond aan de ABN AMRO te verkopen voor de bouw van een nieuw kantoor.
d. het schriftelijke besluit van de gemeenteraad een voorlichtingsboekje over taken en werkzaamheden van het gemeentebestuur uit te geven.

2. Welke stelling is juist?
a. De afgifte van deze omgevingsvergunning is een voorbeeld van een meerzijdige publiekrechtelijke handeling.
b. Als de gemeente Amsterdam een overeenkomst sluit met een fabrikant met betrekking tot aankoop van drie nieuwe vuilniswagens, is er sprake van een beschikking.
c. Als het college van burgemeester en wethouders van de gemeente Amsterdam besluit dat de exploitatievergunning van Paradiso met directe ingang zal worden ingetrokken, is er sprake van een beschikking.
d. In de gemeente Arnhem wordt door de gemeenteraad een verordening vastgesteld waarin onder andere is bepaald dat voor bezitters van honden een bepaald bedrag per jaar aan hondenbelasting moet worden betaald.

3. Voorwaarde voor het opstellen van beleidsregels door een bestuursorgaan is het beschikken over een:
   a. discretionaire bevoegdheid.
   b. geattribueerde bevoegdheid.
   c. volledig gebonden bestuursbevoegdheid.

4. Het planten van bomen door ambtenaren van de plantsoenendienst van de gemeente Haarlem in het volkspark is een privaatrechtelijke rechtshandeling.
   Deze stelling is:
   a. juist.
   b. onjuist.

5. Het aanwijzen van een weg door het college van burgemeester en wethouders als eenrichtingsweg in de zin van de Wegenverkeerswet is een besluit van algemene strekking, niet zijnde een algemeen verbindend voorschrift.
   Deze stelling is:
   a. juist.
   b. onjuist.

6. Op grond van de gemeentelijke parkeerverordening kunnen burgemeester en wethouders weggedeelten aanwijzen die bestemd zijn voor het parkeren door vergunninghouders. Burgemeester en wethouders wijzen de Kasteellaan aan als weg die bestemd is voor het parkeren door vergunninghouders. Dit besluit is schriftelijk genomen en bekend gemaakt. Welke bewering is juist?
   a. Dit besluit is een algemeen verbindend voorschrift.
   b. Dit besluit is een gebonden beschikking.
   c. Dit besluit is een concretiserend besluit van algemene strekking.
   d. Dit besluit is een belastende beschikking.

7. Welke van de volgende beslissingen hoort niet in het onderstaande rijtje thuis?
   a. Een wettelijke regeling.
   b. Een provinciale verordening.
   c. Een beleidsnota van B en W.
   d. Een vergunning.

8. Bij welke keuzemogelijkheden is sprake van een besluit van algemene strekking? Een schriftelijke beslissing van het college van burgemeester en wethouders tot:
   a. het verstrekken van subsidie aan een plaatselijke ondernemer.
   b. het afwijzen van een aanvraag om subsidie aan een plaatselijke ondernemer.
   c. het verlenen van een vergunning aan een stichting.
   d. het vaststellen van nadere regels op grond van een gemeentelijke verordening.

Hoofdstuk 7 De algemene beginselen van behoorlijk bestuur

1 Een gemeente is ook aan de algemene beginselen van behoorlijk bestuur gebonden wanneer door haar een puur privaatrechtelijke rechtshandeling wordt verricht, welke handeling niets met het publiekrecht te maken heeft.
Deze stelling is:
a juist.
b onjuist.

2 Wanneer een belanghebbende met succes een beroep doet op het vertrouwensbeginsel, dan levert dit in beginsel een andersluidend besluit op.
Deze stelling is:
a juist.
b onjuist.

3 Welke bewering is *onjuist*? Als een formeel beginsel van behoorlijk bestuur is geschonden bij het nemen van een besluit door een bevoegd orgaan, dan dient er een nieuw besluit te worden genomen dat:
a op zich niet hoeft af te wijken van het bestreden besluit.
b inhoudelijk totaal anders kan zijn dan het bestreden besluit.
c op grond van de discretionaire bevoegdheid van het bevoegde orgaan per definitie zowel formeel als materieel dient te verschillen van het bestreden besluit.

4 Wanneer een gemeente een aantal nieuwe computers koopt, dient de gemeente onder andere rekening te houden met het zorgvuldigheidsbeginsel.
Deze stelling is:
a juist.
b onjuist.

5 Welke bewering is *onjuist*? Het vertrouwensbeginsel is een algemeen beginsel van behoorlijk bestuur en
   - a dient door de overheid te worden gerespecteerd bij het nemen en voorbereiden van besluiten.
   - b is een formeel beginsel van behoorlijk bestuur.
   - c speelt een rol bij de rechtmatigheidstoetsing van besluiten.
   - d is hetzelfde beginsel als het rechtszekerheidsbeginsel

6 *Geen* voorbeeld van een algemeen beginsel van behoorlijk bestuur is het
   - a vertrouwensbeginsel.
   - b gelijkheidsbeginsel.
   - c bekendmakingsbeginsel.
   - d beginsel van fair play.

7 Het rechtszekerheidsbeginsel is een algemeen beginsel van behoorlijk bestuur dat niet in de Awb is gecodificeerd (= in de wet opgenomen).
Deze stelling is:
   - a juist.
   - b onjuist.

8 Bestuursorganen moeten altijd rekening houden met de algemene beginselen van behoorlijk bestuur bij het nemen van besluiten.
Deze stelling is:
   - a juist.
   - b onjuist.

Hoofdstuk 8 De formele beginselen van behoorlijk bestuur

1. Indien een aanvraag van een vereniging voor een bepaalde subsidie door het bestuursorgaan zonder nadere toelichting wordt afgewezen, is sprake van schending van het:
   - a. formele zorgvuldigheidsbeginsel.
   - b. motiveringsbeginsel.
   - c. zowel het formele zorgvuldigheidsbeginsel als het motiveringsbeginsel.

2. Het formele zorgvuldigheidsbeginsel is uitsluitend van toepassing op besluiten in de zin van artikel 1:3 van de Algemene wet bestuursrecht.
Deze stelling is:
   - a. juist.
   - b. onjuist.

3. Een belanghebbende krijgt op herhaaldelijk verzoek van zijn zijde niet de documenten van het gemeentebestuur die hij nodig heeft om een zaak die hij heeft aangespannen tegen die gemeente goed te kunnen voorbereiden.
Welk beginsel is dan geschonden?
Het beginsel dat staat in:
   a. artikel 2:4 Awb.
   b. artikel 3:2 Awb.
   c. artikel 3:3 Awb.
   d. artikel 3:4 lid 1 Awb.

Hoofdstuk 9 De materiële beginselen van behoorlijk bestuur

1. Café De Stier veroorzaakt met regelmaat geluidsoverlast. Buurvrouw Wilmerink doet 's nachts geen oog dicht en verzoekt het college van burgemeester en wethouders om de drank- en horecavergunning van het café in te trekken. Een week na het verzoek van mevrouw Wilmerink bericht het college van burgemeester en wethouders aan de vergunninghouder dat de vergunning voor een maand is ingetrokken.
In strijd met welk beginsel van behoorlijk bestuur handelt het college van burgemeester en wethouders?
   a. Het zorgvuldigheidsbeginsel.
   b. Het gelijkheidsbeginsel.
   c. Het formele rechtszekerheidsbeginsel.
   d. Het evenredigheidsbeginsel.

2. Als het college van burgemeester en wethouders besluit een schadevergoeding toe te kennen aan een burger omdat die burger door een besluit disproportioneel veel schade lijdt, houdt het college in dit geval rekening met het:
   a. fair-playbeginsel.
   b. gelijkheidsbeginsel.
   c. motiveringsbeginsel.
   d. evenredigheidsbeginsel.

3. Het college van burgemeester en wethouders heeft een aanvraag om een omgevingsvergunning ontvangen van de heer Hendriks. De aanvraag wordt niet getoetst aan de wettelijke bepalingen.

Het college van burgemeester en wethouders bericht de heer Hendriks dat de vergunning wordt afgewezen. Geef aan welke bewering juist is. Het besluit van het college van burgemeester en wethouders is:

a. strijdig met het materiële zorgvuldigheidsbeginsel.
b. strijdig met het evenredigheidsbeginsel.
c. een concretiserend besluit van algemene strekking en is onaantastbaar.
d. in strijd met het formele zorgvuldigheidsbeginsel.

4. Een ambtenaar komt te laat op zijn werk. Hij wordt om die reden ontslagen. Het besluit heeft op zich een goede motivering en is met veel zorgvuldigheid voorbereid. Ook zijn de belangen van de administratie en die van de ambtenaar afgewogen. Toch meent de advocaat van de ambtenaar dat het besluit niet deugt. Op welke grond is het besluit met succes vernietigbaar?
   a. Het gelijkheidsbeginsel.
   b. Het vertrouwensbeginsel.
   c. Het evenredigheidsbeginsel.
   d. Détournement de pouvoir.

5. Het college van burgemeester en wethouders van de gemeente Nijmegen leggen een last onder dwangsom op aan een café-eigenaar met als zogenaamde reden ernstige overlast van het café. In werkelijkheid wil het college ervoor zorgen dat het café failliet gaat. Dit handelen is in strijd met:
   a. het verbod van détournement de pouvoir.
   b. het verbod van willekeur.
   c. het vertrouwensbeginsel.
   d. rechtszekerheidsbeginsel.

Hoofdstuk 10 Handhaving

1. De algemene regeling van de bestuurlijke boete vinden we in:
   a. titel 5.4 van de Awb.
   b. de Beroepswet.
   c. het Wetboek van Strafrecht.
   d. de Wet algemene bepalingen omgevingsrecht.

2. De bestuurlijke boete is een punitieve sanctie.

Deze stelling is:
a. juist.
b. onjuist.

3. Geen voorbeeld van een reparatoire sanctie is:
a. een last onder dwangsom.
b. een last onder bestuursdwang.
c. het intrekken van een begunstigende beschikking.
d. een bestuurlijke boete.

4. Samenloop (= gelijktijdig twee sancties opleggen voor dezelfde overtreding) van verschillende sancties is toegestaan in de volgende gevallen:
a. een last onder dwangsom in combinatie met een last onder bestuursdwang.
b. het intrekken van een begunstigende beschikking in combinatie met een bestuurlijke boete.
c. een last onder dwangsom in combinatie met het intrekken van een begunstigende beschikking.
d. een bestuurlijke boete in combinatie met een strafrechtelijke boete.

5. Wat is juist? Een preventieve sanctie kan alleen worden opgelegd:
a. bij een last onder dwangsom.
b. bij een last onder bestuursdwang.
c. zodra gevaar voor een overtreding klaarblijkelijk (= onmiskenbaar) dreigt.
d. zodra er een indicatie van een klaarblijkelijke overtreding is.

6. De Vries heeft het college van burgemeester en wethouders verzocht om handhavend op te treden tegen de illegaal gebouwde schuur van zijn buurman. Het college van burgemeester en wethouders legt een last onder dwangsom op om de schuur te verwijderen maar de buurman doet dat niet binnen de termijn. Welke van de volgende stellingen is juist?
a. De buurman moet nu aan De Vries de dwangsom betalen.
b. De buurman kan gewoon wachten tot de bestuursrechter zich heeft uitgesproken over de rechtmatigheid van het besluit.

c. De buurman kan nu alsnog een aanvraag indienen om een vergunning voor de schuur en als hij die krijgt, hoeft hij achteraf toch geen dwangsom te betalen.
d. De buurman moet de dwangsom aan de gemeente betalen.

7. Op zijn nieuwe bouwperceel heeft Klaas Mol een uitweg (een pad) aangelegd naar de openbare weg. Hij heeft op grond van de Algemene plaatselijke verordening (APV) een omgevingsvergunning voor een uitweg nodig maar die heeft hij niet aangevraagd. Welke van de volgende stellingen is juist?
a. Zolang het college van burgemeester en wethouders niet optreedt, mag Klaas juridisch gezien gebruikmaken van de uitweg.
b. Het college van burgemeester en wethouders is verplicht tot handhaving over te gaan.
c. Het college van burgemeester en wethouders moet de uitweg gedogen zolang niemand om handhaving verzoekt.
d. Het college van burgemeester en wethouders moet handhavend optreden, tenzij legalisatie mogelijk is.

8. In de gemeente Roderloo staat het woonhuis van de heer Hendriks. In strijd met de geldende wettelijke bepalingen heeft de heer Hendriks naast zijn woning een antennemast van 20 meter hoog geplaatst. Overleg met de heer Hendriks is tot dusverre zinloos geweest en het gemeentebestuur stuurt de heer Hendriks een brief waarin wordt aangekondigd dat de antennemast voor zijn rekening zal worden afgebroken als hij niet binnen een maand de antennemast heeft verwijderd.
Een dergelijke aankondiging is een:
a. reparatoire sanctie.
b. punitieve sanctie.
c. duurzame beschikking.
d. gebonden beschikking.

9. Henk de Haan houdt feesten in een schuur. Hij krijgt een brief van burgemeester en wethouders dat hij daarmee direct moet stoppen en dat hij anders een dwangsom verbeurt van € 2.000 per geconstateerde overtreding. Henk trekt zich niets aan van de last onder dwangsom en houdt elke week een feest zonder vergunning. Burgemeester en wethouders constateren in de periode na het opleggen van de last elke maand een keer dat een feest zonder vergunning wordt gehouden.

Hoeveel dwangsommen is Henk verschuldigd na 7 maanden (dat zijn 30 weken)?

a. 30 dwangsommen van € 2.000.
b. 7 dwangsommen van € 2.000.
c. 6 dwangsommen van € 2.000; de dwangsom voor de 7e maand is verjaard.
d. geen enkele dwangsom: burgemeester en wethouders moeten elke overtreding apart invorderen.

10. Aannemer De Roos heeft een vergunning gekregen voor de bouw van een appartementencomplex. Als de bouw klaar is, blijkt het complex drie centimeter te breed te zijn gebouwd. De buurman vraagt het college om handhavend op te treden. Een legalisatie blijkt niet mogelijk. Welke van de volgende beweringen is juist?

a. Er is een beginselplicht tot handhaving: het college moet besluiten over te gaan tot handhaving.
b. In dit geval geldt de beginselplicht niet; het college hoeft geen verder besluit te nemen.
c. De buurman is geen belanghebbende vanwege de geringe overschrijding van 3 centimeter.
d. Het college moet van handhaving afzien vanwege de geringe overtreding.

11. Het besluit van het college van B en W tot intrekking van een ten onrechte verstrekte bijstandsuitkering is een:

a. boete.
b. herstelsanctie.
c. strafsanctie.
d. straf.

12. Het college heeft een last onder dwangsom opgelegd aan De Vries. Hij moet voor 31 maart zijn zonder vergunning gebouwde schuur afbreken. Zo niet, dan verbeurt hij een dwangsom van € 500 per week. Op 30 april constateert de toezichthouder dat de schuur er nog steeds staat. Welke van de volgende stellingen is juist?

a. Het college kan de eerste vier dwangsommen zonder meer invorderen.
b. Het college moet De Vries in de gelegenheid stellen een vergunning aan te vragen.

c. Het college kan de dwangsommen alleen nadat De Vries gehoord is, invorderen.
d. Als De Vries een vergunning heeft gevraagd, moet het college eerst beslissen voordat het de dwangsommen mag invorderen.

13. Bestuursrechtelijke handhaving is gericht op:
   a. het tegengaan van illegale activiteiten.
   b. het corrigeren van overtredingen.
   c. het voorkomen van overtredingen.
   d. alle antwoorden zijn juist.

14. Welke bewering is onjuist?
   a. De intrekking van een begunstigende beschikking is een reparatoire sanctie.
   b. Een punitieve sanctie kan gelijktijdig met een reparatoire sanctie worden opgelegd.
   c. Een reparatoire sanctie is een herstelsanctie.
   d. Een bestuurlijke boete kan zowel een reparatoire als punitieve sanctie zijn.

Hoofdstuk 11 subsidies

1. Als voor een subsidie een wettelijke grondslag ontbreekt:
   a. moet de aanvrager de verleende subsidie terugbetalen.
   b. kan het bestuursorgaan geen subsidie verstrekken.
   c. is subsidiëring soms wel mogelijk als sprake is van een incidentele subsidie.
   d. mag de aanvrager de subsidie in principe houden.

Hoofdstuk 12 Bestuursrechtelijke geldschulden

1. Gedeputeerde staten kennen de Vereniging Natuurbehoud een subsidie toe van € 100.000. Gedeputeerde staten zijn:
   a. wettelijke rente verschuldigd als zij niet binnen zes weken betalen.
   b. alleen wettelijke rente verschuldigd als ze dat in de beschikking opnemen.

c. geen wettelijke rente verschuldigd, omdat in de beschikking geen betalingstermijn staat.
d. wettelijke rente verschuldigd als ze niet binnen twee weken na de betalingstermijn betalen.

2. Het UWV heeft van De Vries € 400 teruggevorderd wegens te veel betaalde uitkering. De Vries betaalt niet binnen de voorgeschreven betalingstermijn.
   a. Het UWV kan onmiddellijk na het verstrijken van de betalingstermijn een aanmaning sturen aan De Vries.
   b. Het UWV kan onmiddellijk een dwangbevel uitvaardigen.
   c. Het UWV kan na twee weken aanmanen en daarbij een vergoeding van € 6 vragen.
   d. De Vries is geen wettelijke rente verschuldigd zolang het UWV hem niet heeft aangemaand.

3. De Vries heeft op 1 maart een aanvraag subsidie voor zonnecollectoren ingediend. Burgemeester en wethouders hebben 46 weken na 1 maart besloten de aanvraag te honoreren en De Vries een subsidie te verstrekken van € 50.000. De beslistermijn was 8 weken. De Vries:
   a. kan daar niets tegen ondernemen, want hij heeft een positieve beslissing gekregen.
   b. heeft recht op een schadevergoeding wegens niet tijdig beslissen.
   c. heeft recht op wettelijke rente vanaf 14 weken na de aanvraag.
   d. heeft recht op wettelijke rente vanaf 8 weken na de aanvraag.

Hoofdstuk 13 De bestuurlijke voorprocedure

1. Bij welke vorm van rechtsbescherming in het bestuursrecht moet alleen de rechtmatigheid van een besluit worden getoetst?
   a. Zowel bij bezwaar als bij administratief beroep bij een bestuursorgaan.
   b. Uitsluitend bij een procedure in het kader van bestuursrechtspraak.
   c. Uitsluitend bij een bezwaarschriftprocedure.

2. Kenmerken van bezwaar zijn:
   a. beroep op een bestuursrechter, volle toetsing, rekening houden met gewijzigde omstandigheden, nooit een nieuwe beslissing.
   b. beroep op een ander bestuursorgaan, geen volle toetsing, geen rekening houden met gewijzigde omstandigheden, eventueel een nieuwe beslissing.
   c. volle toetsing, rekening houden met gewijzigde omstandigheden, eventueel een nieuwe beslissing.

3. In verband met een voorgenomen grondige renovatie van zijn tuin dient de heer Gijsbertsen bij B en W van zijn gemeente een aanvraag voor een omgevingsvergunning voor de kap van een boom in. Tot zijn teleurstelling bericht de gemeente hem bij schrijven van 9 maart (verzenddatum 10 maart) dat zijn verzoek is afgewezen; het schrijven behelst onder meer nog de mededeling, dat bij het college van burgemeester en wethouders een bezwaarschrift kan worden ingediend. Gijsbertsen stelt een bezwaarschrift op. Het bezwaarschrift is tijdig ingediend op:
   a. (tot en met) 20 april.
   b. (tot en met) 21 april.
   c. (tot en met) 22 april.
   d. (tot en met) 23 april.

4. Zie vraag 3. Op welk moment treedt het besluit in werking?
   a. Op 9 maart.
   b. Op 10 maart.
   c. Na afloop van de bezwaartermijn.

Hoofdstuk 14 Beroep bij de bestuursrechter

1. Een bestuursrechter kan bij punitieve sancties *niet* op doelmatigheid toetsen.
   Deze stelling is:
   a. juist.
   b. onjuist.

2. Alain ontvangt een brief van de gemeente Arnhem. De gemeente is hem, wegens de verkoop en levering van twaalf stalen voor de gemeente overtollig geworden bureaus een aankoopbedrag van 500 euro verschul-

digd. De brief is als volgt ondertekend: ‘namens de gemeente, het college van burgemeester en wethouders’. Alain is het niet eens met de inhoud van deze brief en wil vervolgstappen gaan ondernemen. Wat is juist? Alain zal:

a. voordat hij naar de rechter stapt bezwaar moeten maken bij het college van burgemeester en wethouders, aangezien de zaak anders niet-ontvankelijk wordt verklaard.
b. naar de rechtbank, afdeling civiel, moeten gaan.
c. beroep moeten aantekenen bij de rechtbank, afdeling bestuursrecht.

3. Een advocaat kan in een bestuursrechtelijke procedure bij de rechtbank als gemachtigde geweigerd worden door de rechtbank op het moment dat er ernstige bezwaren tegen hem bestaan.
Deze stelling is:
a. juist.
b. onjuist.

4. Welke stelling is juist?
a. Als een beroepsgrond doeltreffend is, zal de bestuursrechter altijd het besluit vernietigen.
b. Als een beroepsgrond doeltreffend is, zal de bestuursrechter altijd een bestuurlijke lus toepassen.
c. Als een beroepsgrond doeltreffend is, zal de bestuursrechter in beginsel het besluit vernietigen.
d. Als een beroepsgrond doeltreffend is, zal de bestuursrechter overgaan tot ambtshalve aanvulling.

Hoofdstuk 15 Hoger beroep

1. Welk orgaan is *geen* bestuursorgaan in de zin van artikel 1:1 Awb?
a. De raad van bestuur van het UWV.
b. De minister van Economische Zaken.
c. De Centrale Raad van Beroep.

2. Een hoger beroep wordt door het College van Beroep voor het bedrijfsleven ongegrond verklaard op het moment dat:
   a. de belanghebbende geen procesbelang heeft.
   b. de beroepsgerechtigde geen belanghebbende is.
   c. de inhoud van het beroepschrift onjuist is.

3. Tegen een uitspraak van de bestuursrechtelijke kamer van de rechtbank inzake het niet-verkrijgen van een AOW-uitkering geldt dat een belanghebbende:
   a. hoger beroep kan instellen bij de Afdeling bestuursrechtspraak van de Raad van State.
   b. hoger beroep kan instellen bij het College van Beroep voor het bedrijfsleven.
   c. hoger beroep kan instellen bij de Centrale Raad van Beroep.

4. Geef in goede volgorde de juiste procedurestappen aan van bestuursrechtelijke rechtsbescherming als een belanghebbende de weigering van een vergunning voor een sloopbedrijf tot in de hoogste instantie wil aanvechten.
   a. Bezwaar, administratief beroep Afdeling bestuursrechtspraak van de Raad van State.
   b. Administratief beroep, beroep rechtbank, hoger beroep Afdeling bestuursrechtspraak van de Raad van State.
   c. Bezwaar, beroep rechtbank, hoger beroep Afdeling bestuursrechtspraak van de Raad van State.

5. De Hoge Raad treedt nooit op als bestuursrechter.
   Deze stelling is:
   a. juist.
   b. onjuist.

Hoofdstuk 16 Voorlopige voorziening

1. Corrie krijgt van het college van burgemeester en wethouders een standplaatsvergunning voor de exploitatie van een patatkraam. Mevrouw Lodewijks, die recht tegenover de plaats woont waar de patatkraam zal worden geplaatst, wil koste wat kost voorkomen dat Corrie

voor haar huis patat gaat verkopen, en besluit de vergunning in rechte aan te vechten. Welke van de volgende uitspraken is *juist*?

a. Mevrouw Lodewijks moet eerst een advocaat inschakelen voordat ze beroep kan instellen bij de rechtbank.
b. Mevrouw Lodewijks kan een voorlopige voorziening vragen bij de voorzieningenrechter, maar moet daarvoor wel een beroepschrift bij de rechtbank indienen.
c. Mevrouw Lodewijks kan een voorlopige voorziening vragen bij de voorzieningenrechter, maar moet daarvoor wel een bezwaarschrift bij het college hebben ingediend.

2. Welke stelling is *onjuist*?
a. In een bestuursproces bestaat de mogelijkheid tot kostenveroordeling van het bestuursorgaan.
b. Voordat iemand tegen een besluit beroep instelt bij een bestuursrechter, moet hij/zij tegen dat besluit in beginsel eerst een bezwaarschrift indienen.
c. Connexiteit is geen eis bij de aanvraag van een voorlopige voorziening.

3. Voor een tijdige aanvraag van een voorlopige voorziening geldt het bepaalde in artikel 6:7 Awb.
Deze stelling is:
a. juist.
b. onjuist.

4. Het begrip ‘kortsluiting’ houdt in dat tijdens de bezwaarfase de voorzieningenrechter ook uitspraak doet in de bodemprocedure.
Deze stelling is:
a. juist.
b. onjuist.

5. Als de voorzieningenrechter stelt dat de zaak niet spoedeisend is, wordt het verzoek om een voorziening:
a. niet-ontvankelijk verklaard.
b. afgewezen.
c. ongegrond verklaard.

6. De buurman van Kim wil zijn woning verbouwen. Kim heeft daar problemen mee en dient bezwaar in tegen de vergunning die de buurman

heeft gekregen. De buurman begint met bouwen. Kim vraagt een voorlopige voorziening. Tegen de tijd dat de voorzieningenrechter zich over de zaak buigt, is de bouw gerealiseerd. Welke stelling is juist?

a. De buurman had nooit mogen beginnen met de bouw omdat hij wist dat Kim bezwaar had ingediend.
b. De voorzieningenrechter zal het verzoek om voorlopige voorziening niet-ontvankelijk verklaren omdat Kim nog geen beroep heeft ingesteld.
c. De voorzieningenrechter zal het verzoek toewijzen omdat sprake is van onomkeerbare gevolgen.
d. De voorzieningenrechter zal het verzoek afwijzen wegens gebrek aan spoedeisend belang.

7. Omdat een voorlopige voorziening alleen mogelijk is bij een beroepsprocedure, zal het verzoek om een voorlopige voorziening niet-ontvankelijk worden verklaard als verzoeker nog in de bezwaarschriftprocedure zit.
Deze stelling is:
a. juist.
b. onjuist.

Hoofdstuk 17 Schadevergoeding

1. Als het verzoek om schadevergoeding gedaan wordt tijdens het hoger beroep tegen het schadeveroorzakende besluit, spreek je van een onzelfstandig schadevergoedingsverzoek.
Deze stelling is:
a. juist.
b. onjuist.

2. De weigering van een vergunning voor de bouw van een appartementencomplex is door de bestuursrechter vernietigd. De projectontwikkelaar vordert vergoeding van schade. Die is naar zijn mening € 20.000. Welk antwoord is juist?
a. Alleen de bestuursrechter is bevoegd te oordelen over schadevergoeding.
b. Alleen de burgerlijke rechter is bevoegd te oordelen over schadevergoeding.
c. Beiden zijn bevoegd te oordelen over schadevergoeding.

Hoofdstuk 19 Bestuurlijk toezicht

1. Een besluit dat nog goedkeuring behoeft, kan worden vernietigd.
   Deze stelling is:
   a. juist.
   b. onjuist.

2. Het bepaalde in artikel 10:34 Awb heeft te maken met:
   a. het legaliteitsbeginsel.
   b. het specialiteitsbeginsel.

Hoofdstuk 20 Europees bestuursrecht

1. Het Europees Hof voor de Rechten van de Mens is bevoegd om verzoeken van bedrijven te behandelen inzake schending van de in het EVRM opgenomen rechten.
   Deze stelling is:
   a. juist.
   b. onjuist.

2. Wat hoort in het onderstaande rijtje niet thuis?
   a. Verordeningen.
   b. Richtlijnen.
   c. Besluiten.
   d. Beschikkingen.

3. Welke van de volgende stellingen is juist?
   a. De minister-president heeft zitting in de Europese Raad.
   b. De minister-president heeft zitting in het Europees Parlement.
   c. De minister-president is alleen nationaal actief en heeft geen Europese functie.
   d. De minister-president is als vertegenwoordiger van Nederland lid van de Europese Commissie.

4. Een werknemer die op grond van artikel 18 VwEU een klacht wenst in te dienen omdat een werkgever hem niet wil aannemen, kan een procedure starten bij:
   a. een nationale rechterlijke instelling.
   b. de Raad van Ministers van de EU.

c. het Europees Parlement.
d. het Europese Hof van Justitie.

Trefwoordenregister

Er wordt verwezen naar paginanummers.

M

N

O

P

R

S

T